# 历史大变局：
## 中国经济风云的50个桥段

唐博◎著

人民出版社

# 序　言

"欲知大道，必先为史"。历史对个人、集体，乃至国家、民族，意义重大。一个民族如果忘记了过去，就不能正确地面对现在和未来。我们现在遇到的很多问题，都能从历史中寻找答案，解开迷惘。历史与现实紧密联系，现实离不开历史渊源。因此，习近平总书记讲过，"历史是最好的教科书，也是最好的清醒剂"。

我们在成长，历史车轮也在滚滚向前。第二次鸦片战争之后，李鸿章曾惊呼中国面临着"三千年未有之大变局"。中国社会经历着前所未有的外来冲击和内部巨变。其实，每个王朝、每个时代、每个阶段，都有各自的"变局"。

谈到"变局"，人们会想到商鞅的时代、王安石的时代、张居正的时代、康有为的时代，等等。这些造就"变局"的时代，无不在经济领域发生了重大、深刻的变化。而正是这些变化，让中国历史变得斑斓多彩，韵味无穷。

"穷则变，变则通，通则久"。"变局"通常不是自发的，而是大多借助于顶层设计的"变革"来推动和实现。经济是国家赖以发展的基础，基础不牢，地动山摇，经济与每个人的生活息息相关。任何领域的变革，归根到底都是经济变革。

在这些"变革"中，"耕战"升为国策，"盐铁"收归专营，"海关"时开时关，"官俸"忽高忽低，楼市、国债、银行、电车等新事物也次第涌现，改变着各自所处的时代。

可以说，这些"变局"，以及身处其中的"变革"，不管是轰轰烈烈，还是潜移默化，不管是大改，还是微调，都成了推动历史进步的动力，是中国历史永不消逝的电波。而中国历史，就是在变革中不断修正错误，导正航向，破浪前行。特别是近代中国的"大变局"，以强烈的历史落差，刻骨铭心，推动后来者寻求自救、迎头赶上，投身拯救中华、复兴中华的大变革中，努力打造和再造一个强大的国家。

今天，我们仍在面临着国际国内新的"大变局"，经历着前所未有的"大变革"。回顾中国历史上的变局，以及应对变局的经济变革，对于当代的借鉴意义不言而喻。唐博博士的这本《历史大变局：中国经济风云的50个桥段》，就是对这些变革和变局的生动解读。

这本书里的章节主题，精心挑选，贴近生活，就像一张张拼图，把50个具有典型意义的经济事件，由碎片组合成一幅波澜壮阔的历史长卷。平实而严谨的语言文字，彰显变局时代推进变革的张力和伟力，为我们总结经验教训，提供打开门窗的钥匙。

唐博博士是我的关门弟子。他从本科到博士都在中国人民大学就读，历史学功底扎实；他的博士学业两年就全部完成，学习能力快人一步；毕业后，他在政府机关工作繁忙，能挤出业余时间笔耕不辍，开展学术研究，做到著作颇丰，水平提升，还在中央电视台"百家讲坛"栏目亮相，非常可贵。这本书就是他这些年来刻苦钻研中国经济和历史的成果之一。

这是转型的时代，我们正在改革中解难题、求发展。这是最好的时代，全面深化改革正在书写画卷、唱响强音。读读这本书，让我们在改革的洪流中正本清源、以史为鉴；让我们搞清楚改革从哪儿来，改革向何处去；让我们拨正航向，转舵前行，继往开来，砥砺奋进。

戴逸

二〇一八年六月

目　录

# 前　言

乾隆五十五年（1790年），清帝国国泰民安，一派太平景象。

年迈的皇帝志得意满，通过谕旨将这个时代定调为"四海升平，可谓小康"。

皇帝发话，各地官员自然争着歌功颂德，粉饰太平。然而，在山呼万岁的谄媚中，冒出了一丝"不和谐"的声音。《清史稿》将其记录了下来：

"各督抚声名狼藉，吏治废弛。臣经过地方，体察官吏贤否，商民半皆蹙额兴叹，各省风气，大抵皆然。"

出此言者，是时任礼部侍郎尹壮图。老父去世，他曾丁忧回乡，在云南守孝三年，期满回京任职。往返数千里，穿越了大半个中国，亲眼目睹，对沿途社会实情深有体会。

18世纪末的中国百姓为什么会集体"蹙额兴叹"呢？

清代中叶，社会矛盾纷繁复杂，盛世背后危机四伏，许多新情况、新问题前所未有，中国社会正处在"大变局"的酝酿期。也许一些有识之士早已有所察觉，但他们找不到解决方案，也无力改变现状。"蹙额兴叹"反映了这个时期全社会的浮躁和迷茫。

对于这种"大煞风景"的话，乾隆帝不愿相信，一时又没法推翻，就派人带着尹壮图再到各地考察一遭。这样的官派考察，肯定不是微服私访，而是事先打好招呼，周到准备。给尹壮图看的，当然是歌舞升平。于是，乾隆帝用

"事实"教训了尹壮图，将他"开恩"罢官。

难道乾隆帝真的老糊涂了吗？他可是一生精明，不太可能被大臣们的阿谀话轻易蒙蔽。他只是不愿直面清朝衰相毕露的现实，不愿迎接即将到来的"大变局"，一心想要"十全老人"的历史定位，一副掩耳盗铃的做派。

尹壮图走了。乾隆继续装聋作哑，持盈保泰，维持现状，拒绝"壮士断腕"、重启变革、力挽狂澜，解决"大变局"前夜积累的矛盾和问题。这么做，虽然勉强保住了自己的"完人"名号，却让子孙承受了外敌入侵、主权沦丧和中央式微的危局，将中国拖入了 19 世纪深重的民族灾难。

无独有偶，王莽和王安石推行的新政，就是冲着解决西汉末年和北宋中叶的社会问题而去，执行的都是"国家主义"的经济变革思路。他们有直面"变局"的勇气，却都归于失败。前者在错误的大环境、错误的时间段里采取了逆历史潮流的错误做法，从而导致社会动荡，埋葬了自己的政治生涯；后者则片面追求财政增收，忽视民生改善，加上执行层面走样，将利国利民的良政办成了坑害百姓的劣政。

显然，变局改变时代，时代呼唤变革。但变革要走正道、行正法、扬正气，真正冲着变局去，适应变局、扭转变局。一旦跑偏，过犹不及。在全面深化改革的大时代，这样的话语依旧正当其时。正如习近平总书记所说，"改革既不可能一蹴而就，也不可能一劳永逸"。

鉴古知今，正本清源，这就是我写作这本《历史大变局：中国经济风云的50个桥段》的初心所在。

读二十四史，人们往往对波澜壮阔的全方位改革运动倾注热情，而忽视了那些碎片化的、生活化的、细微的变革和调整。其实，细节决定成败，任何著名的改革，都离不开对细节、片断的关注，离不开对身边人、身边事的微小变化的关注。"不积跬步，无以至千里"。走向成功的改革，正是"千里之行，始于足下"的。

中国历史上经历了许多变局，涉及了不少领域，也掀起了一大批变革运动，但归根到底，这些变局的渊源和主战场都是经济。毕竟，经济是基础、是根本、是源头。"为有源头活水来"，因此，任何变革，不管打着什么旗号，本质上都是经济变革。

变局，为经济学家提供了大量案例，也为历史学家提供了无限素材。研究这些看似碎片化的历史，既需要历史学功底，也需要经济学基础。经济学家学点历史，历史学家懂点经济，许多边缘和交叉的问题就可能打通，迎刃而解。

探讨变局，离不开文献资料的支撑。由于时间久远，明代及其以前留下的文献档案数量较少，记载含糊，量化分析难度很大。相反，清代以降的文献资料汗牛充栋，给专家学者提供了翔实的学术资源。无论是中国第一历史档案馆上千万份清代中央政府档案，还是像四川南部县档这样的清代县级政府档案，都能为专家学者提供足够的遨游空间。

基于此，我更关注大变局的小领域、大变法的小片断、大时代的小人物、大战略的小细节，让这些更贴近时人生活的改革变化，从故纸堆中站起来、活起来，把尘封往事搬出来，用浅显平易的话语，讲给需要的人听，让历史发挥"资政育人"的正向功能。

基于此，我直面当代经济热点，找寻历史的影子。无论是雍正管干部，还是大官马文升的退休待遇；无论是《锦绣未央》和《琅琊榜》的事件原型，还是清末股市、楼市的癫狂与萧条。特别是了解那个年代的高层决策过程，以及官员、商人、知识分子和普通百姓的生活状态，都对今天研究相关领域、实施相关工作、解决相关问题有借鉴意义。

基于此，我的选题"厚今薄古"，明代及其以前、清前期、近代中国各占三分之一，分别冠以"领航全球""落日余晖""变法图强"三个大标题，以此来分别展现这个伟大国度在三个不同时期的时代风貌。

曾几何时，中国经济冠绝全球，这个年代的改革，通常是在自我调整、自我革新、自我修正、自我完善，安然度过一个个变局，让传统社会的这套经济运行机制更加合理、稳定。

曾几何时，中国人开创了一个又一个盛世，但跟西方的工业革命相比，中国盛世的辉煌显然与之不在同一纬度，充其量只能是"落日余晖"。

曾几何时，中国虚掩着的大门被列强撞开，在被动卷入世界体系的进程中，中国人也通过官方的变革和革命，以及民间的自我救赎，逐步找回颜面，追寻独立自主。

"长风破浪会有时，直挂云帆济沧海"。当中国屹立于世界民族之林，乃至走向巅峰和深海之际，回首四望，改革的号角从未停歇，尽管它们或成功、或失败、或短效、或长效，都对今天中国人的生活或多或少地起着作用，哪怕很小很小。搞清楚它们的来龙去脉，总结它们的经验教训，其现实意义不容置疑。

党的十九大吹响了继续全面深化改革的号角。正如习近平总书记所说，"改革只有进行时，没有完成时"。让我们用历史提供的智慧和营养，让改革大旗继续飘扬，推动中国号巨轮不偏航，少绕弯，遇到障碍，及时转舵，继续前行，将改革进行到底。

唐　博

二〇一八年六月

# 第一编
## 领航全球（明及以前）

历史上的中国，曾经独步全球，领先世界。

陆路"丝绸之路"，前往中国的西方商队络绎不绝；马可波罗的东方见闻，震惊了中世纪欧洲；日本的遣唐使源源不断地漂洋过海，追寻唐帝国的深邃文化；菲律宾的苏禄王宁愿长眠中国，也不愿归返故乡。中国犹如磁石，繁华富庶、魅力无限，吸引着各方宾朋，成为当之无愧的"宇宙中心"。

领航全球并不意味着高枕无忧。从战国诸侯到大明王朝，内部分歧和社会矛盾从未弭平，一次次变局考验着所谓的"长治久安"。为避免农民战争和改朝换代带来的巨大冲击，封建王朝一直在以"变革"的名义进行政策调整，尤其是经济政策调整。

变革，既要做大"蛋糕"，也要分好"蛋糕"。变革的目标，是让全体社会成员受益，实现共赢。但在变革浪潮的涤荡中，每个人"赢"的程度有不同，一部分人甚至会利益受损，付出代价。因此，历朝历代的变革，面临的阻力都很大。作为变革的领路人，必须做好充分心理准备。

商鞅喊出了"治世不一道，便国不法古"的鲜明口号，反驳守旧派的荒谬言论；王安石奏响了"天边不足畏，祖宗不足法，人言不足恤"的时代强音，彰显了坚持变革的决心和力量。他们为变革付出了血的代价，他们主持的新政在历史上也毁誉参半。

人们更看重的，是全方位、系统性的改革。比如商鞅变法、北魏孝文帝改革、王安石变法，以及汉武帝、汉光武帝、唐太宗、宋太祖的一系列新政。不过，普通百姓更关注的，是民生相关的具体措施、细节片断，以及实施效果。

——战国七雄，秦国"据崤函之固，拥雍州之地"，看似横亘秦岭，居高临下，实则被东方六国视为"戎狄"，隔出圈外。面对三晋蚕食，秦国即将关山不保，陷入肢解险境。要想由弱变强，必须奖励耕战，多生壮丁、多打粮食，为前线提供不竭的兵员和物资。商鞅变法中的"分户新政"、芈太后主导的农业新政，正是实现这两大目标的重要举措。

饭菜吃饱、齐装满员的秦军甲士如虎狼一般，"席卷天下，包举宇内，囊括四海"，奠定了统一全国的经济和军事基础。

——自从土地私有和买卖合法化以来，土地兼并现象就从未停止。由此带来的土地配置不均，以及自耕农的消亡，就成了常态。中国封建王朝的衰落，也大多与此有关。为了保持国家的农业发展活力，特别是税源和兵源充足，就必须抑制土地兼并，培养和保护自耕农。

东汉光武帝刘秀的"度田"，始于北魏、盛于隋唐的"均田制"，以及南宋的"公田法"，都是出于这个目的。这样的"土改"试验，既有暂时胜利的喜悦，也有落实不力的苦衷。土地问题，一直是萦绕在历代统治者头顶的紧箍咒。

——身处"体制内"，很多人都在谋职位、混待遇。为此甚至明争暗斗、互不相让。北魏的官员曾长期没有薪水，只能靠贪腐养活一家老小；明代大臣马文升，在退休后的政治和经济待遇上纠结不已；而花费巨资才谋得在驿站里吃粮当差的李自成，却不幸遭遇了崇祯帝裁撤驿站的改革，丢了铁饭碗，意外地走上了跟朝廷对抗的道路。

无论是冯太后的吏治改革，还是明代的退休制度改革，抑或是明末的驿站改革，其宏观思路和技术操作的经验教训，值得总结反思。

——我们向来反对"超国民待遇"，纠正政策跑偏也就再正常不过。南朝推行"土断"，旨在裁撤侨置州县，缩小土著与移民的待遇差异；宋初推行军改，则是针对唐末藩镇割据导致的军权分散、政出多门的问题，维护来之不易的国家统一。这些都是纠偏，恰如其分，势在必行。

不过，纠偏会过头，矫枉会过正，过犹不及。南朝齐的"土断"演化为"检籍"，政策过激，从而引发唐寓之起义，迫使"检籍"中断，社会矛盾依旧尖锐；宋初军改集中了兵权，却弱化了军队战斗力，形成了"冗兵"现象，北宋中叶的王安石变法，正是对宋初各领域改革负面导向的再次纠正，其中也包括对军改的调整。它们的瑕疵恰恰说明，"矫枉过正"的后患无穷。

——物资供应是王朝赖以生存的基础。为了解决首都物资紧缺的难题，秦朝修建了郑国渠，灌溉八百里秦川；隋朝开凿大运河，沟通南北，并开支渠连接长安，输送物资；元、明时期更对京杭大运河依赖有加。在无法实现后勤自给的地区建设中心城市，物资供给必须跟得上。

隋唐走了一段弯路，建都长安，却不得不到洛阳"逐粮"；契丹走了一段直路，借助榷场贸易得到了战争抢不到的物资；大唐税改更是将征税对象从人口转向物资、财产，令征税对象和方式更合理。

回望历史的天空，这些改革片断虽然只是惊鸿一瞥，却也留下些许灯光，照亮前路，启迪人生。或许这种路见不平、改革不止的追求和勇气，才让中华文明总在危难关头及时转舵，触底反弹，生生不息，活力依旧，让中国的站位在17世纪以前继续保持在世界前列。

# 分家：商鞅的强国高招

战国中叶的秦国，无论是城市，还是乡村，到处热火朝天，都在忙着搬家。

做爸爸的，原本特别讨厌"分家"，竟然主动帮着儿子们清点家产，能分就分，让他们另立门户，远走高飞。大家长突然变得这么开明，让很多年轻人一时很不适应。

跟关东六国不同，这个诸侯国曾拥有几十口人

图 1—01，陕西历史博物馆馆藏秦兵马俑。商鞅变法的"分户令"为秦国提供了源源不断的劳动力和兵源，推动了秦国最终完成对六国的兼并。

的大家庭逐渐消亡了。取而代之的，则是一个个小家庭。四五口人，同吃同住，少了热闹，多了清静。

这一切，都源于左庶长商鞅主持的一项名为"分户令"的新政。它以税收和行政的双重措施，撬动了秦国的社会结构，使风俗习惯和顶层设计发生深刻变化。

# 拆散大家庭

长期以来，秦国和关东六国一样，盛行大家庭制。按照周朝的宗法制度，因血缘关系融为一体的大宗族，人数众多，组织庞大，成员之间相互依存。大宗族里，所有财产由大家长（族长）掌控。他既要当好领导，公正合理地支配财产资源，也要当好防火墙，照顾好下属，隐匿和庇护剩余劳动力。

大家长就是宗族一把手，赏罚皆由其出，俨然一方豪强。宗族高墙掩藏着的，不免有"奸人"和"奸情"，以及剩余劳动力和耕地资源。因此，大家长及其宗族权力，成为国君扩权、富国强兵的重要障碍。

除了政治上的羁绊，经济上的"平均主义"也是大问题。随着铁器牛耕进入农业领域，生产效率大幅提升，大家族共同完成的经济活动，一夫一妻组成的个体小家庭也能独立承担。宗族成员集体劳动出工不出力、"免费搭车"均分劳动收益的弊端，逐渐凸显出来，对每个宗族成员的生产积极性都会有所挫伤。

在当时条件下，最佳解决方案就是拆散大宗族，放权小家庭，以释放更多劳动力开荒种田和征发徭役，达到"尽地力之教"和增加兵源的目的。商鞅坚信，只有解放劳动力和土地资源，才能算真正解放了生产力，并增强秦国的军事实力。这或许才是他强推"分户令"的真正初衷。

# 正解"分户令"

秦孝公三年（前359年），商鞅的主张上升为国家意志。秦国第一次出台"分户令"。

对于许多人来说，这是一项无法接受的法令。其中"民有二男以上不分异者，倍其赋"的规定，被张守节的《史记正义》解读为"民有二男不另为活者，一人出两课"。意思是说，如果家里有两个成年小伙子，就必须分家，否则加倍征税。

《商君书·垦令》记载，这次改革是要对"禄厚而税多，食口众者"的富贵人家，"以其食口之数，赋而重使之"。意思是说，通过惩罚性的加倍征税，强行拆散秦人的大家庭，将其分为一个个小家庭。

其实，家有两个成年壮小伙而不分家的情况大有人在。或许人家"不差钱"，宁可"倍其赋"，也要死守亲情，不肯分家。《史记》记载，当时秦人"父子兄弟同室内息者"甚多。这跟第一次"分户令"的努力方向背道而驰。

商鞅看到了秦国宗法旧俗的顽固，要想达到目的，必须出台更严厉的法令堵漏洞。秦孝公十二年（前 350 年），商鞅主持颁行了"分户令 2.0 版"，表述更加严厉："令民父子兄弟同室内息者为禁"。也就是说，父子兄弟，只要住在同一间屋，就算违法。

与 1.0 版相比，2.0 版基本放弃了经济手段，转而采取行政措施。承认大家庭存在的合法性，不再强行拆散，但严禁父子、兄弟同室而居，全覆盖、无死角、一刀切，法令面前一律平等，金钱不能买妥协，加税不能买例外。

"倍其赋"没了，但秦国财政收入却增加了。这是怎么回事呢？

既然父子兄弟不能同室而居，就必须认真分家。这些大家庭中析出的闲散劳动力，组成了更多小家庭，使给官府带来的赋税收益，远比"倍其赋"要多。显然，商鞅既得了实惠，又为秦国塑造了一大批个体小农，作为经济发展的最小单元。

## 配套改革及红利

商鞅不是秦国人，而是卫国人。作为客卿，他没什么心理羁绊，只要有国君撑腰，说干就干，下手特别狠，也就得罪了许多秦人。可是，当靠山的国君秦孝公死了以后，就没人再给他说话了。于是，商鞅最终惨遭车裂，为改革付出了血的代价。

庆幸的是，商鞅虽死，变法措施却基本保留了下来，"分户令"也不例外。《云梦秦简》显示，秦国实行授田制，户均可获百亩耕地，可以长期耕种。明清时期，许多租种地主土地的佃农，一直在争取的"永佃权"，也不过如此。

两个小伙子如果分立门户，就能各自获田百亩。由此，劳动力得到挖潜，成为国家佃农；自立门户者获得土地，收入预期稳定，生产积极性提高；垦荒倒逼牛耕普及，有助于加快经济开发。

不过，实现这些红利有个前提，就是解放出来的劳动力都要按照国家的指挥棒老实种地，接受国家监管，不能从事非农产业。为此，商鞅又推出了配套措施，简单说，就是听话的人就给赏，不听话的人就罚。那么，谁是听话的人，谁是不听话的人呢？

商鞅宣布："戮力本业，耕织致粟帛多者，复其身。事末利及怠而贫者，举以为收孥。"也就是说，小家庭致力于耕种纺织，产出多者可免徭役，以此鼓励更多人投身农业生产，开发资源，增加积累。对于只从商，以及寄生于大家庭而变穷的人，全家老小都要沦为奴婢。

政策这样引导，一方面，让做买卖的政治风险加大，搞不好毁了全家；另一方面，使大家庭继续一起过日子越来越不划算。

在两次颁布"分户令"的同时，商鞅系统整理全国户籍，健全了一整套地方行政管理体制。先是"令民为什伍而相牧司连坐"，而后"集小乡、邑、聚为县，置令、垂""初为县，有秩吏"。推行国家任免长官的县制，在基层社会编制户籍和实行连坐，实现社会管理由宗法凝聚向行政凝聚、经济凝聚的转型。由此，商鞅才可能全面掌握全国的户籍情况，其"分户令"才可能在各级官僚机构的强力督办下，得到切实贯彻执行。

长期以来，秦国深受戎狄文化影响，坚持"数世同堂"和"男女同室"的旧俗。战国史学者杨宽认为，"禁止父子兄弟同室而居，是为了革除残余的戎狄风俗，而代之以中原的文明风尚和习俗"。"分户令"有助于建立"天下风俗齐同"的社会秩序。

"分户令"规定，即便父母健在，儿子也可依法获得一份家产，这就改变了秦国以往只有嫡长子才有权继承家产的现状，法定继承由一子独享变为诸子均分，实现了财产继承权的重大改革。西汉学者贾谊批评商鞅变法后，"秦俗日败""抱哺其子，与公并倨。妇姑不相说，则反唇而相稽"。儿子和儿媳对父母的无礼，从另一侧面看，正是分家后儿子儿媳经济走向独立的表现。

尽管商鞅的变法屡受指摘，但他对自己的政绩还是颇为自豪："始秦戎翟之教，父子无别，同室而居。今我更制其教，而为其男女之别，大筑冀阙，营如鲁卫矣。"商鞅变法亮点纷呈，但他独以"分户令"自我标榜，可见这项改革的意义非同寻常。秦国离圆强国之梦的一刻，因此又近了一步。

# 农业改革：秦国强盛之基

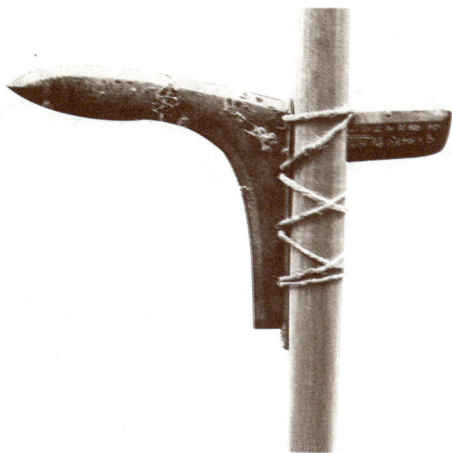

图1—02，三年相邦吕不韦造铭文戈，现藏于中国国家博物馆。以"废井田开阡陌"为代表的农业改革为秦国的武力强盛提供了坚实后盾。

商鞅的"分户令"，增加了一大批种地的劳动力。不过，只靠增加劳动力，显然不足以多打粮食。秦国还需要为八百里秦川注入其他的新东西。

秦惠文王十三年（前325年），怀孕的芈八子(电视剧《芈月传》里芈月的原型）生了一个王子。作为国君兼夫君，秦惠文王当然很高兴，给这个孩子起名为"稷"。

什么是"稷"？《说文解字》解读为"五谷之长"。起这么个名字，大概就是要灌输重农兴农的治国理念，让它成为国家意志。只有农业发展壮大了，秦国才会更加自信和强势。

不过，秦国的农业，基础并不怎么样，要改革的地方太多太多了。

# 从"初租禾"到"开阡陌"

春秋战国时期，秦国雄踞关中地区。这里土地肥沃，劳力充裕，还是当年西周的故土，按说"根正苗红"。春秋中叶，秦穆公还曾打败晋国，称霸西戎，帮楚国复国，影响力很大。可是，到了战国初期，关东六国却视秦国为"戎狄"。什么会盟啊，称王啊，都不带秦国玩。他们的理由是，秦的礼乐文化和制度建设太落后，带秦国玩容易掉价儿。

没人搭理的日子不好过，历代秦国国君也很郁闷。于是，他们对变革和富强的追求从未停歇，其中的核心话题，就是经济体制。在以农立国的时代，土地制度当然是焦点。

秦入关中之初，实施一种叫"爰田制"的土地制度。既吸收了西周"井田制"的一些要素，将国家控制的"井田"分为公田和私田，并对"井田"征税，又摒弃耕种时"公田优先"的传统，主张"爰土易居"，充分考虑田土之美恶、劳逸之均衡、负担之平等，有利于调动耕作者的生产积极性。

随着铁犁和牛耕的广泛使用，秦国和关东六国的农业生产效率骤增。如此一来，贵族们便经常"漫其经界"。"井田"外的大量荒地得到开垦，粗放经营，而这些新垦土地并未纳入国家控制的"井田"范畴，倒是成为贵族们的私人领地。非但周天子，就连秦国国君都没法管理。时间一长，秦国少了一块赋税收入，贵族们倒是更富了，对秦国国君的权力构成威胁。

于是，秦国国君要先下手为强，主动出击，做点改变。

秦简公七年（前408年），秦简公宣布在全国推行"初租禾"。这是个什么东西呢？

按照《谷梁传》的解释，此举"非公之去公田，而履亩十取一也，以公之与民为己悉矣"。意思是说，"初租禾"是按耕种之人实际占有的土地面积来征收实物地租，这就把新垦私田纳入征税范畴，"履亩而税"。

这项新政，国家是最大的受益者。官府可以了解全国耕地的真实情况，增加财政收入。贵族们通过漏报耕地来逃税的梦想破灭了，但也不是一无所获。既然缴了税，那就相当于他们对这些新垦土地的所有权，得到了国家的承认。

相比于"井田制"忽视个人利益的顶层设计，"初租禾"当然是一种人性化的创新。不过，它并非秦国首创。早在秦桓公十年（即鲁定公十五年，前594年），鲁国就推行了"初税亩"，拉开了国家承认土地私有的序幕。这么一比，秦国还是太落后了。

西方有个谚语："迟到总比不来好。"不管怎样，只要给名分，交点税也值了。可是，贵族们就没打算交税。他们觉得以前挺好，我的地盘我做主，有没有名分不要紧，得实惠才更关键。现在要让他们交税，那就相当于跟他们争利。谁会干啊！

秦简公（前414年—前400年在位）和秦出子（前386年—前385年在位）期间，贵族们多次发动叛乱，导致君权衰弱，国力下降，关东各国趁火打劫，使秦国日趋孤立。错综复杂的内外形势，使秦国国内进一步改革经济的呼声更加强烈。

秦孝公上台后，面对的就是这么个乱局：关东六国都在改革，秦国再不改，若干年后就会被甩得更远，沦为小国，乃至亡国。于是，他重用商鞅推行变法。

商鞅在土地制度的顶层设计上做出的改革，步子要比秦简公大得多。

《史记·商君列传》里说，秦国"用商君，制辕田，开阡陌"。"制辕田"即授田制，就是按照每位成年男子100亩的标准，把土地分配给百姓；"开阡陌"即推倒原先的阡陌、封疆，改变固有的"井田"格局。具体说来，商鞅的改革思路是两步走：

一是按照更高的面积标准来规划耕地，建立新的土地边界。唐代史学家杜佑在《通典》中记载，"按周制，步百为亩，亩百给一夫。商鞅佐秦，以一夫力余，地利不尽，于是改制二百四十步为亩，百亩给一夫矣"。每亩的边长100步增至240步，单位面积扩大好几倍，农民实际耕种的土地更大，有利于他们挖掘劳动潜能，纳税后剩的粮食更多，可以提高他们的生产积极性。这是对"井田"规划的渐进性改变。

二是改变劳动组织形式。"井田制"分为公田和私田，集体协作是种地的主要形式。铁犁、牛耕的应用提高了一家一户的生产效率，再加上"滥竽充数"的偷懒现象，使农业生产中的集体协作显得越来越多余。于是，商鞅以"开阡陌"的方式取消了共耕公田的集体协作模式，而让农民名下有了固定土地。这样就形成了个体经济，强化了农民对土地的依附。看起来分散和单干，势单力薄，但激发的生产积极性更强，效率更高。

商鞅"废井田开阡陌"的大动作意味着，改革并非小修小补，而是刮骨疗毒、是伤筋动骨、是壮士断腕、是打破一切不适合经济发展需要的桎梏。在战国七雄里，只有秦国做到了，做得最彻底，收益也最大。

事实上，开阡陌是为了实现授田，而这一切只是手段，目的就是要使耕种者成为依附于农地的自耕农，既能"充实公仓"，又能"为上忘生而战"。财政收入和徭役兵役都有了靠谱的来源，最大限度地调动了国家的耕战资源，达到富国强兵的目的。

## "令民归心于农"

商鞅并非农学家，他的眼光也非局限于农业一隅，而是将重农与重战统一起来，通过发展农业来增强国家的军事和经济实力，适应日益残酷的兼并战争。因此，他把"令民归心于农"作为"治国之要"，千方百计地让老百姓看到务农有利可图，从而"尽力于农事"。为此，除了"分户令"外，他又推出了一系列改革措施。

公元前 356 年，秦国颁布的"垦草令"，宣布鼓励垦荒的 20 项措施，废除过时政策，让尽可能多的人从事农业。秦国地广人稀，尽力垦荒，扩大农作物种植面积，是发展农业的重要途径。通过垦荒，将农民摁在土地上，使"民无得擅徙"，实现了对全国劳动力的控制。

除了行政命令外，商鞅采用经济手段，用赋税徭役调节的方式促进农业发展。通过减轻赋税，做到"征不烦，民不劳"，以此来稳定农业生产；通过调高粮食价格来增加务农收入，从而提高农民种粮积极性，正所谓"食贵则田者利，田者利则事者众"。

他还颁布法令，规定"大小戮力本业，耕织致粟帛多者，复其身，事末利及怠而贫者，举以为收孥"，提倡在农业领域奖勤罚懒，甚至引导种粮大户有机会免役，从而增加农民自由支配的农闲时间，引导更多百姓专注务农，而非经商。

在商鞅的改革理念里，"耕"与"战"是相辅相成的一体两面。论功行赏时，不仅战功可以换取爵位，耕种有功也可以加官晋爵。

秦国在战国七雄中创造性地引入了"入粟拜爵"的概念，只要上交一个额度的余粮，就能换取相应的官职和爵位。一方面可以充实国库，增加粮食储备，另一方面也给全国务农之人提供了榜样。在"官本位"大行其道的农业社会，"入粟拜爵"成了兼有政治和经济双重效果的刺激措施，将个人获利和强国目标捆绑在一起，这一措施在秦汉时代得以延续。

当然，商鞅劝课农桑的巨大成效，是以限制生产要素流动，牺牲工商业发展为代价的。这跟关东六国有很大不同。于是，战国后期就出现了这样奇观：

临淄、邯郸等城市商业气息浓郁，"摩肩接踵""邯郸学步"等成语应运而生，而秦都咸阳商业落后，在战国商业史上籍籍无名，更像是一座城堡和兵营；六国的游士作为客卿纷纷到秦国谋职，但鲜有秦国游士到六国谋职的场景。

或许，秦国的"重农抑商"政策背离了战国后期的商业风尚。但秦国赢了。其持之以恒并吞六国的宏大气魄和战争机器昼夜轰鸣的不竭动力，正是来自商鞅的农业改革。

# "好稼穑"与"重功利"的农业文化

商鞅变法得罪了太多人，也给自己招来了杀身之祸。不过，商鞅人死了，"重农"政策却没有终结。亲自下令处死商鞅的秦惠文王，继续行商君之法，推动秦国走出关中，到处抢地盘。此后秦国历代君主，直至秦始皇，始终坚守"使黔首自实田"的重农政策，这从另一个侧面也反映出，"好稼穑"和"重功利"的理念，深深地植根于这个国家的文化传统之中。

秦人虽被六国视为"戎狄"，但他们不是游牧民族。《说文解字》曾解读"秦"的含义："秦，伯益之后所封国。地宜禾，从禾、舂省。一曰秦，禾名。"清代学者王鸣盛也指出，"秦地本因产善禾得名，故从禾从舂省"。既然秦得名于"禾"，那就说明秦在春秋战国以前，已有较为发达的农业。而这一优势，在很大程度上得益于周人农业文明的影响。

周人尊重农业，以农神后稷为祖。西周长期统治关中地区，20世纪80年代在甘肃甘谷和天水出土的反映周秦文化遗存的文物中，出土的陶器与周代陶器形制相似，说明秦文化和周文化有很深渊源。周平王东迁后，秦国接管了惨遭破坏的关中平原。由于与周文化的长期融合，秦国逐步吸纳西周故民，恢复农业生产，将周人的农业技术移植到了秦人的社会生活中，形成了秦人"好稼穑"的重农风尚。

这一风尚带来的额外收益，就是流民较少。"好稼穑"的农耕文化，让秦人更乐于安土重迁，不必考虑农业以外的营生，这对农业生产的专业化和大发展是有裨益的。

商鞅推行的"奖励耕战"的做法，塑造了"民之欲利者非耕不得，避害者非战不免，境内之民莫不先务耕战而后得其所乐"的社会状态。而这一做法能够得以坚持，与秦文化中"重功利"的实用主义价值观分不开。

在秦人的价值评价中，完全以世俗的功利为标准，没有给道德伦理留下位置。内心修养和道德反省，在秦国没有市场；人们追求的，不是仁义之兴废、礼乐之盛衰，而是耕作和打仗，因为跟仁义和礼乐相比，耕作和打仗更关乎他们的日常生活。

秦惠文王死后，历经短暂的混乱，这个名叫"稷"的王子登上了政坛巅峰，就是秦昭襄王。这个自带"五谷"光环和品牌的国君，让"重农"观念在秦国更加根深蒂固。

商鞅变法将人们基本的衣食之需落实到农耕之上，激发秦人通过农耕获取实际收益的积极性，促使更多人口转入农业生产。随着都江堰、郑国渠等水利工程的竣工，这种生产潜力一次次喷涌出来，不仅改变了秦国的贫穷面貌，也改变了战国七雄的历史走势。

# 度田事件：东汉"土改"试验

东汉建武十六年（40年），承平已久的大江南北突罹全国性骚乱。《后汉书·光武帝纪》记载："郡国大姓及兵长、群盗处处并起，攻劫在所，害杀长吏。郡县追讨，到则解散，去复屯结。青、徐、幽、冀四州尤甚。"

奇怪的是，叛乱者并非匪徒，而是豪门望族，有的还在朝为官，田连阡陌。他们曾经是既有体制的受益者，按说也是东汉政权的支持者。为什么放着好日子不过，非要举兵造反呢？

他们从来都没打算推翻皇帝，他们抗议的，只是一场名为"度田事件"的"土改"试验。

图1—03，长信宫灯，汉代青铜器，出土于河北满城中山靖王刘胜之妻窦绾墓，现藏于河北博物院。对于土地兼并，汉武帝、王莽、汉光武帝采取了差异性的对策。

## "限民名田，以澹不足"

商鞅变法承认了土地私有，这种制度像施了魔法一样，很快就在全中国铺开。秦汉时期又得到了完善。不过，任何社会都有贫富差距。通过土地买卖和朝廷赐田，"富者田连阡陌，贫者无立锥之地"的情况越来越多。这就是土地兼并造成的社会问题。失去土地的农民不得不委身依附于占田较多的豪强地主，租种土地、养活家庭。

按说，谁的地多，谁缴的税也多。不过，"上有政策，下有对策"的事自古就有。为了逃税，地主豪强利用权势，隐瞒田产、藏匿人口，甚至"起坞堡，缮甲兵"，集结族人，招徕流民，组织武装，割据一方。王褒《僮约》记载，"犬吠当起，警告邻里。枨门柱户，上楼击鼓。荷盾曳茅，还落三周"。

对于土地兼并，统治者一直是警惕的。他们怕的是，这些大地主一旦得势，会跟国家抢地、抢人、抢财源，甚至真的尾大不掉，威胁中央集权。因此，统治者限制土地兼并，主要是从政治安全的角度出发，采取的政策也多半是行政限制，但从来没打算把大地主赶尽杀绝。

比如汉武帝，就曾采纳董仲舒"限民名田，以澹不足"的建议，推行限田政策，限制个人占有土地的数量，以遏制土地兼并；还任用酷吏，巧立罪名，定点打击和强制迁徙豪强地主，使其丧失割据一方、隐匿财产和对抗朝廷的实力。

皇帝强势的时候，行政限制就能奏效；皇帝一旦弱势，行政限制就成了一张废纸。西汉末年就是这个情况。王莽篡汉后，见限制没用，便认为是土地私有制作祟。病灶是找对了，但给的药方不对：他竟然开了历史的倒车，废除私有，一切土地收归国有，改名"王田"，户均占田不得超限，且禁止买卖。名为"国有"，本质上还是董仲舒"限田"的那一套。

王莽这么做，相当于对穷人富人无差别的全面剥夺，这就把全国人民都给得罪了。于是，改制失败，换来了一场全国性混乱。盘踞坞堡的豪强地主趁乱纷起，割据一方，刘秀也是其中一员。幸运的是，他笑到了最后。

称帝后的刘秀深知，自己的政权基础并不牢固。国家尚未统一，那些源自豪强地主的军事集团仍分庭抗礼；他麾下的众多"兵长渠帅"并非真心归顺，一有风吹草动，还会东山再起；不少兵痞退伍回乡，横行霸道，抢田抢人，扰乱基层社会秩序；功臣宿将交出了兵权，但朝廷给了他们大量赐田，尽管实现了表面上的君臣和谐，但也助长了土地兼并。

头绪太多，刘秀只能采取"柔道"政策，一方面恢复经济，安抚众多"大佬"；另一方面得陇望蜀，消灭割据势力。

建武十二年（36年），刘秀攻灭盘踞巴蜀的公孙述，完成国家统一。可是，国家掌握的土地和人口依然是两本糊涂账，不利于财政增收和长治久安，大规模"土改"已是箭在弦上，不得不做。既然董仲舒的"限田"和王莽的"王田"都不成功，那就得另想办法。

刘秀君臣想出的高招，是先把全国的土地占有情况摸清楚。有了底数，再说其他。怎样摸清呢？那就是组织全国性的土地测绘丈量，学名"度田"。

## "度田令"遇到执行难

建武十五年（39年）六月，刘秀"诏下州郡"推行"度田"，"检核垦田顷亩及户口年纪"。这场声势浩大的"土改"，就是要核对全国各地的土地、人口、户籍数据，解决"天下垦田多不以实，又户口年纪互有增减"的问题。

不久，各州郡纷纷遣使奏报"度田"执行情况，陈留郡吏呈上的一份书牍引起了刘秀的注意。其中说道："颍川、弘农可问，河南、南阳不可问。"经过一再询问，这位郡吏才道出实情："河南帝城多近臣，南阳帝乡多近亲，田宅逾制，不可为准。"

郡吏揭开的只是冰山一角，但足以令刘秀高度重视。显然，各州郡在执行过程中"多不平均，或优饶豪右，侵刻羸弱，百姓嗟怨，遮道号呼"。而造成这一情况的原因，则是州郡官搞不清朝廷"度田"的决心，对于本地豪强地主既联系密切，又不敢得罪，于是干脆"优饶"，继续隐瞒田产和人口，将税负转嫁到普通百姓头上。

是优饶"近亲""近臣"，还是惩戒州郡官吏？刘秀从维护东汉王朝整体利益的角度出发，选择了后者。于是，第二道诏令呼之欲出："遣谒者考实二千石长吏阿枉不平者。"

十一月，他先拿前汝南太守、时任大司徒的欧阳歙开刀。不顾其"学为儒宗，八世博士"的老资历，不顾"诸生守阙为歙求哀者千余人"的压力，果断将其下狱处死。

尽管给欧阳歙扣的罪名是贪赃，表面看来与"度田不实"无关。但此例一开，血雨腥风。一大批"度田"不实的地方官被"考实"出来，下狱治罪。到建武十六年（40年）秋九月，"河南尹张伋及诸郡守十余人，坐度田不实，皆下狱死"。另有一批州郡官虽然保住了性命，却被免官或降职，政治生涯戛然而止。

这场因"度田"不力而掀起的政坛风暴，波及面广、影响巨大，全国官场为之肃然。建武十六年（40年）八月，朝廷推行"案户比民"，开展新一轮"检核"。各地官员再不敢掉以轻心，他们放弃了欺上瞒下的把戏，纷纷板起脸孔，在执行层面走到了另一个极端："刺史太守多为诈巧，不务实核，苟以度田为名，聚人田中，并度庐屋里落，聚人遮道啼呼。"

"聚人田中"，连人带地一起核对，有利于提高"检核"效率，但无论老幼都要到指定地点接受"检核"，也会造成扰民；更糟糕的是，"庐屋里落"既非朝廷规定的"检核"范围，也非赋税征收标的物，连它们一起"检核"不免激起民愤。一场全国性骚乱瞬间点燃。

## 兜底善后打基础

这场因"度田"而引发的全国性骚乱，之所以形成气候，至少有三个原因：

一是一批地方官被治罪，虽然彰显了刘秀推进"度田"的决心，但也震惊了豪强大姓，他们仍有坞堡和部曲，具备反叛实力。

二是地方官"不务实核"，导致小民深受"侵刻"，对"度田"心存偏见，容易被煽动。

三是青、徐、幽、冀一带，"民稠土狭，不足相供"，豪强势大、民生艰苦，又是王莽末期军阀割据的主战场，对"度田"的反对声浪最大。

刘秀意识到，此事如若处理不当，非但"度田"难以奏效，还会导致政权崩盘。于是，他对叛乱者开始不择手段，软硬兼施。一方面遣使前往郡国传令，让"群盗自相纠摘"，五人共斩一人者"除其罪"，加速"群盗"内部瓦解；另一方面对畏葸不前的地方官摒弃前嫌，只以"获贼多少"为条件，让他们立即镇压。诏令发布后，各地官员如释重负，纷纷卖力镇压，骚乱迅速平息。

"度田"事件，是刘秀版"土改"遭遇的重大挫折。不过，刘秀并未气馁，而是耐心做起了纠偏工作。

一方面，"徙其魁帅于它郡"，尽管让他们在新的落脚地"赋田受禀，使安生业"，但根除了他们在原籍地的影响力，对豪强不啻沉重打击。

另一方面，"遣谒者为更正"，校定户口田亩，迫使"优饶"者补交租税，退回因"侵刻"和"并度庐屋里落"多交的租税，从而缓和了社会矛盾。

"度田"虽有波折，收效却显而易见。《后汉书》载"牛马放牧，邑门不闭"，绝非溢美之词。"度田"的成功，使朝廷控制的人口和税收显著增加，为汉明帝、汉章帝时代整饬吏治、远征匈奴、重开西域的事业打下了坚实基础。

然而，"度田"的药效，到汉章帝以后，基本就衰减差不多了。东汉中期以后，土地兼并势头更猛，而朝廷再也下不了第二次"度田"的决心了。

# 给俸禄与打老虎：北魏吏治新政

图1—04，山西大同的云冈石窟，靠近北魏故都平城（今山西大同），成为体现北魏时期佛教石刻艺术的精品。

提起北魏，很多人首先会想到孝文帝拓跋宏，他迁都洛阳和汉化改革的举措，成了中国古代少数民族政权促进民族融合的典范。

孝文帝在位28年，但去世时只有32岁。也就是说，他当皇帝的大部分时间里，年纪尚小，不能独立主政。而汉化改革又不是一蹴而就的，说干就能干好的。最起码，得有个听话的、靠谱的、能干的官僚机构，去落实新政。因此，整饬吏治就成了这场改革的铺垫和前奏。

吏治改革，内容庞杂，阻力巨大，孝文帝基本没做，但北魏的吏治确实在这一时期有了改善。那么，这些工作究竟是谁做的呢？答案是冯太后（文明太后），也就是孝文帝的奶奶。

冯太后的知名度比孝文帝差远了。如果不是一部名为《锦绣未央》的电视剧，恐怕今天很多人根本就不知道这位女流之辈，究竟是何许人也。历史告诉我们，冯太后历事三朝，堪称传奇。她的吏治改革，在中国历史上具有开创性。

## 意外逆袭

北魏正平二年（452 年），首都平城（今山西大同）。

接连不断的宫廷喋血，让这个鲜卑族建立的新政权千疮百孔。政变中的男人们，无论是老皇帝拓跋焘，还是南安王拓跋余，都只是过眼烟云。笑到最后的是年轻的文成帝拓跋濬（440—465 年）。

然而，拓跋濬根本笑不起来。为什么呢？因为他的皇帝宝座并不踏实：宫变频繁，贪腐严重，内斗不断，民不聊生，北魏王朝的大厦依旧险象环生。

环境异常险恶，有个家族却迎难而上，走向权力之巅。它就是长乐冯氏。

这是一个汉人家族，世居长乐信都（今河北冀州）。在战乱频仍的北方，他们深受鲜卑文化熏陶，曾建立了北燕政权，叱咤北方。可是，北燕只维持了 20 多年，就被北魏攻灭。

冯太后就出身这样的豪门。可一开始，她似乎与富贵并无缘分，只是个幼年丧父，沦为魏宫婢女的戴罪之身。可以说，人生前途黯淡无光。

幸运的是，宫里的冯左昭仪对她格外怜爱，悉心照料，让她在宫中站稳了脚跟，积累了人脉，触底反弹。11 岁那年，她告别了姑妈，以贵人身份嫁给了年仅 13 岁的文成帝拓跋濬。这位仰慕汉族文化的少年天子，对她宠爱有加，四年后将其晋升为皇后。

长乐冯氏是幸运的。当初为了求和，时为北燕公主的冯左昭仪嫁到北魏，使冯氏家族不仅免于覆灭，而且在北魏落地生根。冯太后的胞兄冯熙，八个女儿都嫁到了北魏皇室，出了两个皇后，两个昭仪，四个王妃，如此蔚为壮观的场景，更是长乐冯氏枝繁叶茂的真实写照。

冯太后也是幸运的。和平六年（465年），拓跋浚英年早逝，太子拓跋弘登基为帝。按照北魏为避免母后干政而制定的"子贵母死"的老规矩，拓跋弘的母亲李氏被赐自尽。冯皇后幸而膝下无子，非但保命，而且尊为皇太后，实现了成功逆袭。

历史上，冯太后曾两度临朝称制，辅佐献文帝拓跋弘和孝文帝拓跋宏，诛杀权臣，稳定政局，积累了丰富的政治经验。面对北魏江山的险恶形势，她找到了治国理政的突破口，就是官场贪腐。

## 班定俸禄

北魏是个奇葩的王朝。官员的薪水不是财政定期拨付，而要靠战利品分配，美其名曰"班赏"。然而，这样的赏赐既无规律，也无定额，更无法普惠全体官员。更多的官员处在"家徒四壁""衣食至常不足，妻子不免饥寒"的状态。显然，靠赏赐来养家糊口，很不靠谱。

于是，多数官员只好将职权变现，形成权力寻租。"官无禄力，唯取给于民"成为普遍现象。有些官员"初来，单马执鞭，返去，从车百辆，载物而南"。

官员满载而归的背后，是百姓承受额外盘剥的痛苦。更糟糕的是，北魏法律条文较乱，对鲜卑贵族常常"网漏吞舟，时挂一目"，失之于宽，过分放纵。朝廷也整饬过官场，但总是雷声大，雨点小，治贪抓不住牛鼻子。就连清代学者赵翼也说，"惩贪之法未尝不严，然朝廷不制禄以养廉，而徒责以不许受赃，是不清其源而徒遏其流，安可得也"。

其实，一些有识之士多次向朝廷上书指出，官员收入不稳定，生活没保障，贪腐在所难免，会严重影响国家机器的正常运转。建立一套合理的官员俸禄制度，应当提上议事日程。

太和八年（484年）六月丁卯，首都平城的皇宫传出了一纸诏书，发布了三项命令：

其一，"故宪章旧典，始班俸禄"。以前官员没有俸禄，现在朝廷设定专款专户，为官员按季发薪。太和十五年（491年），孝文帝实施了官品制度改革，明确了"以品第各有差"的俸禄制度。以魏晋的九品中正制为基础细化，每个品级细分为正从两级，无论正从，又划分为上、中、下三阶。朱大渭《魏晋南北朝的官体》一文考证，一品官的俸禄为1300匹绢，九品官为40匹。各级官员之间的俸禄差额较大，比如一品官是从三品官的2.7倍。

其二，"罢诸商人，以简民事"。官员们既然有了稳定的薪俸，就没必要像以前一样，以各种名义向普通百姓，特别是向商人乱收费乱摊派，客观上减少了扰民。不过，俸禄制的施行，对普通人的生活并非没有影响。毕竟，以前朝廷并没有这项开支。如今，为了按时发放俸禄，必须增加一项附加税。"户增调三匹、谷二斛九斗，以为官司之禄。均预调为二匹之赋，即兼商用。虽有一时之烦，终克永逸之益"。

即便如此，也比毫无节制的摊派强。更何况，在俸禄制颁行前后，冯太后以孝文帝的名义，先后发布"均田令"，并建立租调制和三长制，使流离失所的百姓返回故土。百姓们有了自己的耕地，通过向国家缴纳赋税，既确保了国家的财政收入，也让自己安居乐业。额外增加这些附加税，对得到"均田"好处的百姓来说也能接受。而这笔附加税在发完官俸后，居然还略有结余。

其三，"禄行之后，赃满一匹者一死"。既然有了俸禄，盘剥百姓的事就该堵住口子了。如果再有贪腐行为，惩处的严厉程度就要升级了。冯太后的这项新规，或许是中国古代最严厉的惩贪法令了。毕竟改革之前，北魏律法规定，贪赃满40匹绢才处死。即便是号称治贪最严的朱元璋，对贪官的生死线也要定在60两银子。

那么，当这样的严刑峻法出台之后，大臣们又会有怎样的反应呢？

# 肃贪风暴

太和八年（484年）秋，身负皇命的使者们风尘仆仆，赶赴各地。就在各地官员领到第一笔俸禄后不久，一场涤荡全国的肃贪风暴也拉开了帷幕。

这轮"巡视"揪出的贪官为数众多，"坐赃死者四十余人"。那些对朝廷政令不当回事的官员，结结实实地领教了这个传奇女人的厉害。从此，"食禄者踧踖，赇谒之路殆绝"。

其实，这样大面积惩贪的集中行动，在冯太后听政时期并非首次。早在太和三年（479年），秦州刺史尉洛侯、雍州刺史宜都王目辰、长安镇将陈提等人贪腐被人告发。冯太后下令严查，坐实罪名后，处决了洛侯和目辰，发配了陈提。同时，对只抓小贪、不管大贪全国1000多名侯官全部撤换。

贵为皇亲国戚，一旦犯事也难以幸免。太和十三年（489年），怀朔镇将、汝阴灵王拓跋天赐、雍州刺史、南安惠王拓跋祯，都因贪腐落马。面对两位小叔子，面对百官求情，冯太后没有心软，而是坚毅地表示："卿等以为当存亲以毁令邪，当灭亲以明法邪？"在亲情与律法之间，她毅然选择维护后者的权威。两位王爷最终被"削夺官爵，禁锢终身"。

冯太后打出的这记标本兼治的组合拳，对沉疴已久的北魏官场而言，无疑是一剂清醒剂。俸禄制的实施，背后是北魏逐渐结束战争状态、步入和平时期，经济持续恢复，在解决官员生计方面的理性选择。重拳惩贪的结果，不仅收到了"事静民安，治清务简"的实效，而且整肃了队伍，收拢了人心，对于孝文帝亲政后迁都洛阳和全面汉化，这样的基础性工作显然必不可少。从这个意义上看，冯太后开创的事业称得上"锦绣未央"。

# "土断"的福利：《琅琊榜》外的"外地人"

冬至过后，扬子江边风萧萧；年关将近，石头城里寒意浓。一道圣旨，令台城的皇宫和衙署里本该辞旧迎新的喜气荡然无存。

"滨州侵地案，令靖王萧景琰主审，三司协助。查明立判，不得徇私，钦此。"

官员骑墙、誉王沉默、耕农封口……诸多怪现象令这桩牵涉多名权贵的大案扑朔迷离。然而，靖王沉稳应对，迈过险阻，迅速结案：庆国公及其亲朋主犯判绞侯监，家产悉数抄没。

电视剧《琅琊榜》里的这段情节，环环相扣，拨人心弦，把靖王这位政坛黑马的一招一式塑造得活灵活现。这个看似架空历史的故事，反映的却是南北朝的风云诡谲。滨州侵地案，也就成为这个时代南朝经济困局的真实写照。

图1—05，梁武帝萧衍。作为《琅琊榜》里"梁帝"的原型，晚年贪图蝇头小利，引狼入室，导致侯景叛乱，不仅葬送了自己的身家性命，而且荼毒江浙，摧毁了南朝政权抗衡北朝的最后一点资本。

问题在于，崇尚清谈、貌似富庶的南朝，为什么会陷入经济困局呢？

# "衣冠南渡"引发蜂拥"侨置"

建兴五年（317 年）仲春，建邺（今江苏南京）。

这是司马睿南迁到此的第十一个年头。几个月前，长安沦陷，愍帝司马邺出降。获悉这一消息，他失声痛哭。作为成功逃离中原、提前布局江南的皇室成员，他成了晋朝旧臣的主心骨。于是，在众臣拥戴下，他承制改元，建立东晋王朝。为避司马邺名讳，建邺更名建康，为其后五个南方政权做了 200 多年都城。

还是在十年前，贵为琅琊王的司马睿，初来江南，人地两生，只是靠着琅琊王氏家族的代表人物王导、王敦等人辅佐，才落地生根。王氏家族在南方的影响力也迅速扩大，布列显要，掌控枢机，专任征伐，大权在握。于是，才会出现司马睿登基之时，一定要拉着王导同升御床，一起接受百官朝贺的奇特现象。

司马睿的经历，只是当时"衣冠南渡"的缩影。在这场中国历史上首次人口大迁徙中，皇室成员尚且要靠"共天下"才能坐稳半壁江山，对于那些初来乍到的中原百姓，想在江南过上安稳日子，更是何其艰辛。

"衣冠南渡"并非政府主导的有序迁徙，而是民众自发形成的无序逃难。他们一般分成三类：

第一类是接受官府登记户籍的，多达 70 万众。

第二类是流落到大户人家的宅院里的，寄人篱下，受人奴役，人数不少，但由于官府无从知晓和统计，也就成了名副其实的"黑户"。

第三类是既不登记户籍，也不依附豪强，而是漂泊不定，随遇而安的，被称为"浮浪人"。

不管有没有户籍，在南方土著眼中，他们都算"外地人"，从北方过来"侨居"南方的。因此，朝廷把这些"外地人"统称"侨户"或"侨人"。

到达南方的侨人，有的聚居，有的散居。东晋官府干脆将靠近南北边界的区域,划出一些地盘来,重建了北方的州、郡、县。当然,也不是全部重建,而是按照侨人的原籍,有选择地重建,统称"侨置"州、郡、县。

这样重建,不就跟北方的州、郡、县重名了吗?东晋王朝想了个办法,在这些侨置州、郡、县的名字前面加个"南",以示区分。比如,朝廷在建康附近的京口(今江苏镇江)就侨置了徐州。为了区别苏北的徐州,京口的徐州称为"南徐州"。

于是,长江两岸就出现了许多加上"南"字的北方地名,如南豫州、南青州、南兖州等。跟侨置州县对应,南方原有的州、郡、县,虽然名称不变,但在官方话语中,都被统称"土州""土郡""土县"。

按说,这些北方来的"外地人",流落他乡,入乡随俗即可,何必单设侨置州县呢?

东晋当局有三点考虑:

一是招徕难民。朝廷这么做,是为了增加劳力,加快南方经济开发。当然,配套的政策也很优惠,比如豁免侨置州县的租税和徭役,让逃难到此的北方汉民渡过难关,安顿下来。

二是加强管理。把四处散居的侨人渐次集中起来,按照同乡关系各找各家。

三是安置干部。逃到南方的侨人不乏北方望族,单独设立侨置州县,既能给这些大佬提供跟其身份相称的官缺,还能将侨人单独管理,形成特区,免受当地土著欺负。

然而,事情的真相真的如此高大上吗?

## "一朝两制"光环下的损公肥私

司马睿、王导等东晋士族高官几乎全是侨人,他们既然身居高位,当然会出台措施优待侨人。表面看来是照顾弱势群体,其实就是照顾自己,实现"合情合理"的以权谋私。可是，侨置州县从设立伊始，朝廷似乎就没省过心。这又是为什么呢？

由于侨置州县的存在，东晋王朝的民政部门冒出了两种类型的户口本：当地土著纳入正式户口，户籍资料由防止虫蛀的特殊药物处理过，呈现黄色，故称"黄籍"。侨人纳入临时户口，户籍资料用的只是白纸，没有任何处理，称为"白籍"。按说，正式户口要比临时户口更有优势，可在东晋时期，仅从免税这条来说，临时户口的福利待遇就远好于正式户口。

一个王朝，两类户口，这样的制度设计造成的后果，当然是侨人占了便宜。可是，如果站在国家层面，就未必是好事了。

侨人免税，不但国家财政少了一块税源，而且侨置州县过多，衙门叠床架屋，官僚队伍臃肿，人浮于事，开支浩大，财政负担加重。侨人居所分散和多变，使侨置郡县的数量和地理方位经常改变，导致行政区划混乱。

经过几十年休养生息，侨人早已度过了困难阶段，生活水平已与本地人无异。然而，同朝为民，税负不同，侨人占了便宜，土著们自然心有不甘。于是，更多的土著选择了逃避或投机。有些土著弄到一份临时户口，混入侨人行列来逃税。假侨人越来越多，实际纳税的人越来越少。长此以往，国家机器靠什么正常运转，统治集团靠什么维持享乐呢？

东晋的皇帝大多是糊涂蛋，但决策层不乏有识之士。他们已经意识到，"一朝两制"光环下的种种黑幕，虽然只是肘腋之患，但"千里之堤溃于蚁穴"，不可不防。于是，一个新的改革方案应运而生，那就是"土断"。

什么是"土断"？"土断"改革能收到怎样的实效呢？

## "义熙土断"的成败得失

"土断"的核心主张，就是将全国户籍一律整理为"黄籍"，取消临时户口。所有居民，无论侨人还是土著，一律编入所居郡县的正式户口。官府针对侨人的优待政策一律取消,不管是谁,都要向朝廷纳税服徭役。

对侨人来说,这一改革方案的实施无异于挥刀自宫,他们当然会千方百计予以抵制。因此,东晋到南朝推行了十次"土断"改革,大多效果不彰。只有权臣桓温和刘裕主持的两次有些成效。相比之下,刘裕主持的"义熙土断",效果更显著。

义熙九年(413年),刘裕给晋安帝上了一道表章,回顾了几十年前桓温主持的土断改革,曾扭转了"民无定本,伤治为深"的局面,一度实现了"财阜国丰"。尽管人亡政息,改革夭折,导致"杂居流寓,闾伍弗修,王化所以未纯,民瘼所以犹在",但刘裕决心身负重任,重启"土断",实现"宁民绥治"。

刘裕的改革思路,是不管侨人是否乐意,直接裁撤侨置州县,最大限度精兵简政。新政规定,全国绝大多数州县全部实施"土断"。多数侨置郡县被合并或取消,归入相邻的本地郡县。随之而来的,是冗余机构消失,部分官员下岗。大多数侨人的临时户口被注销,取而代之的,是侨人不想要又不得不接受的正式户口。

官府还严厉清查士族富户藏匿人口的现象,遇到公然对抗者,刘裕的招数就是杀一儆百,绝不手软。会稽(今浙江绍兴)余姚的士族大户虞亮,藏匿亡命之徒千余人,拒绝纳入国家正式户口,查实后被处以死刑。于是豪强肃然,远近知禁。

刘裕赢了。他主持的"义熙土断"打击了东晋士族集团势力,实现了财政增收节支,降低了派遣徭役的难度,减轻了百姓税负,缓和了民间怨气。刘裕曾有"率之以仁义,鼓之以威武,超大江而跨黄河,抚九州而复旧土"的志向,并为此多次用兵。在他率领下,东晋军队的旗帜首次插上了长安城头。这些军事胜利,离不开"土断"改革提供的后勤保障,同时也奠定了他代晋称帝、建立刘宋王朝的民意基础。

刘裕输了。面对所有的侨人,他并没有一碗水端平。对待居住在晋陵(今江苏镇江、常州一带)的南徐、南兖、南青等三个侨州的住户,他就网开一面,宣布暂不实行"土断"改革。毕竟,他赖以打天下的北府兵,家眷就住在这片区域，既然是自己人，当然还得优惠。如此"特事特办"，不仅造成改革不彻底，还为未来的改革埋下了隐患。

# "土断"玩过头的恶果

刘裕死后，刘氏子孙陷入了骨肉残杀，"前见子杀父，后见弟杀兄"。长期内战和昏君乱政，将多年积累的物质财富损耗大半。萧道成取代刘宋，建立齐朝后，财政依然困难。于是，齐高帝萧道成和他的儿子齐武帝萧赜决定，建立名为"检籍"的大规模户籍检查制度。这么做，为的是减少户口隐匿，增加朝廷直接控制的劳动力，夯实税基。

看起来，"检籍"跟"土断"没什么差别，但实际上，"土断"只是消除国民身份差异，"检籍"类似于"土断"的升级版，凡是查到虚报、伪报或篡改自家户籍的家庭，一律"却籍"，就是注销户籍。凡是被定为"却籍"的人，不光沦为官府不予承认的"黑户"，而且全家要充军流放边地。

"检籍"制度如此严厉，给人一种竭泽而渔、玩过了头的感觉。在南朝内斗不止的政治环境里，这样的扯皮只会加剧社会矛盾，酿成民变。

浙东望族唐寓之，祖孙三代靠看风水、选墓地为业，积累了丰厚家底。平时"乐于济贫救困，为乡里所爱戴"，人缘不错。跟其他人不同，他自幼习武，政治上有点"非分之想"。

眼看"检籍"闹得民怨沸腾，他觉得这是个"成大事"的机会，便在南朝齐永明三年（485年）揭竿而起，打出的旗号是"抗检籍，反萧齐"。起义军迅速扩充到3万多人。

这样的"民变"，虽然口号很吸引人，但起义军装备比较差，训练无素，遇到官府正规军的镇压，就会一触即溃。加上唐寓之本人指挥失误，起义很快就被镇压了。

唐寓之阵亡了，但他领导的这场起义是有积极意义的。朝廷深受震动，叫停了"却籍"政策。政局消停了，但摆在南朝统治者面前的问题依然没能解决："土断"只是户籍制度改革，无法阻挡士族地主大肆兼并土地的步伐；"却籍"只是对内惩戒措施，无法扭转南朝在对外战争中节节败退、疆域日益萎缩的困局。《琅琊榜》里塑造的"梁帝"，其历史原型梁武帝萧衍，晚年不仅纵容皇子争权夺利、贪污腐败，而且贪图蝇头小利，引狼入室，导致侯景叛乱，不仅葬送了自己的身家性命，而且荼毒江浙，摧毁了南朝政权抗衡北朝的最后一点资本。

劫后余生的六朝古都，只剩下"朱雀桥边野草花，乌衣巷口夕阳斜"。而曾经借助侨人特权长期占据高位的北方南迁士族，则在南朝的一场场内讧与厮杀中精疲力竭，在一次次"土断"改革的冲击下，走向历史的终点。

# "洛园"："逐粮天子"及其粮食供给侧改革

图1—06，唐玄宗在位时期，通过"节级转运"的做法，解决了物资运输的世纪难题，摘掉了"逐粮天子"的帽子。

唐开元二十一年（733年），关中秋雨连绵，终日不见阳光。即将收割的庄稼成片成片地烂在地里。粮食歉收，物价飞涨，饥荒骤起，民不聊生。

为了不跟饥馑的百姓抢饭吃，"国家最高领导人"唐玄宗只得带领百官，离开长安，到东都洛阳。美其名曰"临时办公"，其实是去找饭吃。

着实郁闷的是，二十多年来，这是他第五次为了"就食"而告别首都。不过，他可以借机到京外走走看看，了解民情，对决策有帮助。他也没必要为此自卑，因为隋文帝、唐高宗、武则天、唐中宗，都曾是"逐粮天子"群体的一员。

每次"逐粮"之行，对于这个沉湎盛世梦华的风流天子来说，都是脸面难堪的事。第五次洛阳行的途中，唐玄宗就暗下决心：日子不能这么过下去了，得改改，必须彻底甩掉"逐粮天子"的帽子。

作为决策者，在发布改革政令之前，应该先搞清病灶在哪儿。那么，究竟是什么原因，促使隋唐帝王一而再、再而三地东行"逐粮"呢？

归根到底，就是长安缺粮。

## "徒竭所藏，不给京师"

按说，天下财货得先紧着首都人民。可是，唐帝国给长安的供应，特别是粮食，常常是不够用的。那么，到底是哪些"吃货"在消耗长安的粮食呢？主要有四部分人：

一是各级官员。武则天以来，选官门槛降低，冗员大量增加。户部尚书卢怀慎就不无忧虑地奏陈："今京诸司员外官数十倍，近古未有……奉禀之费，岁巨亿万，徒竭府藏……河渭广漕，不给京师。"

二是皇亲贵族。唐玄宗上台后，为了不让兄弟们干预朝政，就在经济上给予优待，把他们养在长安，足不出阁，尽情挥霍，光各大王府就养着数千人。唐玄宗生性风流，喜好排场，宫里养着 4 万嫔妃和宫女，以及 4000 多名宦官。

三是京城军队。唐朝以前实行府兵制，士兵自备军粮。开元年间，朝廷改行募兵，军粮由国家负担，特别是长安附近驻扎着 12 万禁军，军粮需求量骤增。

四是普通百姓。长安是国际化大都市，人口增速较快。到天宝元年（742年），长安及其周边地区的人口达到 36 万户，196 万人，比贞观年间增加了 16 万户，103 万人。

有学者认为，当时关中地区每年只能向长安提供 230 多万石粮食，年缺口 100 多万石。这么多张嘴嗷嗷待哺，不闹饥荒才怪呢。

需求侧雷打不动，无法破局。面对缺粮困境，隋唐君臣只能从供给侧想辙了。

# 逐粮东都，上演"洛囧"

隋文帝的办法，是只要关中闹灾，就去洛阳找饭吃。不过，他出身关陇集团，统治根基在关中。一旦饥荒结束，还是要回长安的。

隋炀帝的办法，是放弃长安，迁都洛阳，疏浚运河，南粮运洛。看起来，这或许是用运河将帝国凝结成统一体的好主意，也缓解了皇室和京官们的吃饭难题。

可是，他太急功近利了，想要短时间内搞定运河等一系列大工程，完全超出了农业社会的承受上限，造成滥用民力，田地抛荒，社会代价高昂。迁都洛阳，甚至经常住在江都（今江苏扬州），则是将关陇集团弃之不顾，完全远离了隋朝的根据地，丧失了统治基础。

于是，隋炀帝赢得了情怀，输掉了天下。

唐高祖李渊汲取前车之鉴，坚持定都长安，紧密团结关陇集团。这样一来，政治上踏实了，但粮食不够吃了。

缺口怎么办？只能从外地调运。可这绝非易事。

江南粮食要想运到长安，需要走两千多里路，分成三段。江南到洛阳，可以走大运河；陕州到长安可以走广通渠，问题都不大。关键是洛阳到陕州，必须经过三门峡。这里"水流迅急，势同三峡，破害舟船，自古所患"。由于船只无法通行，不得不就此卸货，改走陆路运输。这样一来，不仅道路艰险，而且运量有限。

既然三门峡过不去，粮食运到洛阳基本就"肠梗阻"了。怎么办呢？唐高宗和武则天的办法，就是一遇关中灾荒，就亲自去洛阳找饭吃。毕竟，隋炀帝当年在洛阳修的含嘉仓，存粮够吃几十年。后来，武则天干脆定都洛阳，很少回长安了。

唐玄宗不愿过这样的日子。一方面，吐蕃、突厥的频繁滋扰，使西北战事吃紧，他必须坐镇长安，指挥作战。另一方面，每次去洛阳就食，都疲惫不堪，活脱脱"洛囧"。沿途州县要提供后勤保障，也是饱受折腾。堂堂大唐天子，混得像叫花子一样，成何体统？

三门峡是运粮的节点，唐玄宗曾派人改进过。将作大臣杨务廉就主持开凿了三门峡砥柱旁边的三门山，船过砥柱时无需改陆运，只需纤夫拉去，绕开砥柱。可是，山路危险，经常发生纤夫坠亡事故。运点粮食，赔上性命，代价太大了。

那该怎么办呢？

## 节级转运，和籴存粮

跟杨务廉"头疼医头"的做法不同，江淮河南转运使裴耀卿的思路比较独到："逐粮"和救济，都是应急的临时举措，不是长久之计。治本之策，当是改进漕运，扩大供应。既然技术上拿三门峡没办法，那就绕过去，放弃过去旷年长运的做法，改行节级转运。克服南粮北运航道漫长、各段水势不同的现实困难，采用沿河设仓，分段运输的办法，"水通则随近运转，不通则且纳在仓，不滞远船，不扰欠耗"。

这样的做法，有点类似于美国的"泰罗制"，将漕运工作拆分为可量化的工序。把每道工序都设计得合理高效，每个节点都建好转运仓库，设计好衔接时间，由不同的专业人员实施。运粮船队什么时候进黄河、什么时候到洛阳、什么时候走陆路、什么时候进渭水、什么时候到长安，都精心设计，压缩成本。

具体路线是：江南粮船沿运河行至汴水和黄河交汇的河口，卸粮入仓，即可返回。官府出资雇佣船只，从河口入黄河，向西运输。经过三门峡时，船只将粮食运到三门砥柱东面的集津仓，而后改走陆路，绕过三门险滩，运至西面的三门仓后，再改行水路，运粮船驶入渭水，直抵长安。

裴耀卿的改革，说白了，就是精细化的接力赛。没有技术革新，只有程序优化，却获得了成功。"凡三岁，漕七百万石，省陆运庸钱三十万缗"。每年运往长安的江南粮食多达240万石，不仅基本解决了关中缺粮问题，而且有余粮供养西北前线打仗的边防军。而官府雇船的钱，并非出自财政，而是新征输丁代役庸钱。由于可以交钱免役，不误农时，纤夫们也很愿意主动缴纳，可谓两全其便。

粮食运到长安后，如何调拨也是大问题。宰相牛仙客将其在边疆屯田时的办法移植到长安，采用"和籴法"。就是官府在丰年以高于市场价的价格购买粮食储存起来，到荒年以平价投放出去。这样既解决荒年的粮食短缺问题，又避免了丰年谷贱伤农。

至此，唐玄宗终于摘掉了"逐粮天子"的帽子，再也不用离开长安了。直至安史之乱爆发前，除了几次临幸华清池外，他再没有离开过长安。

裴耀卿、牛仙客在粮食供给侧实施的改革是有前提的，那就是运河畅通无阻。开元天宝年间，这一点还能做得到。而到安史之乱以后，情况就变了。由于藩镇割据，南粮北运变难了，漕运规模锐减至每年几十万石，运河年久失修，濒临荒废。

一次，长安再度陷入饥荒。就在君臣陷入绝望之际，唐德宗接到了好消息：扬州三万石大米运抵陕州，不日进京。他大喜过望，对皇子们讲："米已至陕，吾父子得活矣！"

殊不知，这些历经艰辛运来的大米，运费高昂，使售价比原产地足足贵了一倍多。

运河的淤塞，使洛阳也衰落了。尽管位于黄河与汴水交汇处的汴州，作为南粮北运的第一枢纽而发达起来，但由于长安到汴州路途遥远，再无法唤起晚唐君臣的"逐粮"乐趣。

# 均田难均：永远摆不平的唐代地皮

1961 年，《敦煌资料》（第一辑）问世。这是根据敦煌唐代户籍残卷整理编辑的一本资料集。历史学家翻阅了其中记载较全的 41 户居民的田产情况，发现了一件怪事。

根据朝廷规定，"永业田"可以传之后代。自武德七年（624 年）朝廷颁布均田令以来，当地居民徐庭芝的祖上，至少有五代人应该享受过朝廷配授的永业田，如果传到徐庭芝这儿，加起来起码也该有 100 亩。可是，天宝六年（747 年）的户籍资料上，徐庭芝名下的永业田只有 20 亩。

无独有偶，另一位名叫曹思礼的人也出现了类似问题。户籍册上的曹家男丁，只有户主曹思礼、兄弟曹思钦、侄儿曹琼璋，名下的永业田一共 60 亩，看起来好像很正常啊。可是，就在这次户籍登记前两年，曹家刚刚死去了两个男丁，分别是 28 岁的兄弟曹令休和 18 岁的儿子曹令璋。按说，这两位死者去世前也达到

图 1—07，唐高祖立像，源自故宫南薰殿旧藏，现藏于台北故宫博物院。唐高祖武德年间颁布的均田令，规划了唐前期均田制度的顶层设计。

了永业田的配授年龄，有资格拿到国家给的永业田。可是，这俩人名下的永业田却不翼而飞，没有传承下来，也没有登记在户籍册上。

户籍册上记丢的那些永业田，究竟去哪儿了？朝廷的均田令，究竟出了什么幺蛾子呢？

## 看起来很美的均田令

武德七年（624年），这是唐王朝建立以后的第七个年头。朝廷颁布了均田令。此后几经增删，日臻完善，其核心要义包括两个方面：

其一，全面授田。"丁男（十八岁至六十岁）受田一顷。其中八十亩为口分田，栽种谷物以缴纳租税，二十亩为永业田，种植桑、榆、枣，生产绢帛以纳户调"。

其二，买卖受限。只有下列几种情况，才允许买卖口分田和永业田："诸庶人有身死家贫无以供葬者，听卖永业田，即流移者亦如之。乐迁就宽乡者，并听卖口分。""其官人永业田及赐田，欲卖及贴赁者，皆不在禁限"。

对于普通农民而言，口分田两权分离。

口分田的所有权归官府，使用权归农民。只有被疏解出人口稠密区，移民到人口稀少区，人离开了，才能把原籍的那片土地处置掉，也就是将使用权转让出去。农民死后，口分田还给国家，重新分配。

永业田虽然分给农民，看起来像是"私产"，但并非真正的"永业"，而只是有限产权，售卖和继承的条件都比较苛刻。

这样的顶层设计，确保了三方利益的平衡。

——农民有地。"有恒产者有恒心"，踏踏实实种地，生活会安稳，日子有盼头。

——官员有地。这是增收的保障，也是可以随时变现的资产，这当然有利于提升官员的忠诚度、职业优越感和办差热情。

——官府不慌。受田农民死后，大部分土地还可以收回，重新配授，相当于盘活了死资产，定期补足流动性，给子孙后代留下腾挪空间。

国家的地不白给，受田农民既要缴税，支撑起国家机器赖以为系的经济支柱——租庸调制，又要自备装备，前线当兵，支撑起国家机器赖以为系的军事支柱——府兵制。租庸调制积累的财富和府兵制下唐军开疆拓土的赫赫武功，开创了贞观之治以来的百年盛世局面。而这一切，都离不开均田令这一制度性基础。

然而，看起来很美的均田令，在执行过程中却问题成堆。

## "均田不均"的现实与困惑

"不患寡而患不均"，不仅是孟子名言，也是传统社会的普遍价值观之一。在封建社会，资源均等分配是相对的，不均乃至贫富悬殊是绝对的。均田令在制度设计上，曾考虑在平民阶层实现土地配授的相对公平，实现全社会利益均沾。然而，"均田不均"的问题一开始就现端倪。

其一，官民不均。

根据均田令，丁男死亡，如果永业田由遗孀继承，土地性质就要变为口分田。遗孀死去，这些口分田就会被官府收走，重新分配。如果永业田由遗孤继承，按照《旧唐书》里"世业之田，身死则承户者便授之"的提法，要通过官府"授"的手续，使这些永业田在名义上先回到了国家手里，再分配给这位遗孤。那么，国家原本该给这位遗孤分配的永业田，就被这些遗产顶了。

显然，敦煌当地户籍册上记丢的永业田，大体就是循此路径，被官府变戏法似的拿走了。跟老百姓不同，各级官员的永业田和赐田，不仅可以上市售卖，而且继承无障碍。在产权性质上，官和民的差异有点大。

其二，田亩不均。

即便在平民阶层内部，土地的分配也难称均等。《唐田令》规定："凡授田先课后不课，先贫后富，先无后少。"制度设计上，纳税人优先、家贫者优先、无地者优先，但实操就走了样。

敦煌户籍残卷列出的 41 户中，永业田不足额或完全缺失的有 12 户。在这 12 户里，有 9 户是不课户或现不输户，即不纳税、不服役。到天宝六年，凡是不课户或现不输户，其永业田几乎都有缺额，且都没有口分田。

如此看来，在国家控制的土地资源有限、无法做到足额配授的情况下，官府优先配授的，是有能力纳税服役的富裕家庭，而非更需要土地但交不起税的贫困家庭。《唐田令》里提到的"三优先"，被简化成"课税者先"，即"先课后不课"。官府"嫌贫爱富"，这或许也是一种不均的表现。

当然，对于"均田不均"的一些客观现象，官府并非没动脑筋。对于人多地少的"狭乡"，官府通过减少授田额度，推动居民向人少地多的"宽乡"流动，并给予足额授田和免收田租的待遇。然而，这样的调剂政策成效不彰。

## 均田之堤，溃于盛世

均田制为唐王朝走向鼎盛保驾护航。当盛世来临之时，其社会发展进程中必然出现的矛盾问题，又逐渐成为蛀空均田之堤的蝼蚁。

其一，人地矛盾尖锐。唐高宗永徽三年（652年），全国在籍人口380万户，到天宝十三年（754年）增至906万户。按照均田令的授田额计，全国应授田总数应有14亿亩，但实际垦田数量只有8.5亿亩。因此，足额授田在开元天宝时期，就成了无法完成的任务。

敦煌户籍残卷记载，天宝六年（747年），当地居民程思楚的已受田只占应受田的21%，这样的比例在当地很普遍。作为"宽乡"的敦煌尚且如此，像长安、洛阳之类的"狭乡"，更难以想象。就连唐玄宗也不得不承认："京畿地狭，民户殷繁，计口给田，尚犹不足。"在这种情况下，均田令规定的授田额就成了一纸空文，其实施已很困难。

其二，土地零星分割。百年以来，不断的授田还田，往复腾挪，土地被人为分割，越来越小。日本探险队在吐鲁番地区发现的唐开元年间的土地文书残卷显示，当时授田的地块，几乎都是多次更换过耕种者，最小的不足半亩，最大的也只有 4 亩多，绝大多数都是 1 亩或 2 亩的小地块。这说明，官府对于频繁调整地块的情况也难以招架，索性把地块切成整数单位面积，便于分割配授。久而久之，每家分得的土地不再连成一片，而是越来越散。

大历四年（769 年）敦煌县居民令狐进尧获得口分田 15 块，有的在城东 15 里，有的在城东 20 里，大多分散。更糟糕的是，这些地块只有 2 块毗连，其余都是分散的。种地的通勤成本大幅增加。

其三，私有与兼并并行。均田令尽管对口分田和永业田的售卖进行了严格的制度限制，但在现实生活中，私相授受的土地转让从未停止。"农民卖舍贴田，以供王役"的情况不在少数。口分田两权分离的属性基本名存实亡。朝廷三令五申，强调"不得违法买卖口分、永业田"，但被置若罔闻。

从经济层面分析，土地兼并不仅仅是阶级剥削的体现，其实质无非还是土地的不停换手。可它造成的后果之一，是丧失土地的农民流离失所，大量逃亡。而"自开元以后，天下户籍久不更造，丁口转死，田亩卖易，贫富升降不实"。征税和征兵失去了参照，官府掌握的可配授的土地又日渐萎缩，再加上安史之乱的动荡，均田制已难以维系。

唐德宗时代颁布的两税法，以土地和财产作为征税对象，意味着官府层面承认了土地私有的合法性。从此，均田制不复存在，官府不再抑制兼并。均田，从国家制度蜕变为农民的一厢情愿和斗争口号，走进了历史的故纸堆。

# 大唐税改：跑偏的两税法

图1—08，唐德宗的崇陵，位于今陕西泾阳附近。该陵的重要特征之一，就是规制高大的石马比较多。有"石马泣血"的传说，讲的是千里马感叹英雄无用武之地而哭泣。或许"两税法"的跑偏，也让唐德宗略有此感。

大历十四年（779年），长安大明宫。

上台的喜悦还没散去，繁重的公务就压了过来，这让年轻的唐德宗瞬间蒙圈。户部呈来的大堆紧急奏札告诉他，唐帝国的大厦表面光鲜，根基却在溃烂。税制崩盘、国库亏空，这一切都在催促他，必须改弦更张，换个活法。

这堆奏札也不都是诉苦的，有一份令唐德宗眼前一亮：宰相杨炎将其筹谋已久的税改方案和盘托出。经过半年多的君臣研议，唐德宗决定力排众议，不搞试点，直接颁行。

建中元年（780年）正月，这个名曰"两税法"的新税制，连同新皇帝的第一个年号一起，在全国人民面前亮相。

# 危机四伏

唐帝国的赋税收入，主要是以均田制为基础的"租庸调制"来保障的。自耕农作为纳税服役主体，从国家获取口分田和永业田，纳粮当差，为官府提供租调，并纳庸代役，满足了朝廷的实物储备需求。

按照户部规定，各州县的税收除了日常留用，都要解送朝廷，形成"统收统支"格局。各级财政机构"上下相辖"，使这套中央集权的财政体制正常运转。

然而，长期以来的土地兼并破坏了均田制，自耕农大量消亡，沦为佃农或流民，使租庸调制形同虚设。安史之乱摧毁了唐王朝的小农经济基础，为了平定安史之乱，朝廷设了大量藩镇，形成割据之势，俨然独立王国，使真正听话、按时给朝廷纳税的区域急剧缩小。

朝廷的开销不减，收入却在减少。为了维持帝国的运转，只能对真正听话、老实交税的州县百姓喊话：再多交点税吧。于是，这些地方的老百姓，税负越来越重。

更糟糕的是，朝廷对地方业已失控，乱收费乱摊派的现象屡禁不止，一些富户勾结官府，利用税制缺陷，故意逃税，将税负转嫁到穷人头上。

种种迹象表明，大唐财经领域积弊丛生，非改不可。

# 推倒重塑

按照宰相杨炎的设计，两税法就是针对这些弊病而去的，其中至少做了五方面创新：

其一，量出以制入。一反"量入为出"的传统财政原则，提出"先度其数而赋于人"。先对国家财政支出做预算，再根据这个预算，核算与之匹配的财政收入，然后以实现这个财政收入为目标去收税。这种需求端导入的财政治理模式，开创了编制财政预算的先河。

其二，优化标的物。"以资产为宗"，就是按土地、财产的多少来确定应纳税额。"其田亩之税，率以大历十四年垦田之数为准，而均征之"。计税简便易行，拓宽征税广度，体现公平公正。

其三，归并税和费。将繁杂的税费简化归并为户税和地税，以居住地户籍人口和财产状况分别课税。居无定所的商人，在途经州县纳税。有利于税制简化和税负瘦身，堪称唐代版"费改税"。

其四，税收货币化。规定除田亩税以谷物形式缴纳外，其他类型赋税一律折合成钱币缴纳。推动农民将应税物资投放到市场上售卖，繁荣商品经济，提高货币信用度和流通效率。

其五，纳税定期化。一年分夏秋两次征收。"夏税无过六月，秋税无过十一月"。对于纳税人来说，只交一次即可。如有延误纳税等特殊情况，可由有关部门统筹协调。

缴税分两季，税种分两类，故名曰"两税法"。

两税法出台后，得到当时高层和后世史学家的高度评价。翰林学士陆贽就称赞杨炎"扫租庸调之成规，创两税之新制"。胡均在《中国财政史讲义》称赞两税法"杜侵欺，均贫富，既可救一时之弊，而其简单易行，规模式廓，尤足以笼罩千年"。

今天看来，两税法的顶层设计，初衷是好的。

从内容上看，两税法的实施有利于增加国家财政收入，有利于减轻百姓负担；从战略上看，两税法是用经济手段将各地的财政自主权收归中央，能够对藩镇割据起到釜底抽薪的作用。

不过，新政的实施，不仅顶层设计要符合实际，还要得到有力执行。唐德宗治下的帝国官僚体系，能否将好事办好呢？

# 君民问对

贞元三年（787 年）十二月，唐德宗在长安城外的新店打猎，偶入一农户家里。按说，天子驾临，百姓肯定受宠若惊，山呼万岁，甚至语无伦次。可是，这位名叫赵光奇的农民，却显得气宇轩昂，义正言辞，几句话就把皇帝搞郁闷了。

《唐会要》卷二七《行幸》记载了这段奇特的对话：

德宗问："百姓乐乎？"

赵答："不乐。"

德宗又问："仍岁颇稔，何不乐乎？"

赵回答说："盖由陛下诏令不信于人，所以然也。前诏云'于两税之外悉无他徭'，今非两税而诛求者殆过之，后诏云'和籴于百姓'，曾不识一钱而强取之，始云'所籴粟麦，纳于道次'，今则遣致于京西，破产奉役，不能支也。百姓愁苦如此，何有于乐乎？"

赵光奇的答语，感觉是带着怨气的。他抱怨官府不守信用，一会儿说两税之外不再加税，一会儿又要找借口加税；一会儿说把税粮运到路边即可，官府·会派专人收购，一会儿又要百姓把税粮运到京城，殊不知老百姓运一趟粮食，光运费就能倾家荡产。既然皇帝来了，那就得吐槽，如果这事连皇帝都办不了，以后跟谁吐槽都没用了。

果然是"会哭的孩子有奶吃"。唐德宗听完，沉默不语，马上传旨"复除其家"。于是，赵家立刻就享受了免税的"恩遇"。

这位踌躇满志的皇帝万没想到，自己苦心推行的两税法，特别是三令五申的"除两税外，应有权宜科率、差使一切悉停"，非但没有给百姓带来福音，反而落得政府失信的恶名。

赵光奇的抱怨，只是两税法在执行层面"跑偏"的一个缩影。

# 善政跑偏

贞元十年（794年）五月，陆贽对两税法的制度缺陷给予了严厉批评：一是"不务齐平"，没有规定全国统一税额；二是"但令本道本州各依旧额征税"，州府掌握征税自主权，还是按原先的额度收税，百姓负担一点没少；三是州府各自为政，税负轻重差异较大；四是税收统计、解送工作混乱无序。四个问题归结起来，就是为执行层面的胡作非为开了绿灯。

各州府在具体执行时各行其是，不但将过去征税最多年份的税额，定为今后的两税定额，甚至借机将苛捐杂税也搭车并入两税。如此一来，两税法不但拉开了税负的地区差，还为非法摊派裹上了"合法"的外衣。

制度设计的这些问题，违背了税收公平原则，引发了诸多社会问题。首先就是逃税。"旧重之处，流亡益多，旧轻之乡，归附益众"，从重税区逃到轻税区。当地官府为完成征税任务，就把逃亡人口的税额摊派给没逃亡的人，导致许多纳税人家破人亡，加剧更多人的逃税冲动，陷入恶性循环。

纳税人的税负与占有资产的多寡具有对等性，这是两税法的合理点。贯彻这一原则，地方官府就要定期核查纳税人资产情况，及时调整纳税等级。可是，无论朝廷怎样传旨催办，地方官府依旧懒政，不予核查审定，造成税负分配长期不均。久而久之，豪强兼并愈多、资产愈丰而税负愈轻，贫民即便失业破产，照样要按原先的额度纳税，税负反而相对加重。

货币化纳税，本是促进商品经济的有益举措，但给纳税人添了很多麻烦。农民不得不将实物运到京城附近，徒增运费，还要被迫客串商人，将实物变现，更要承受当时"钱重货轻"、通货紧缩带来的实物贬值损失。据统计，到元和十五年（820年），铜钱升值5倍。这就意味着，在税额不变的情况下，纳税人的实际税负增加了5倍。

中央政府曾想履行监管之责，治理乱象，却山高水长，鞭长莫及。

# 归咎人祸

最糟糕的莫过于地方官的营私舞弊和任性加征。

实物变现，对纳税人来说，有"虚估"和"实估"两种价格。前者是中央政府制定的保护价，高于当时市场价；后者是地方自行制定的官价，选取当时最低的市场价为标准。有些官府利用两者的价差，实价收购实物，再虚价卖给百姓，牟取暴利。

至于苛捐杂税，旧的归并了，新的又来了。建中二年（781年），朝廷有战事，开支巨大，便将商税从三十税一提高到十税一。两年后，朝廷又开征屋间架税和算除陌钱，前者类似房产税，后者类似交易税。

中央带头出尔反尔，地方自然群起效尤。淮南节度使陈少游、剑南西川观察使韦皋先后奏请增加两税税额20%，分别获批。

自此，唐德宗自废武功，两税法的规则自他而兴，由他而毁。

贞元九年（793年），唐德宗大赦天下，宣布"诸司使及诸州府，除两税外，别有科配，悉宜禁绝"。如此话语，所有人只当一纸空文，呵呵而已。

此时，两税法的推动者杨炎，已经逝去十二年了。

曾几何时，他位极人臣，深受皇宠；曾几何时，他成就斐然，风光无限。然而，他卷入了朝堂之上的派系倾轧，整死大批政敌，并将责任推给皇帝。说到底，杨炎只是技术官僚，做点设计，搞点权谋，缺乏宰相应有的大局观和政治敏感性。

建中二年，轮到别人来整杨炎了。失去了皇帝的信任，他的仕途也就到了头。流放路上，他感慨良多，以《流崖州至鬼门关作》寄托自己的情怀：

"一去一万里，千之千不还。崖州何处在？生度鬼门关。"

"生度鬼门"，斯人已去。杨炎的个人悲剧，或许也是这场改革避不开的代价吧。

# 一顿饭引发的军改

图1—09，宋太宗常常效仿他的哥哥宋太祖，军队出征前要给主将授阵图，提前部署，不容改动。殊不知，宋太宗的军事指挥能力远逊于其兄，战场形势又瞬息万变。这样指挥打仗，不就是让主将戴着镣铐跳舞吗？

北宋建隆二年（961年）七月初九，东京开封府的皇宫。

一场别开生面的夜宴，在宋太祖赵匡胤和禁军将领们之间觥筹交错，把酒叙旧。

这不是一顿普通的饭。酒过三巡，赵匡胤摆出了"杯酒释兵权"的龙门阵。石守信等禁军将领，除了俯首听命，感恩戴德，别无选择。第二天，他们上表请辞，解除禁军职务。赵匡胤接受辞呈，改任他们到各地当节度使。

尽管史学界对这段故事的真实性有争议，但赵匡胤推进的军事体制改革，则从此刻拉开了帷幕。而石守信等人告别了开封府，憧憬着到地方藩镇当节度使的新生活。

## 从功臣到地主：再无回头路

石守信的新职务是天平军节度使，治所在郓州（今山东东平）。

唐末五代，藩镇节度使是地方大员，对辖内州县的民政、财政和军政说一不二。他们拥兵自重，不服朝廷号令，在辖区内搞独立王国，是标准的"土皇帝"。

然而，当他来到郓州，看到的情形大不同。

天平军所辖州县，包括郓州，都已经划归朝廷直管。知州、知县也由朝廷派文官出任，三年一换，直接对朝廷负责，不再听命于节度使。州里还有通判，名为知州的副手，实则分知州之权，相互制衡。"军"作为曾经的军事单位，也跟州县等量齐观，没了特权。

翻了翻天平军的账本，石守信惊讶地发现，几乎是空账。朝廷将全国划分为若干路，作为财税单位，每路新设转运使，负责将州县绝大部分税收解送京城。于是，节度使连财权也被剥夺了，成了穷光蛋。

行伍出身的石守信，想去天平军的军营检阅部队，却发现这里的驻军几乎全是老弱病残。原来，地方部队中的精锐，全部抽调到京城，编入禁军。从此，禁军就从拱卫京城的御林军，演变为国家的常备军。至于挑剩下的地方部队，则编为厢军，也就管管杂役，看看城门，甭说割据一方，就连打仗都费劲。

这就是赵普给赵匡胤出的主意："削夺其权，制其钱谷，收其精兵"。分割剪除藩镇的军政大权，改变五代以来君弱臣强的局面。

目睹这一切，33 岁的石守信茫然了。今后的路还很长，该怎么走呢？

离开京城前，赵匡胤赐给了他大量的良田美宅和金银财宝。于是，他刀枪入库，"专事聚敛，积财巨万"，在天平军一待就是 17 年。

宋太宗继位后，他转任洛阳的西京留守。在建造当地寺庙时，竟然对民夫"驱迫甚急，而佣直不给，人多苦之"，连工钱都克扣。

就这样，石守信堕落了。或许，他想用这样的方式，消除皇帝的猜忌。

就这样，像石守信这样自毁英名的功臣宿将们，形成了一个新的食利阶层。当他们的角色转化为地主后，在战场上的强势做派，便用在了土地和房产的扩张上。有他们的带头，原先只在封建王朝末期才出现的土地兼并问题，从宋朝立国之初，就愈演愈烈。出现了"富者有弥望之田，贫者无卓锥之地。有力者无田可种，有田者无力可耕"的景象。伴随着土地的集中，自耕农倾家荡产，沦为佃农的案例越来越多，官逼民反的事层出不穷。

农民起义，固然令皇帝和地方官挠头。大家都知道问题出在哪儿，可当想到功臣们的兴趣转移到买田置地和饮酒作乐上时，皇帝就踏实多了，转而放手他们随意敛财，不加约束。

再后来，石守信替皇帝背过黑锅，也曾被加官晋爵，可他总是三缄其口。此刻的他，曾经的血气方刚、棱角早已磨平，变得宠辱不惊。他用自己的逆来顺受，换来了善终和富贵。

## 所谓"冗兵"：流民的蓄水池

收回燕云十六州，恢复汉唐疆域，是北宋历代皇帝梦寐以求的理想。

唐前期之所以武功赫赫，靠的是以均田制为基础的府兵制。国家将土地分给自耕农，足其衣食。自耕农在纳税的同时，还要远赴边关，保卫家园，这也在保卫均田的成果。对他们来说，当兵既是义务，也是自觉。当兵的装备，也从均田的收成里出，给国家省了一笔开销。

然而，这样的互动在北宋并无基础。

自然灾害和土地兼并，使均田制和府兵制都不可能在宋朝植根。因此，北宋禁军的征兵体制，沿用了唐朝后期的募兵制，将破产农民收容到军队里。一方面，用他们强壮的身板，撑起禁军的门面；另一方面，也为了防止他们四处游荡，受到煽动，走上造反之路。

只要哪里有灾荒，哪里就有禁军的招兵告示。许多灾民为了混口饭吃，自然乐意投军。而官府认为，只要把灾民纳入禁军这个蓄水池，就能缓解流民问题。

破产农民大量从军的直接后果，就是禁军规模的恶性膨胀。北宋初年，禁军只有 20 万人。到宋仁宗时，也就过了八十年而已，禁军增加到 82 万人。人数众多，但战斗力持续下降。在跟西夏的交战中频频失利，被称为"银样镴枪头，好看不中用"。这又是为什么呢？

至少有三个原因，造就了禁军不堪战阵的现实。

一是内外相制的部署原则。这是宋太祖定下的祖制。《曲洧旧闻》里说，赵匡胤"养兵止二十万，京师十万余，诸道十万余。使京师之兵足以制诸道，则无外乱；合诸道之兵足以当京师，则无内变。内外相制，无偏重之患"。

然而，这种京城和地方均衡部署的做法，并未考虑边关战事的需要。禁军里的精锐部队"班直"，虽然兵员素质精良，但从未被拉上战场。地方驻军分散，则给了契丹和西夏骑兵以可乘之机。

二是驻地屡变的更戍之法。宋太祖发明的这套办法，其实就是让禁军经常性的防区大轮换，使其没有固定驻地。表面上为了锻炼队伍，其实就是怕将领在军中树声望，对朝廷构成潜在威胁。

宋太祖时，禁军将士们都是他亲自调教过的，战场上易于协调。而到宋太宗以后，经常性的防区大轮换，搞得"兵不知将，将不知兵"，不仅官兵之间难成默契，日常练的跟战场打的，完全不是同一套路，而且防区变动频繁，干扰了部队正常训练，尤其是北方禁军调往南方，水土不服，"一往三年，死亡殆半"。

三是指挥系统多元化的掣肘与混乱。宋太祖在军事指挥的顶层设计上，做出了一套奇葩的安排。枢密院作为国家最高军事行政部门，拥有发兵调兵之权，却不能直接掌握军队。禁军由殿前司、马军司和步军司分掌，简称"三衙"，却无权调兵和发兵。

于是，三衙和枢密院形成掣肘，军事最高决策权由皇帝掌控。宋太祖很自信，出征前要给主将授阵图，提前部署，不容改动。宋太宗也如法炮制。殊不知战场形势瞬息万变，如此机械而脱离实际，焉能不败！

北宋禁军虽有这样那样的不堪，但称之为"冗兵"言过其实。

一方面，北宋并非历代王朝军队规模最庞大的时期，兵民比例并不离谱；另一方面，军费支出占北宋财政收入的比例并不高。

北宋岁入的钱数，从宋太宗太平兴国四年（979年）的1600万贯，增至宋英宗治平二年（1065年）的6000万贯，与禁军人数的增幅大体匹配。如果算上粮食、布匹等实物收入，北宋中叶的年财政收入超过1亿贯。而北宋禁军和厢军的开销总和近5000万贯。与清朝军费开支占财政支出57%的比例相比，并不算高。

## 狄青之死："重文轻武"的观念与现实

嘉祐元年（1056年），东京开封府。

五六月间，滂沱大雨一直没停。洪水涌入城门，淹没万间房屋，木筏取代马车，穿梭大街小巷。偌大的北宋国都，在茫茫大水中浸泡。百姓呼号，全城救灾，而一件不和谐的事，却让宋仁宗打了个冷战。

有人举报：枢密使狄青身穿黄衣，出现在相国寺，正在大雄宝殿上指挥士兵。

谁都知道，宋朝是赵匡胤发动兵变，"黄袍加身"建立起来的。因此，宋朝历代君王，都对"黄衣"一词格外敏感。何况相国寺是皇家寺院。狄青在这儿到底想干什么？

事实的真相，是狄青带着一家老小到相国寺避水。那日，他穿着一件浅黄色的袄子，站在大殿上指挥手下搬运行李。仅此而已。

可是，沾上了"瓜田李下"之嫌，就百口莫辩了。皇帝大病初愈，储位长期空悬，猛将临朝坐镇，难免令人遐想。

于是，无论是宋仁宗本人，还是满朝文武，都怀疑狄青有"谋反"迹象。

文官们的弹劾连篇累牍，说法千奇百怪，狄青讷于言谈，招架不住，只好主动请辞，宋仁宗顺水推舟，将其外放陈州做知州。

虽然保住了同中书门下平章事的头衔，但狄青还是窝火。他告诉身边侍从："我这次去陈州，会死在那里。"别人问为什么。他的回答是："陈州出产一种叫'青沙烂'的梨，我这个'青'，怕是也要烂死在那儿了！"

不出所料，即便远在陈州，狄青仍被宋仁宗念念不忘。每月两次派人前去"慰问"。狄青当然知道这意味着什么。使臣来一次，他的心理压力就大一分，终于熬不住了。第二年二月，狄青嘴上长了毒疮，暴病身亡。

一代名将，戎马半生，战功卓著，却遭君臣共同猜忌，这在北宋以前的历史上非常罕见。究其原因，宋太祖矫枉过正的军事改革难辞其咎。他把人们对军队的理解带入了一个误区，那就是必须用文官制约武人，必须在军队内部建立相互制约的主体。宁可军人因窝里斗而在战场上打败仗，也不允许官兵齐心的场面出现。

这样的顶层设计，带来的是"重文轻武"的社会风尚和"好男不当兵"的大众认知。纠结的理念、纠结的体制，使宋代武将承受着扭曲的心理压抑。或许，这就是宋朝经济发达、军人众多，却在战场上经常示弱的重要原因。

狄青死后一甲子，岳飞统领的岳家军，同样所向披靡，连金人都感叹"撼山易，撼岳家军难"。然而，当南宋军队在抗金战争中演化为五大重兵集团，且各有根据地、幕僚队伍和追随左右的将领时，已经跟宋太祖追求的"将无常兵，兵无常将"背道而驰了。这些有着私人军队潜质的抗金力量，既可作为维护半壁江山的凭借，也有可能被人利用，成为颠覆南宋小朝廷的工具。宋高宗赵构怎能不胆战心惊。

于是，岳飞的悲剧就成了历史的必然。

这不光是岳飞个人和南宋王朝的悲剧，也是宋代军事变局走入误区的悲剧。

# 千年雄安：宋辽时代的榷场边贸

图 1—10，宋真宗在澶渊之盟中塑造了怯懦的历史形象，长期饱受诟病，但他的妥协退让，却成全了宋辽百年和平。

嘉祐二年四月二十一日（1057 年 5 月 26 日），北宋皇宫，君臣的注意力全部集中到了距离京城开封千里之外的雄州（今河北雄安新区），那里发生了大地震。

当地官员奏报，"大坏城郭，覆压者数万人"，人员财产伤亡惨重。根据地震专家 1977 年的估测，这是一次"震级在七级以上，震中的烈度在十度以上"的强烈地震。

强震虽烈，却非灭顶之灾。就在这座边塞小城，榷场依旧热闹，使臣依旧往复，在平静中见证宋辽两政权一个多世纪和平互动的历史。

## 战和抉择下的生死竞速

景德元年（1004 年），萧太后、辽圣宗御驾亲征，辽国大军深入宋境，兵锋直抵黄河北岸。这是北宋开国四十多年来面临的首次生死考验。

在宰相寇准的一再推动下，宋真宗决定御驾亲征，各路勤王大军纷至沓来。辽军顿兵坚城之下，孤军深入，大将阵亡，形势越发不利。萧太后终于低下了高贵的头颅，邀请宋朝使臣前来议和。宋真宗求之不得，和议随即开始。

十二月，和议达成，在宋辽结为兄弟之邦的基础上，双方互致誓书，约定了三条内容：

——雄州交割岁币。"以风土之宜，助军旅之费，每岁以绢二十万匹、银一十万两，更不差使臣专往北朝，只令三司差人般送至雄州交割"。

——彼此互不侵犯。"沿边州军，各守疆界，两地人户，不得交侵。或有盗贼逋逃，彼此无令停匿。至于陇亩稼穑，南北勿纵惊骚"。

——停止修武防范。"所有两朝城池，并可依旧存守，淘壕完葺，一切如常，即不得创筑城隍，开拔河道。誓书之外，各无所求"。

长期以来，史学家们站在宋朝的立场上，对这次史称"澶渊之盟"的和议给予了批评，认为宋真宗仅以年龄优势换取大哥的虚名，却要每年拿出岁币，开了用金钱买和平的苟安恶例。相对于汉唐"振长策而御宇内"的伟业，赵宋此举的确少了豪迈和傲娇，多了怯懦和窝囊。

雄州榷场，见证了宋使每年交割一次岁币的屈辱与郁闷。

## 给"澶渊之盟"算算经济账

事实上，和议达成后，宋真宗君臣并未感到屈辱，反倒满朝兴奋，"东封西祀，以告太平"。就连主战派代表寇准，也"以为功，有自得之色"。

他们的弹冠相庆并非瞎高兴。

宰相王旦坦言："国家纳契丹和好已来，河朔生灵方获安堵，虽每岁赠遗，较于用兵之费不及百分之一。"算经济账，岁币比打仗给宋人带来的好处更多。因此，宋朝君臣愿意跟辽国保持和平状态，在雄州（今河北雄安新区）、霸州

（今河北霸州）、安肃军（今河北徐水）、广信军（今河北保定）等地开设了榷场，作为双方经贸文化交流的主要口岸。

尽管宋朝摆出一副兄让弟的姿态，"契丹请榷场市易者，优其直与之"，给予一定的让利，但仍凭借其富庶的经济力量占据宋辽贸易的主导地位。北宋末年，大臣宋昭曾指出："祖宗朝赐予之费，皆出于榷场岁得之息，取之于虏而复以予虏，中国初无毫发损也。"通过与辽人互市，完全可以把端出去的岁币再赚回来。

辽人也并非一无所获。"自澶渊既盟之后，岁省用兵之费，国享重币之利"。岁币成为辽国经常性财政收入的一部分，而雄州等地的榷场贸易，缓解了其短缺的农产品供给压力。因此，辽国统治阶层意识到，只有与宋修好，才能保证财源滚滚。

尽管澶渊之盟的岁币交割方式，不同于传统宗藩体制中进贡与回赐的双向互动，而仅仅是单向的"逆朝贡"，更像是宋朝在破财消灾，但它给宋辽双方带来的和平红利却是长期的。嘉祐八年（1063年），司马光就盛赞"国家自与契丹和亲以来，五十六年，生民乐业"。苏辙评价澶渊之盟后，"修邻国之好，逮今百数十年，而北边之民不识干戈，此汉唐之盛所未有也"。

雄州榷场，见证了这一和平红利的百年历程。

## 雄州榷场及其贸易

就在澶渊之盟达成不久，雄州知州何承矩一面奏请开设榷场，一面与辽国新城榷场都监刘日新密切接触，商议重开双边贸易事宜。雄州榷场不是一个人在战斗，宋辽双方在各自控制区内，分别开设了若干榷场，将此前因战争而时断时续、风险极大的宋辽边贸固定化和官方化。当然，雄州榷场仍属资格最老、规制最健全的典型。

宋辽双方在各自榷场设立机构，办理经商认证手续，稽查货物，收取关税，管理和维持秩序。通过榷场，宋朝的农产品、手工业品和海外香料，源源不断地运往塞外，而辽国的牲畜、皮货、草药、井盐等，也陆续进入中原百姓人家。双方官府也开辟了新的财税来源。当然，雄州等宋朝榷场的贸易额，远多于辽国一侧的榷场，税收也更丰硕。

榷场贸易受官府保护，为了维护既有的游戏规则，防止商人进行非法交易和走私活动，榷场内的商家要相互担保。到对方榷场贸易，必须十人一组，且只能携带一半货物。如此一来，为了完成交易全过程，把所有货物卖出去，以"牙人"为代表的中介就应运而生。由官府指定的"官牙"，禁止贸易双方直接接触，而是当个二传手，做好货物成色居间检验，并抽取牙税（类似中介费）。

"官牙"的存在，对辽国的军用战马，宋朝的硫磺、硝、铜铁、弓箭等双方明令的违禁货物在榷场的流通，起到了一定的限制作用。可是，从市场的一般规律看，越是限购的，越是对方迫切需要的。

官方渠道是堵住了，可民间走私势不可挡。宋朝官府急需战马，补充军力，对能搞到战马的商人进行的私相授受，一律暗中支持。辽国官府也采取类似操作。这样一来，榷场外的走私贸易也异常活跃，扩大了双边贸易规模，榷场官员也因此多了灰色收入的进项。

对于老实做买卖的榷场商人，宋朝官府还是有些优待政策的。一方面，定向减税，税率仅5‰。另一方面，允许商人参与官府采购和商品定价，对于采购和运销军马、矿石等紧俏急需战略物资，并以时令价转售给官府的商人，官府会给予适当奖励，以此调动商人协助官府调控紧缺物资供需，参与边贸活动的积极性。

## 榷场背后的大国经济角力

边贸，改变了宋辽两国对对方的态度，世代仇敌化身商业伙伴，剑拔弩张变成了称兄道弟，商业的力量可谓伟大。对宋辽双方而言，不打仗便是最大的利益。

表面看来，各取所需的榷场贸易是一场共赢的游戏。可时间一长，差距就显现出来了：辽国从宋朝进口了大量物资，覆盖了日常生活的方方面面，更关乎国计民生，缓解了过日子所需物资的短缺局面，使辽国各阶层民众的吃穿用住，越来越依赖宋朝的供应；而辽国对宋朝的出口，只有牲畜、矿物等特产，商品种类单一。双方的经济发展阶段和水平高下立见。

以前辽国对出口物资限制较少，马匹在出口牲畜中比重很大。久而久之，宋军先前薄弱的骑兵部队渐成规模，机动性和战斗力大为改进，这让辽国决策层深感恐惧。于是，萧太后一声令下，私自贩马到中原者，格杀勿论。

马匹禁售令下达之后，辽国对宋朝的出口物资更加匮乏，双边贸易开始呈现一边倒态势，辽国在其中的逆差越来越大，即便把每年赚到的几十万岁币扔进去，也不足以弥补这个逐年膨胀的缺口。辽国不得不倒贴钱财，导致本币在域内流通量不断减少。反倒是宋朝钱币，信誉度和价值更高，越来越多地进入辽国流通领域，得到各阶层的肯定。后来，辽国干脆放弃了铸币权，域内全部流通宋币。

辽国的经济命脉，就这样沦陷了。

与此同时，大量中原书籍经由榷场流入辽国，潜移默化地改变着辽国人的阅读习惯和思维方式，使其更接近中原汉族士民。

辽国的文化根底，在软化和漏水，行将瓦解。

而这一切，都在榷场贸易中你来我往，展现充分。

一千年前，地处中原的宋朝，搁置政治争议，通过经济手段唤醒了雄州的边贸潜力，从而改变了宋辽经济版图。一千年后，在这里拔地而起的雄安新区，正站在新的历史起点上，开创着中国北方的经济新奇迹。历史的记忆与现实的梦想，在华北大地交相辉映。

# 新桃换旧符：王安石的大变法

图1—11，清明上河图（局部放大），现藏于北京故宫博物院。该图反映了北宋首都经济的繁华，但在全城热闹的背后，社会危机从未减轻，这就是王安石变法的动因之一。

焦躁，笼罩在北宋京畿地区上空。这样的日子，从熙宁六年（1073年）秋天算起，已经持续了十个月。

烈日如火，滴雨不下，麦苗焦枯，稻田绝收。尽管早就传旨赈灾，但宋神宗依旧茶饭不思，眉头紧锁。

熙宁七年（1074年）四月初五日，宋神宗收到了一份密报。作者郑侠是一位京城的城门官，他在密报中自陈：每天看到穷人扶携塞道，质妻鬻子，斩桑拆屋，十分感慨，便把所见图景绘成《流民图》，呈上御览。

面对这幅画作，宋神宗惊呆了：图上的流民携儿牵女，身无完衣，啼饥号寒，嚼草根衔野果，负瓦揭木，卖钱偿官，奄毙沟壑，累累不绝。酷吏威逼恫吓，怒目追索……此情此景，令宋神宗潸然泪下。在奏疏里，郑侠把这一切都归咎于王安石变法。

默然良久，宋神宗百思不得其解：一场旨在富国强兵的变法，一揽子君臣合作研究的善政，怎么会把百姓搞得如此凄惨呢？

## 风云际会

上台那年，宋神宗才19岁。跟前任皇帝不同，他以唐太宗为政治榜样，渴求建功立业，收复燕云，"尽复唐之故疆"。为此，他曾顶盔挂甲，召见老臣富弼，咨询富国强兵之道。可这位曾经的改革派骨干，却直截了当地给年轻的皇帝浇了一盆凉水："愿陛下二十年口不言兵。"

这不是第一次被打脸了。皇太后和一众老臣都安于现状，不愿"折腾"。宋神宗却要为北宋中叶以来"冗官""冗兵""冗费"等体制性问题而担忧。这些痼疾不解决，富国强兵就是纸上谈兵。"一万年太久，只争朝夕"，要求变，必须另起炉灶。

正如他所说，"国之要者，理财为先，人才为本"。推行改革，首先要用对人。老臣不堪大用，那就用新人。谁可当此大任呢？"众里寻他千百度，那人却在灯火阑珊处"。对宋神宗来说，"那人"就是王安石。

王安石是现实主义者。他的官场生涯，辗转外放，"起堤堰，决破塘，为水陆之利"，实实在在地为民办事。与此同时，他还进行了一些财政改革试验，比如在鄞县"贷谷与民，出息以偿，俾新陈相易，邑人便之"，成为他后来面向全国推行的"青苗法"的雏形。因此，他对变法有准备、有经验。

王安石是理论创新者。嘉祐三年（1058年），他结束地方官生涯，调任度支判官，向宋仁宗呈上了一篇洋洋洒洒的万言述职报告《上仁宗皇帝言事书》，总结自己在地方的宦游经历，指出国家经济困窘、风气败坏、安全堪忧的残酷现实，认为扭转积贫积弱困局的根本途径，就是全盘改革，祛除积弊。

他有理论、有主见、有措施，但宋仁宗锐意已无，没有采纳。不过，这件事让王安石成了士大夫心目中的"网红"。人们称赞他质朴节俭、远离酒色、淡泊名利、好学深思，企盼他当宰相。万言书中"理财为先"的主张，与宋神宗的心愿不谋而合。因此，王安石自然成为宋神宗擘画变法事业的最佳人选。

君要图富强，臣想干事业，各取所需，一拍即合。变法运动就这样拉开了帷幕。

## "新"在何处

"爆竹声中一岁除，春风送暖入屠苏。

千门万户曈曈日，总把新桃换旧符。"

王安石推行的是整体配套改革，如他这首《元日》，以"新"为亮点。而最耀眼的"新"亮点，就是在经济领域突出国家意志，强化国家控制。

比如均输法。朝廷专设发运使，控制东南地区重要资源的生产和销售，根据宫廷和官府的需求，按照"徙贵就贱，用近易远"的原则，由财政划拨专款进行统购统销，官营专卖。

又如市易法。朝廷在东京设立市易务，作为市场管理机构，由官府拨出本金，负责平价购买滞销货物，在市场短缺时按照官方定价出售，以此来调节市场供求关系，避免商人囤积居奇，防止物价大起大落。

再如青苗法。每年春夏青黄不接之时，官府向农民借贷资金或粮谷，补助耕种，减轻灾荒损失，每笔贷款的利息为20%到30%，一年可贷两次。尽管利率不低，但比以前利率超过50%、动辄要用土地抵押的私人高利贷，还是合算多了。

显然，王安石的新政就是利用国家资本平抑物价、打击垄断。其他诸如农田水利法、免役法，是政府对公共设施、公共服务的提供机制进行改革；方田均税法是政府介入土地领域，进行所有权审核，调整和规范社会经济秩序。能在传统小农社会实现"稍收轻重敛散之权，归之公上"，王安石变法无疑是超越时代的进步。

此外，王安石主持成立了制置三司条例司，作为变法的总指挥部，集中经济决策权，既能绕开其他部门发布新政，也便于安插亲信，推动新政落地；在都察院等重要部门安排改革派官员，削弱改革阻力；鼓励宋神宗以尧舜为楷模，在变法事务上力排众议，乾纲独断。

王安石变法在经济上的成效是立竿见影的。以前不怎么充实的国库，这下是喂饱了。仅市易务的收入就相当于全年夏秋两税总收入的30%，实施青苗法获取的利息收入惊人，以至于朝廷不得不新建52个大仓库。

然而，"民不加赋而国用足"的初衷只实现了后一半，变法给百姓带来的，并非福音，而是困惑和灾难。

## 新不如旧

王安石变法的后果之一，就是官府权力空前膨胀，承担了太多角色，似乎"无所不能"。

——均输法让它演化为政府型公司，到处与民争利，官方采购价脱离市场，要么低到近乎抢劫，要么高到回扣离谱，市场运行完全混乱，官员借机中饱私囊。

——市易法让它演化为最大的百货公司，它可以"尽收天下之货"，经营范围无限延伸，强买强卖，全面垄断，"凡商旅所有，必卖与市易，或非市肆所无，必买于市易"。搞得商人都不肯来首都做买卖，以免货物全部形同没收。

——青苗法让它暴露了贪婪的一面。各级官员把陈粮放贷给农户，收回的却必须是新粮；放贷时缺斤短两，收时却要分毫不差。一来一回，实际利息并不比高利贷少。各级官府为完成放贷指标，管你是否需要，直接摊派，民间苦不堪言。如遇水旱灾害，难以收回本息，官府上门催逼，迫使农民卖儿鬻女还债。

显然，变法造成的额外成本，要社会来埋单；变法形成的官营垄断，要扭曲价格机制、冲击中小商业、侵蚀社会财富；变法造就了新贵阶层，办事更复杂、寻租更严重。

这一切都源于王安石变法的出发点，即"取天下之财以供天下之费"。当决策者抱着获利赚钱和捞取政绩的目的，不受任何监督地介入经济活动，变法的副作用就无法矫正，甚至为腐败开了方便之门。这些副作用破坏了经济环境，璀璨了中小商业，恶化了官场生态。

显然，《流民图》描绘的景象并不夸张。宋神宗面色凝重地看了几遍，一晚上没睡好。第二天，他传旨暂停青苗、免役等8项新政。据说，诏下不久，天降大雨，旱情缓解。

然而，变法的后遗症还很多。宋神宗打破了宋初以来皇帝与士大夫共治天下的体制，事无巨细都要插手，缺乏论证，靠拍脑门。在位的前十年，他就下达了1346道手诏，比此前一个世纪的总和还多好几倍。这直接导致了决策失误，君臣失和。

随着宋神宗和王安石的先后故去，新政全部废除，但变法的后遗症犹存。守旧派遵循祖宗家法，却拿不出改善经济的良方，决策者不得不再次起用改革派。此时，新旧之争已从政见分歧转向派系倾轧、权力内讧。王安石变法所开辟的敛财之路，则被改革派放大。北宋王朝也在无情的与民争利中走向了穷途末路。

# 苦撑困局：南宋"公田法"改革

图1—12，宋度宗坐像，丁家洲惨败，让宋度宗已有亡国之感。

南宋德祐元年（1275年），长江丁家洲（今安徽铜陵附近）。

一场关乎南宋王朝前途命运的战略决战落幕。宋军完败，沉船和尸体蔽江而下。宰相贾似道身为统帅，临阵脱逃，导致全军溃散。保卫首都临安的最后家底，就这样折腾光了。

敌军压境，朝野惊恐，舆论哗然，千夫所指，贾似道只好出来顶雷，被贬出京城。

曾几何时，西湖畔"后乐园"的瑰丽图景，日夜饮酒作乐的醉梦岁月，让贾似道背上了"奸臣"恶名。不过，他并非真的不接地气。迷恋斗蛐蛐，却没玩物丧志，反倒潜心研究，撰写了世界上第一部研究蟋蟀的专著《促织经》；推行"公田法"，虽然饱受非议，却也循序渐进，从试点到铺开，帮小朝廷苦撑了十几年。

# 朝廷缺钱，险象环生

两淮秦川，狼烟不断。南宋立国以来，一直身处险境。先是金国，后是蒙古，挥之不去的强大威胁接踵而至，使南宋军队必须保持较大规模和较多员额。宰相范锺曾向宋理宗上书坦言，南宋有正规军70多万，加上各州的非正规武装，总兵力"亦且百万"，跟北宋差不多。

军人多了，开销就大了。宋宁宗嘉定年间，南宋著名理学家真德秀就提到，"东南民力耗于军费者十八"。到宋度宗咸淳年间，更有大臣指出，"今东南视渡江初，疆宇尤狭，而又强敌临边，将士之费视昔百倍"。军费开支浩大，地盘日渐缩小，财政不堪重负。

南宋的官僚机构一如北宋，叠床架屋、队伍庞大、相互牵制、人浮于事。北宋中叶，朝廷"以三百二十余郡之财赋，供一万余员之俸禄"；到南宋后期，朝廷"以一百余郡之事力，赡二万四千余员之冗官"。给这些官员发俸禄，又是一笔浩大开支。

朝廷曾组织屯田，但其"有名无实，牛种既贵，军耕又惰，所收不偿所费"，无法完全弥补军需缺口。朝廷也曾广开财源，加派苛捐杂税，还实施"和籴法"收购农户余粮。由于收购价格低，加上朝廷滥发楮币，导致严重通胀，使得百姓"饥馑怨气盈腹，谤言载路"，百业凋零，流民四起。

官府以前有很多公田，即国有土地。宋高宗时期陆续变卖，获取了大量资金，有助于缓解军费压力，减轻民众税负。可是，公田一卖了之的后果，就是国有垦田数量锐减。大地主大商人们依仗权势，大量购入官田，兼并私田，隐瞒田产，偷税漏税。宋高宗绍兴年间，仅四川安岳县就查出瞒报田产者4507户。

一面是国库缺钱，一面是田租流失，朝廷当然不甘心。

宋理宗景定四年（1263年），临安知府刘良贵、浙西转运使吴势卿提出了官府回购公田的倡议，得到了宰相贾似道的青睐。受他指派，殿中御史陈尧道、右正言曹孝庆等人奏陈："回买官田，可得一千万亩，则每岁六七百万之入，其于军饷沛然有余。可免和籴，可以饷军，可以住造楮币，可平物价，可安富室，一事行而五利兴"。

显然，这些好处让宋理宗动了心。于是，在贾似道的坚持下，宋理宗力排众议，决心推动"公田法"改革。贾似道还带头将自家在浙西的万亩良田卖给官府，以表忠心，以堵非议。

一场轰轰烈烈的"公田法"改革运动，就在南中国迅速推开。

# 公田并非一买了之

这是一次精心策划的财经改革。

——先试点，再推广。景定四年（1264年）六月，宋理宗宣布在平江（今江苏苏州）、嘉兴、安吉（今属浙江湖州）、常州、镇江、江阴六州试点"公田法"。在南宋粮食主产区搞试点，代表性更强，有利于迅速总结经验、发现问题、改进做法；这些地区连年遭受水旱灾害，"田野萧条，物价翔跃，民命如线"，迫切希望改变现状；先试点再推广，有助于减少改革阻力，工作更稳妥。

——限面积，限卖价。一开始，官府针对官员家庭，按照职务高低划定了占田限额标准，一品官限田50顷，以下每品递减5顷，至九品为5顷。对于超标田亩，由官府回购三分之一作为公田。回购价按照田租多少来确定。一亩地如能收租一石，付地价200贯；收租9斗，付地价160贯；收租6斗，付地价120贯。

改革刚启动一个月，尚书都省就急忙宣布成效显著，"中外支用粗足"。尽管有阿谀拍马的成分，但"公田法"为南宋官府提供了更多可支配经济资源，对抑制土地兼并，缓和社会矛盾，纾解财政危机是有帮助的。然而，政策一旦落地，问题立刻爆发。

"公田法"实施四个月，官府就回购了公田350多万亩，但远少于预期，各级官员似乎也不积极。因此，朝廷索性将回购对象扩大到普通地主。限定这类家庭的占田限额不能超过 5 顷，不久又降到 200 亩，超出部分的三分之一由官府回购作为公田。

官府支付的地价款是比较混乱的。回购超过 5000 亩的，付给银半分、官诰 5 分、度牒 2 分、会子 2 分半；1000—5000 亩的，付给银半分、官诰 3 分、度牒 3 分、会子 3 分半；500—1000 亩的，付给度牒、会子各半；低于 500 亩的，全付会子。

要知道，官诰和度牒是朝廷印发的空白批文，号称在黑市上很值钱，但发得太多太滥就不值钱了。加工会子务每天加印 15 万贯会子，专门用来回购公田，导致会子迅速贬值。用这些东西来回购肥沃良田，无异于赤裸裸的掠夺。

至此，原本带有"抑强嫉富"色彩的"良法美意"彻底变味。

## 改革走样后的大溃败

尽管很多人反对，但朝廷依然付诸实施。对此，宋理宗的理由是："一岁之军饷仰给于此，若遽因人言而罢之，虽可以快一时之异议，如国计何？如军饷何？"在皇帝看来，筹措军饷，稳定军心，是压倒一切的大局。

为推行"公田法"，回购更多田亩，国家必须全面核查官民的田产，确定超标的田亩数。宋度宗咸淳元年（1265 年），贾似道主持实施"经界法"，逐户丈量土地，绘图造册。

"经界法"，就是清丈土地，弄清全国的田产占有情况，防止官僚、地主隐瞒田产、逃避赋税。这跟东汉光武帝刘秀搞的"度田"很相似。很显然，这么做会让权贵集团的利益很受伤，自然也会招致他们的抵制。南宋初年，户部侍郎李椿年就因主持推行"经界法"得罪了权贵集团，被罢官免职。如今，贾似道得力避重蹈覆辙。

贾似道主持的咸淳版"经界"，将工作重点放在为回购公田提供数据，而非清查隐田、抑制兼并。这就只需根据原有田产记录，逐一核查其后变动情况，以便实现民有定产，产有定税，税有定籍。无须清丈田地，手续相对简单，效率就比较高，持续两年就基本完成。

不过，由于执行层面的官员都是乡绅大族，在数据填报上普遍弄虚作假，这就使得多次"经界"后，田亩和赋税数据依然不准。富户照样设法避税，贫民仍旧寸土皆税。

事实上，贾似道推行的"公田法"，就像堂吉诃德与风车作战一样，挑战的是已经成熟的土地私有制。他企图用国家行政的强制力来改变土地私有制，进而抑制兼并，其后果则是把富人和穷人都卷了进来，成为盘剥民脂民膏、践踏财产权的恶政，失尽人心。

一些官员上下其手，故意夸大普通地主和自耕农的田亩面积，强制增加回购数量，造成一些农户瞬间破产，更多地主丢掉了土地，只换来形同废纸的会子。当公田租给佃户后，官庄不按土质肥瘠征收田租，而是全部多收，大斗征收，导致许多佃户不堪重负，纷纷抛荒。

最糟糕的是，当初为了回购公田，朝廷加印了大量会子，其结果就是纸币贬值、物价飞涨，由此引发了一轮"会子危机"，把南宋朝廷拖入了万劫不复的险境。而当初"可平物价"的凿凿诺言，早已无影无踪。

兵败丁家洲，成为贾似道官场人生的转折点。此前，人们敢怒不敢言；其后，朝野骂声如潮。事实上，他的倒台，导火线是军事失利，根子还在"公田法"触犯了众怒。

贾似道身败名裂，"公田法"未及废除，南宋朝廷就垮了台。元世祖忽必烈捡了便宜，"公田法"改革攫取的田亩和收入，成了他发军饷、给功臣赐田的主要财源。

# 老臣的困惑：马文升退休记

大明弘治二年（1489年），63 岁的兵部尚书马文升收到了宫里的谕旨，他的"乞休疏"被皇上否决了。《明史》的记载只有四个字："优诏不许。"

在明朝，官员退休被称为"休致"或"致仕"。由于没有强制退休制度，打算告老还乡的官员，都得写份退休申请，也就是"乞休疏"。只有皇帝批准，才能办退休手续。

马文升是明朝中叶的重臣，弘治皇帝眼中的红人。为什么会在事业如日中天的背景下，突然提出退休呢？明孝宗见到"乞休疏"，为何直接否决了呢？

这场关于退休问题的互动，把君臣二人带入了两难的漩涡。

图 1—13，南都繁会图卷（部分），反映了明朝中叶商品经济和社会生活的深刻变化。

# 其实可不走

表面看来，马文升光荣退休，毫无争议，理由很充分。

《礼记》"王制"篇云："五十不从力政，六十不与服戎，七十不与宾客之事，八十齐丧之事弗及也。"意思是说，五十岁不用干体力活，六十岁不用当兵打仗，七十岁不用搞接待，八十岁不用参加婚丧嫁娶。连古圣先贤都懂得，人老了就该颐养天年。还有什么理由非留下来呢？

明太祖朱元璋曾立下祖制："文武官年六十以上者，听致仕。"意思是说，年满六十岁的文武官员，都可以退休。

无论按传统礼法，还是按本朝制度，马文升都到了退休年龄。写份"乞休疏"，只是例行公事，按说朝廷肯定批准。然而，结果恰恰相反。这是为什么呢？

在明朝，退休即等于解雇。

朱元璋是穷苦出身，对官员有天生恶感。因此，明朝对官员实施低薪制。不仅在职期间低薪俸，而且退休后没俸食。在明朝的文官制度设计中，朝廷和官员不是共生关系，而是雇佣关系。官员告老还乡，就意味着跟朝廷脱钩，形同"解雇"。财政干脆就没有退休金这个科目。

本来薪水就少，退休后还断了，如果家产微薄，只要还干得动，谁会主动退休呢？

在明朝，年满六十未必退休。明仁宗朱高炽是朱元璋的孙子、明孝宗的曾祖辈，他发布了一项似乎违背祖制的规定："诏文臣年七十致仕。"其实，这本是朱元璋对退休年龄的最初规定。明仁宗希望留住永乐朝的老臣，悉心辅佐自己，便搬出了曾经叫停的祖制。然而，"六十致仕"的祖制并没有明确废除。于是，官员退休年龄出现了"双轨制"。

没有做官的祖先荫庇，也没有做生意发财的背景，官场浸淫这么多年，全靠自己的功名、清廉和贤能，马文升赢得了四朝皇帝的青睐，成为政坛不倒翁。然而，从另一方面也说明，他的家产不够殷实。马文升离70岁还有七年时光，似乎不到退休年纪，无论是主观条件，还是客观经济因素，都不足以驱使他赶紧退休。

除了年龄届满，"以礼致仕"外，明朝官场还有一种情况也能申请"致仕"，那就是考核不合格。如果说前者是"光荣退休"的话，那么后一种则是"勒令退休"。马文升在任期间，政绩卓著，深得宠信，似乎跟考核不合格搭不上边。

既然如此，那么又是什么因素促使他递上"乞休疏"的呢？

## 其实很想走

《明史》里没有转载"乞休疏"的原文，但叙述了马文升最近经历的一桩麻烦事。

马文升当上兵部尚书后，新官上任三把火，严格考核卫戍京城的团营，开除了20多名贪腐成性、贪生怕死的军官。殊不知，团营里关系户众多，如此大动干戈，免不了结怨。

一天半夜，马文升在家中斋戒，早已入睡。忽听有人敲门，他迷迷糊糊，没有理会。转天清晨，打开院门，只见两支利箭扎在门上，"入木甚深"。很显然，这是刺客昨夜进门不得，留下的泄愤记号。

行刺不成，刺客又写了份匿名诽谤信，绑在箭杆上，射进东长安门内，打算惊动皇帝，启动调查程序，把马文升折腾个底朝天。

由于担心皇上受蒙蔽生疑，马文升赶紧写了份奏疏，痛陈提督团营后受到的窝囊气，主动提出"容臣止管部事，免其提督团营"。言外之意是，"团营"水太深，老臣玩不起。他甚至提出了"乞休"，摆出了告老还乡的架势。

明孝宗心知肚明：马文升"乞休"是幌，"避祸"是真。眼看宠臣要撂挑子，他当然不乐意。于是，皇帝一面派出锦衣卫缉捕刺客，一面调12名骑兵护送马文升上下班，确保他的人身安全。有了这样的双重保障，辞职"乞休"的事，朝廷当然"优诏不许"了。

就这样，马文升以退为进，保住了乌纱帽，也保住了在皇帝跟前的那份宠信。

弘治九年（1496年）十月十二日，马文升再次奏请致仕。理由有二：

其一，超龄服役，精力不济。这年，他已年届七旬，达到了"文臣年七十致仕"的标准。

其二，他认为兵部尚书职务太重要了，"系干兵机，万一事有所误，罪将何辞"。

这两条理由并不牵强。几年来，边疆地区战事不断，兵部尚书压力很大。而他"自今春以来，两目昏花、腰痛耳鸣，加以疝气举发，脾胃虚弱，精神顿减于前时，思惟不及于往日"，健康状况确实不佳。无论按既有制度，还是按实际情况，他都可以退休。

其实，导致他"乞休"的最主要因素，是派系倾轧。

就在这一年，朝廷人事调整，屠滽后发制人，击败马文升，夺得了吏部尚书的头衔。当时，吏部排在兵部之前，班列六部之首。马文升和屠滽素来政见不合，明孝宗虽曾偏袒马文升，但在吏部尚书人选问题上，还是玩起了平衡术。马文升格外失落，萌生退意，打算暂避锋芒，以退为进。

可是，这次"乞休"依然被拒绝了。明孝宗的理由很直接：战事频仍之际，正是朝廷用人之时，当此关键时刻奏请退休，似乎不合时宜。

马文升个性耿直，这决定了他的官场人缘并不好。过了段日子，好不容易熬到屠滽退休，吏部尚书出缺。马文升本是热门人选，可还是被"南人"倪岳（籍贯浙江钱塘）捷足先登。直至倪岳去世，吏部尚书的职位才交给了他。

官场生态之复杂莫过于此，令马文升心生厌倦。虽然终于坐上了吏部尚书的交椅，但马文升已经有些心灰意冷了。其后五年，他几乎每年都上"乞休疏"，又每次都被婉拒。就这样，他的退休梦就被耽搁了，直至明孝宗驾崩，也没能实现。

失去了明孝宗的支持，马文升的处境日益艰难。吏部尚书任上，他对官员的考察进退非常认真，按照明孝宗的遗诏，他裁撤了各类冗员 3000 多人。这种不留情面的做法，得罪了既得利益者，招致一些重臣的反对。年老力衰，成了他们弹劾马文升的焦点。

你弹劾，那我就乞休。新皇帝明武宗似乎对这位老臣没什么情谊，大笔一挥，批准了。

## 短暂而美好的退休生活

马文升退休了。按照朝廷制度，这就意味着要跟吃皇粮的日子说再见。其实，制度归制度，人情归人情。为朝廷效力了一辈子，光荣退休却无半点酬劳，显然说不过去。因而，明朝皇帝以"赏"代"恤"，弥补了退休官员无薪俸的制度性缺憾。

洪武永乐年间，朝廷对功臣的"赏赐"是非常丰厚的，有金银，有宝钞，数量惊人。这种做法相当于给功臣们发"分红"，促使他们早点退休，给新生代官员腾位子。然而，这样的"分红"到永乐以后，就逐渐结束了。毕竟，功臣逐渐凋零，"分红"没了对象，对退休官员的赏赐也就不再慷慨了。

明仁宗以后，赏赐的形式变成了舟车、人夫、给驿、月米等，即提供回乡的交通工具和役用人夫，免费使用驿站，每月供给数量有限的大米。然而，"给驿还乡""给米拨夫"仅是特事特办，没有形成制度。

朝廷不得不面对一个新的现实：官员俸禄太低，退休即陷入贫困，必须给予供应"岁米"的特殊补助。永乐十九年（1421 年），朝廷传旨，退休官员"若无子嗣，孤独不能自存者，有司月给米二石，终其身"。天顺二年（1458 年），"岁米"标准提高到"四品以上官，年七十以礼致仕，家贫不能自存者，有司岁给米五石"。成化二十三年（1487 年），享受"岁米"的退休官员扩大到五品以上，而标准降到了四石。终明一代，这一标准没再变过。

需要强调的是，只有"以礼致仕"的官员，才能享受这个待遇。换句话说，被清退开除的官员，连这点待遇也享受不到。虽说马文升是先被弹劾，然后"乞休"。相信他也拿到了每月四石的"岁米"待遇。

一石大米，折合 120 斤左右。全家人不可能顿顿都只吃米饭，只好拿出部分粮食卖掉换钱，购买肉蛋蔬菜和其他生活日用品，日子依旧过得紧巴巴的。有人会问，"岁米"有限，又只有少数人能享受，大多数退休官员还有没有解决养老问题的其他途径呢？

当然有。大致包括四种途径。

一是依靠官籍，优免赋役。朱元璋认为，"食禄之家与庶民贵贱有等"。因此，他宣布在任官员可以免除赋役。即便退休回家，不但终身优免，还能一家全免。别小看这项规定，在赋税徭役繁重的明代社会，能省不少银两，相当于变相发薪水。当然，跟享受"岁米"的资格类似，享受免赋役的待遇，也必须"名列官籍"，也就是在体制内有编制。如果是开除官籍，踢出体制，被迫退休，就失去了这项待遇。因此，"官籍"等于特权，退休依然有效。

二是接受返聘，重新起用。明朝把这类现象称为"起复"。致仕不一定就是官场生涯的终点。有时候朝廷需要用人，就会给退休官员官复原职，薪俸照拿。

三是地位优越，受到尊重。一方面，无论是宗族排位、日常礼仪，还是重大活动、官方仪式，退休官员都居于上位，深受尊重；另一方面，朝廷还实行"尊高年"的老年福利政策，为退休官员提供酒肉布帛、赐爵等待遇。地方官遇到疑难问题，还会向他们请教，让他们发挥余热，在公共事务领域起到决策咨询作用。

四是另谋高就，老有所用。一些身体和精力尚可的退休官员，都能再谋一份新工作，改善生活。多数官员靠科举入仕，四书五经是其专长。一些名儒受邀到各地书院讲学，顺便饱览名山大川，自然乐此不疲。学业平平的退休官员也可充当塾师，当个孩子王。行医、经商、务农，也是他们再就业的选项。不管怎么说，自食其力最靠谱。

第一和第三种途径，令马文升的晚年生活过得还算惬意。可是，好景不长。明武宗重用的宦官刘瑾，祸乱朝纲，排斥异己，将他列入"奸党"，削秩除名。自此，官籍丢了，"岁米"断了，两条养老途径也没了。正德五年（1510年），85 岁的马文升溘然长逝。

直到明武宗死后，马文升才恢复官籍，加官晋爵。然而，一切都太迟了。

# 驿站改革：明王朝的生死劫

图1—14，崇祯皇帝画像摹本。崇祯推动驿站改革，理想很丰满，现实很骨感。

明崇祯十七年（1644年）三月十九日拂晓，崇祯帝上吊自杀。

生前，他曾抱怨"诸臣误朕"，死后请李自成起义军"勿伤百姓"。然而，当他的遗体被抬出紫禁城时，"诸臣哭拜者三十人，拜而不哭者六十人，余皆睥睨过之"。

这样的场景，想必胜利者李自成也会唏嘘不已。他一定在想：如果你真的怜悯百姓，为什么我会造反？如果你真的知人善任，为什么会抱怨"诸臣误朕"？如果你真的深得人心，为什么多数人对你的遗体"拜而不哭"或"睥睨过之"呢？

崇祯生前是个改革家，夙兴夜寐，励精图治，致力于革除弊政，重振大明。然而，他至死都没搞清楚：明朝灭亡跟他的改革不无关系。其中最致命的，就是驿站裁员。

崇祯为什么要拿驿站开刀？明朝的驿站到底出了什么问题？明朝灭亡与驿站裁员又有怎样的联系呢？

## 节约开支的尝试

驿站，是古代的中转接待场所。传递官方文书和军事情报的人员，以及往来路过的官员，凭有效函件可享受食宿、换马的服务。功能类似今天的邮局、招待所、兵站。在历史上，驿站对于加强中央集权，拓展国家疆域，实现政令畅通发挥了重要作用。

明朝后期，驿站管理非常糟糕。有些驿站非常奢华，成了拉关系、求升官的场所；更多驿站年久失修，管理混乱。正如嘉靖二十一年（1542 年）一份诏书所说，"近年以来，驿递疲惫太甚，良由差役浩繁，加以包揽之徒，倚公侵费"。决策层意识到，驿站非改不可。

嘉靖三十四年（1555 年），清官海瑞还只是福建南平县的一名教谕。不过，细心观察时务的他发现，驿站的最大难题是耗费太巨，地方官府苦不堪言。造成这个局面的原因，竟然是明朝的财政支出科目里没有"差旅费"一项。

驿站名义上隶属于兵部。过境官员凭兵部开具的文书，就可享受驿站提供的相应待遇。不过，兵部只开单子不拨款，驿站的招待费都是所在州县衙门自行承担。

明初，官僚机构较小，朱元璋管得很严，据说一品官出门，随行不超过 10 人，行李不超过 200 斤。因此，这方面的开支不算多。到嘉靖年间，官僚机构膨胀，繁文缛节增多，官员出差频繁，接待开支骤增。有些官员出行，排场很大，车马随从成群结队，驿站苦不堪言。一旦州县衙门接济不上，驿站就会难以维系，甚至逐渐荒废。

摆清问题后，海瑞提出了三个解决方案：

上策是"一切裁其不合法例者""复国初五马三驴之法"。明初，每个驿站只配五匹马、三头驴。路过的官员和信使，长途的骑马，短途的骑驴，够用即可。海瑞借恢复祖宗之法，简化问题，减轻州县负担。

中策是制订对过境官员的接待标准。凭证入住驿站，一切按规矩来，否则恕不接待。

下策是接待过境官员不搞迎送仪式，管好必要的吃住即可。

海瑞的建议，核心精神就是节约开支。然而，此时的海瑞人微言轻，这三个方案又都冲击了官僚集团"公物私用"的便利，从而被长期束之高阁。

万历初年，首辅张居正在海瑞建议的基础上，对驿站体系进行了外科手术式的改革。他首先从限制特权入手，下令禁止非公滥用，禁止加派人手，禁止多吃多占，禁止摊派私费等。驿站的额外负担大幅减轻，送信效率显著提高，经费开支压缩了1/3，在一定时期内实现了"清驿递以恤民劳""小民欢呼歌诵"。

遗憾的是，张居正改革只推行了十年，便在他去世后被废止。保守派借口"裁削过当""累民贫民"，呼吁"宽驿站之禁"。禁令解除了，开支浩大的问题依旧困扰着各地的驿站。

## "包二奶"引发的闹剧

天启年间，宦官魏忠贤专权，官场黑暗，朝政日非。

监察御史毛羽健为人正直，弹劾奸臣，得罪了魏忠贤，不仅丢官，还被除籍（开除公职）。他非常泄气，就灰溜溜地回了老家。

几年后，天启驾崩，崇祯继位。魏忠贤倒台，原先被魏忠贤打击陷害的官员纷纷重出江湖，毛羽健也不例外。他复任监察御史，得意洋洋地从老家回到京城。或许是自我感觉太好，他趁糟糠之妻不在身边之机，包养了一个年轻女子。出双入对，如胶似漆。

突然有一天，糟糠之妻找上门来，对"二奶"拳打脚踢。毛羽健自知理亏，跪了一天一夜，祈求老婆大人高抬贵手。

挨过这一关，毛羽健躺在床上辗转反侧，总也想不明白：老婆怎会知道我在京城包了"二奶"，又靠什么从湖北老家迅速赶到千里之外的京城呢？显然，唯有驿站能帮她。红颜美事被毁，都怪驿站！毛羽健恨得咬牙切齿，决心奏请裁撤驿站。

毛羽健把驿站狠批了一通："兵部勘合有发出，无缴入。士绅递相假，一纸洗补数四。差役之威如虎，小民之命如丝。"话说得在理，但崇祯还是不敢说裁就裁。毛羽健的奏疏算是白写了。

正巧，毛羽健有亲戚叫刘懋，在刑部当官，觉得毛羽健的建议有道理，便也奏请朝廷裁撤驿站，说裁掉的驿站可以省出 100 万两银子，足以弥补军费亏空，保障对后金战争所需。

这话说到了崇祯的心坎上。关外后金崛起，被崇祯视为心腹之患。然而万历以来，由于朝廷连年征战，花销巨大，财政吃紧，加上气候异常，灾害频发，粮食减产，时有饥荒，加剧了财政经济状况的恶化。任何一个可以省钱的主意，都会被视为救命稻草。

对于崇祯来说，解决财政困难，最简便易行的办法就是在自家一亩三分地做打算，裁掉吃皇粮的冗员和机构。既然裁撤驿站不仅能缓解钱荒，还能根治自身积弊，还等什么？那就裁吧！决策层对驿站改革的着力点，就从银子转向了人员。

崇祯的驿站裁员，究竟是怎么做的呢？

## 裁撤驿站逼反李自成

崇祯上台的头一年，就找出万历钦定的《给驿条例》，按照"俱裁十分之六"

的标准进行修订。于是，原先51条的条例被压缩到12条，官员在驿站享受的特权和待遇大幅缩水。

崇祯颁布的新条例规定，只有三品以上京官才有资格使用驿站，四品以下跟驿站绝缘。虽充满了"官本位"色彩，但毕竟三品以上京官人数较少，如能实施，驿站的负担将大为减轻。即便如此，崇祯还觉得"裁酌尚滥"，要求继续删改。

主管大臣听罢，相当懵，只好哭丧着脸说，已经删到超出"俱裁十分之六"的标准了，再删下去，还不如把条例废了。崇祯这才作罢，将新条例签字认可，颁行全国。这件事体现出，崇祯裁撤驿站，确实下了很大决心。

有时候，矫枉过正不见得是好事，用力过猛会适得其反。有官员就认为，大明早已"溃烂而莫可救"，改革如果操之过急，可能"欲安而得危，图治而得乱"，甚至将明朝推入绝境。还有官员认为，"驿道之设，贫民不得自食者赖之，裁之太过，将铤而走险"。可崇祯根本听不进这些善意的提醒。他的如意算盘是——"苏驿递，足国用"。

理想很丰满，现实很骨感。过度"裁驿"省下来的银子，全都变成了军费。老百姓没有感受到改革红利，负担依旧。反倒是许多驿夫、驿卒甚至驿官供职数十年的驿站被撤，让他们丢了饭碗，只剩三条出路：要么坐地等死，要么逃亡异地，要么揭竿造反。

陕西米脂人李自成就是个驿卒。他当过兵，退伍后托关系进入银川驿站，做起了这份薪水不高，但旱涝保收的工作。有时承接迎来送往，还能吃点回扣，默默无闻，过得不差。

正是毛羽健和刘懋的奏请，改变了李自成的命运。崇祯元年（1628年），朝廷宣布裁撤驿站。同年，李自成工作失误，丢了公文，上级以此为借口，把他裁了。

铁饭碗没了，李自成只好回老家谋生。可是，家里也不太平。

先是欠了一屁股债，被债主艾诏告到了米脂县衙。县太爷不容分说，给李自成来了个"械而游于市"。好在亲戚保释，李自成捡了一条命。不久，他又发现老婆跟人有奸情，自己头顶"一片绿"。这两件事，乡亲议论纷纷，李自成颜面丢尽，没法在老家待下去了。

出狱之后，李自成一直在琢磨自己为什么这样倒霉。他把一切都归咎于债主艾诏，以及自己的老婆。于是，他把这俩人先后杀了。

两桩命案，震惊全县，倘若落网，定死无疑。李自成只好离开米脂。由于通信条件所限，命案这种事没有跨地域联网和通缉。李自成隐姓埋名，竟然又逃过一劫。

命案暂时避过去了，但吃饭问题依旧迫在眉睫。当年被裁出驿站，最让他头痛的，就是铁饭碗砸了。如今，陕甘各地都在遭灾，务农经商都不容易，更何况李自成不是那块料。对他来说，当务之急，还得找个吃皇粮的差使。崇祯二年（1629 年）二月，李自成在甘肃甘州（今张掖市甘州区）投军，再次端起了铁饭碗。

李自成当过兵，也当过驿卒，再次入伍，自然技艺娴熟，俨然老兵，故而很快就被提拔为把总，在基层士兵里有些威信。可是，让他不如意的是，这支部队经常欠发军饷，让他这铁饭碗里，时不时断顿。李自成不满意，其他士兵们也不满意，怒火在军中一触即燃。

不久，部队行军，途经榆中（今兰州榆中县），欠发饷银的事让大家忍无可忍。于是，李自成振臂一呼，发动兵变，杀死参将和知县，揭竿造反。一年后，李自成投靠了农民军里实力最强的"闯王"高迎祥。又过了六年，高迎祥阵亡，李自成被推为新的"闯王"，率军席卷中原。崇祯十七年（1644 年），李自成攻陷北京，埋葬了明王朝。

至于毛羽健，并没有因奏请裁撤驿站而得宠升官。不久，名将袁崇焕被诬陷处死，毛羽健替他求情，被视同党羽，再次丢官，郁郁而终。

有人说，如果不包二奶，或者没被捉奸，毛羽健或许没必要提议裁撤驿站，也就不会抢走李自成的饭碗，逼他造反。有人说，即便李自成不反，也会有别的失业驿卒造反。正如左都御史唐世济所说，"流寇有四，一乱民，一驿卒，一饥黎，一难诋"。

　　当李自成步入承天门，享受胜利的欢呼之时，他一定想不到，逼他造反的，竟是因为一位七品监察御史包二奶惹的祸。历史在偶然与必然中告诉后人："官逼民反"，有时并非官府刻意攫取百姓利益，而是看似正义的改革，因政策失误而办砸，损害了百姓利益。官府很无辜，但受伤的总是老百姓。

　　改革不是疾风骤雨，改革不能一蹴而就，改革需要自我修正的勇气，更需要循序渐进的耐心。改革不光是利益重新分配的过程，更是解放生产力，创造新财富的过程。与其在分配份额上斤斤计较，不如把蛋糕做大，在发展中克服阻力，在发展中推进改革，实现共赢。这或许是明末驿站改革留给今人的最深刻启迪。

# 第二编
## 落日余晖（清前期）

这是中国最后一个封建王朝。让人爱恨交织。

爱它，是因为它开疆拓地，奠定近代中国疆域版图；是因为它文武张弛，实现中华民族新一轮大融合；是因为它励精图治，留下新旧交替的帝国余晖。

恨它，是因为它圈地屠戮，造成明清易代赤地千里；是因为它罗织文网，钳制思想堵塞言路；是因为它闭关自守，昧于世界大势拖慢中国速度。

这就是清王朝。

人口骤增、环境恶化、资源紧张，洋人迫近、通货膨胀、城市化加快。清王朝决策层遇到了历朝历代没有遇到的新问题。作为一个只有几百万人口的少数民族，统治上亿人口的泱泱大国，满族统治者深感"战战兢兢，如履薄冰"，必须时刻关注形势变化，做出与时俱进的政策调整。可以说，残酷的现实催赶着清王朝必须正视现实，改革不息。

长在东北，天寒地冻；渔猎为生，人多力大。地理条件和生活方式，让满族天然具有了较强的组织性、纪律性和开创性。他们所建立的兵民合一的"八旗制度"，正是这种民族特性的集中体现。清兵入关，血火考验，在学习和接受汉族文化的同时，满族并没有完全丢弃这些民族特性，而是以"国语骑射"为表征得到了部分继承和发扬。

相对于两宋和明代，清王朝推进经济改革的历史包袱少、既得利益少、前路障碍少。这也让它在面对新问题、新挑战时，轻装上阵，及时转舵，不断调适。虽然有些改革会慢半拍，会遇到各种阻力，也会有投鼠忌器的忧虑，但总在亦步亦趋，在改革中发展，在发展中改革。

当然也要看到，清朝统治者没有勇气推行政治、经济、文化领域的全面开放政策，而是从维系自身统治出发，全面限缩，全盘管制。清前期的经济改革是局部的、小批量的、碎片化的，涉及面广泛，但缺乏系统性，更多的是兵来将挡的应时之策。技术改革分量足，战略谋划很滞后。

这些技术环节的政策调整，有经典传奇，有争议故事，也有失败案例。

火耗归公和养廉银改革，旨在将陋规合法化，堵塞灰色收入源，大幅增加地方官的合法收入，削减其贪腐动能，稳定纳税人的税负预期，并建立可靠的地方财政，开启了收支两条线的财政治理思维。推行摊丁入地，旨在废除人头税，促进赋役征派合理化，默许剩余劳动力自由流动，奠定全国市场形成的经济基础。雍正管理干部的做法，更是成为其治理贪腐的核心举措。无论是开创性，还是实用性，都值得当代财政决策者吸收借鉴。

审批背后的权力寻租，让小小的盐引引发惊天大案；封禁背后的资源之争，让清代矿政在扭捏中走向放开。面向旗人的福利分房，改变了北京的城市经济格局，也改变了旗人的生活志趣；衙门里的养老改革，则让官员们的人生轨迹发生着微妙变化。闭关政策，改变的不光是中国外贸格局，也改变着地方利益版图，殊不知闭关政策的出台，跟地方保护主义密不可分；漕运海运之争，牵涉的不光是运输成本和效率，还有数以万计的饭碗和家庭，改起来依然艰难。

清初的奏销案，既是政治清洗，又是财政整顿，但罗织大狱的做法非但没有吓退反对者，反倒让赋税积欠问题日甚一日。面对英商洪任辉的告状，乾隆帝非但没有反思外贸体制的弊病，反而怀疑起洪任辉串通中国商人，图谋不轨，将其扩大为政治事件。面对人口爆炸、英使觐见等新问题，清廷束手无策，进退失据，丧失了跟西方世界主动接轨的历史性机遇。一些商人眼看前途渺茫，索性急流勇退，萌生去意，而另一些商人不幸成了抑商政策的替死鬼。

当乡绅们从康乾盛世的迷梦中醒来，不得不面对"道光萧条"之时，他们才真的发现，所谓的"盛世"不过是帝国的落日余晖。清廷统治者的"转舵"，只是虚晃一枪的假把式。清王朝这艘大船的航向并未主动调整，而是小修小补，蹒跚前行。等待他的，将是 19 世纪的剧烈挑战和"三千年未有之变局"。

然而，当我们接受这场变局的洗礼之前，首先要知道"变局"从哪来，"变局"是怎么来的。清前期的诸多经济改革，无论成败，都为此做了充分铺垫。

清兵入关，八旗布局各就各位，硝烟散尽，清前期经济改革的大戏徐徐拉开……

# 旗人的福利房

清顺治元年（1644 年）三月，中原烽火，政局骤变。崇祯自缢，闯王进京。不久，李自成在山海关战败，匆匆撤退。清军的铁骑随即占领北京。

清军入城之后，很快就实施了一项极端政策——将祖祖辈辈住在内城的汉族百姓，强行驱赶到外城居住。腾出的大批内城房屋，就成了旗人们的新战利品。一个属于旗人的住房包分配的美好时代开始了。

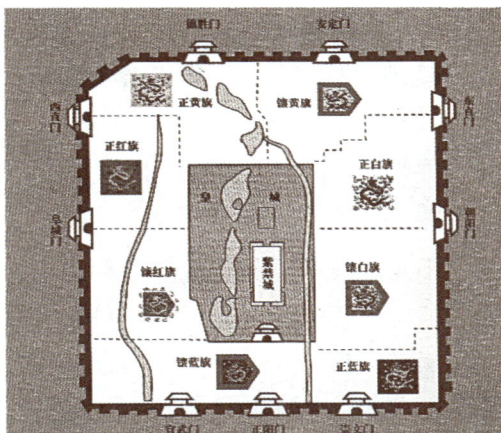

图 2—01，清前期八旗在北京的势力范围，基本上是按"八旗方位"分配了内城的地盘，在各个区域内分配旗人福利房。

## 包分配的美好时代

"八旗制度"通过严密的组织形式，实现了旗人社会的兵民合一，即所谓

"以旗统人，即以旗统兵"。旗人的一切生活待遇，都在八旗制度下获得，住房也不例外。旗人住宅的出现，与八旗制度有着密不可分的关系。

顺治入关后，八旗精锐集中驻守北京，朝廷为数十万进京的八旗兵民提供禄米、俸银、住宅、田产。经过"圈地"和对汉人的驱赶，清廷控制了北京内城和西北郊区的大片田宅，形成"满汉分城"的局面。据顺治年间八旗"定甲八万"的说法，按最低配额每人2间计，清初圈占内城房屋约为16万间。

除王公贵族入住明代勋戚留下的宅院外，其他人等按照官阶高低，确定相应的住房待遇标准。不同的级别，住房待遇的差别还是很大的：

"一品官给房二十间，二品官给房十五间，三品官给房十二间，四品官给房十间，五品官给房七间，六品、七品官给房四间，八品官给房三间，拨什库（领催）摆牙喇（护军）披甲给房二间"。

所有旗民一律按照八旗驻防方位在内城分区居住："镶黄，安定门内；正黄，德胜门内；正白，东直门内；镶白，朝阳门内；正红，西直门内；镶红，阜成门内；正蓝，崇文门内；镶蓝，宣武门内。星罗棋峙，不杂厕也"。

不光是内城，旗人还在郊区圈了好多地皮。比如在圆明园等皇家园林周边，就盖了很多旗营房，供健锐营、圆明园护军营、火器营（合称"外三营"）兵民居住，兼有护卫皇家园林的功能。外火器营"住房一律青砖盖瓦，平房朝阳，方砖铺地，院墙以西山特产虎皮石砌成，都有前大后小的院子"。护军营在内城分方位驻扎，房屋有四合院式，也有三合房或排房。

不管地段如何，面积大小，品质好坏，旗人福利房最重要的优惠，就是"不要钱"！

旗人的这些福利房都是谁盖的呢？除了接管明朝遗留的老房子之外，新盖的房子大多由官方筹资兴建。当然不是官府亲自盖，而是委托四大厂商（兴、隆、广、丰）为代表的京城木厂承建。

免费分房的关键，是官府手里必须有大量空房。虽说清兵入关时，官府是控制了不少房源，但架不住往后这些年"造人"的速度。到17世纪末，随着迁入内城的旗人不断增多，旗人家庭人口也在膨胀，官府手里的房子已经不够分配了，怎么办？只能新盖，增加供应。

康熙三十五年（1696 年），清廷特"于城之外，按各旗方位，每旗各造屋二千间"，总共造房 1.6 万间。数量是不少，但还是不够分。

值得一提的是，根据《八旗营房租户应守规则》规定，"每年如有修理之处，应归该租户自行办理，本部概不发款协济"。官府只管盖房和分房，至于后期的维修保养，爱找谁找谁，官府概不负责。说白了，旗人的福利房是个没有"物业管理"的房。

总体说来，旗人的福利房，就是清王朝从八旗驻防京城的军事需要出发，在特定群体内无偿分配的一种保障性国有住房，其最大的优惠就是免费居住。作为福利，这种房子，就是清前期解决旗人生计的主要途径之一。

## 私有化：变革的先声

旗人福利房的房源来自官府，由左右翼统领衙门统一调拨，无偿分配给旗人兵民。国家拥有产权，旗人只有免费居住权，既不能随意处置，也不能购买其他房屋，特别是不能去外城买汉人的房子。在这方面，清王朝的法律规定得很严。

顺治七年（1650 年），清廷颁布法令："民间土地房屋，禁止满洲置买。"顺治十八年（1661 年），清廷颁令强调，如有旗人购买民间私宅，所买房屋"尽行入官"，"买者卖者，一并治罪"。《大清会典》还明文规定，"凡旗地，禁其私典私卖者，犯令则入官"。也就是禁止旗人和汉人买卖房屋，以及旗人之间买卖房屋，这两种形式分别称为"旗民交产"和"越旗交产"。

看样子，天下似乎真的没有什么免费的午餐。即便有，也不怎么好吃，附加了太多苛刻的条件。官府用一套福利房，就把旗人禁锢在旗籍，世代当兵。而在旗人看来，弓弩、甲胄、奴婢、牲口等才是真正的私有财产，至于房子，只是个福利，他们还没意识到房地产蕴藏的巨大财富。

对于旗人福利房，清廷确实贯彻了"房子是用来住的"的精神。可是，对于驱赶到外城的那些汉人，官府通过收契税的方式，承认了他们的住房私有权，允许自由交易。汉人的房子，不光能住，还能变现，甚至可以炒。

如此一来，就在北京塑造了"一城两制"。既有国有福利房，又有私人产权房；在住房问题上，国家只保障旗人，不保障汉人。旗人住福利房，汉人住产权房，管理模式也不同，典型的"以汉治汉，以旗治旗"。

清王朝的理想，是把旗人福利房的分配模式推进下去。然而，事与愿违，清初以来的社会现实，促使旗人福利房的私有化不可避免。

一方面，入关以后，旗人逐渐发现，住房、田产既然分到自己名下了，就算不能上市交易，那也是"私产"。

另一方面，长期的和平生活，导致少数旗人飞黄腾达，多数旗人缺乏立功得赏的机会，贫富差距日益悬殊，加之不少旗人没有一技之长，只能坐吃俸禄，一旦家道中落、遭遇天灾或子孙分家，难免陷于破产境地，不得不私自出卖、出典田宅，以求果腹。

更糟糕的是，盛世滋生人丁，官府房源有限，势必造成住房紧张。

其实，旗人福利房是国有财产，国家拥有最终处置权，比如卖掉、拆毁、重建等。清朝初年，官府给权贵们扩建旗人高档福利房的时候，就征用或拆毁了周围的一些旗人百姓的福利房。

连康熙帝都不得不承认，"汉军人员住关厢者甚多，向以为禁，似乎不当。今皆令其内城居住，则汉军富者一人得住数家之房，将使满洲贫者不得住房。此事应着再议，尔等另拟票签来看。""八旗大臣、庶官、富家，每造房舍，辄兼数十贫人之产"。

这些旗人百姓，要么长期分不到房，要么房子拆了以后被赶到很远的地方。与其这样坐以待毙，倒不如赶紧想办法，给自己鼓捣一套有产权的房子，或者是把这套旗人福利房给卖掉，换成银子，落袋为安。

在旗人福利房短缺，无房旗人越来越多，国家根本分配不过来的情况下，康熙二十年（1681 年）八月，朝廷不得不允许："汉军有职无职人员愿在关厢居住者，听其居住；满洲、蒙古内年老有疾休致官员，愿在关厢居住者，亦听其居住"。结束了满汉分城居住的制度禁锢，默许了旗人购置外城和城郊的汉人住房。

有些旗人实在是越过越穷，或者是染上了赌博、吸毒的恶习，为了混口饭吃，甚至为了下更大的赌注，换更多的烟土，把家里值钱的东西卖光以后，就惦记着卖房子了。

官府肯定不允许旗人福利房的私人买卖，但架不住"上有政策下有对策"。交易双方只要都有意愿，签个契约文书，类似于买卖合同，摁上手印，只要双方都认账，不反悔，就算成交了。

要知道，税契是清代居民拥有房地产所有权，并得到官方承认和保护的法律凭证，也是住宅买卖合法化的主要标志。如果不交契税，官府就不会在买卖契约上盖红章；如果官府不允许买卖，"接盘侠"自然也就没资格交契税。因此，这种私相授受、不盖官府红章的契约，就被称为"白契"。

除了"白契"买卖之外，还有一种买卖也很盛行，就是"典卖"。直接跟当铺签个契约，摁上手印，就把房子典给当铺了，换点银子花。虽然典当的交易价格远低于私人买卖，但好歹换出现银了。当然，典出去的房，再赎回来的可能性很低。

"白契"买卖和"典卖"的盛行，让朝廷不得不正视现实。康熙九年（1670年），朝廷做出政策调整："官员、甲兵地亩，不许越旗交易；其甲兵本身种地，不许全卖。"从制度上打开了旗人福利房合法交易的缺口，变相承认了旗人对其田宅的部分所有权。

雍正元年（1723 年），朝廷颁布"八旗田宅税契令"，在继续禁止"旗民交产"的前提下，承认了旗内房屋交易的合法性："凡旗人典卖房地，令其左右两翼收税监督处，领取印契，该旗行文户部注册。凡实买实卖者，照民间例收税，典者免之"。交易税率为房产交易价格的 3%。

官府允许旗人福利房在旗人之间买卖，也就是旗内交易，相当于能买卖，但不是什么人都能买卖，有点类似"限购"。然而，即便是"限购"，起码是"能购"，就意味着变相承认了旗人福利房的私有化。这是一个巨大的政策变化。

## "旗民交产"：变革中走向末路

旗人享受的福利，不光是房子。旗人的一切生活开销，原先都由官府负担。然而，旗人人口的不断膨胀，让这些福利越来越像是包袱。官府实在是背不动了！

道光五年（1825年），朝廷出台"准许旗人自谋生计"政策。从此，对旗人的吃穿用住，官府彻底大撒把了。虽然没了享受福利的权利，但为了享受福利而被捆绑的义务，比如旗人户籍和人身自由的禁锢，也就随之消失了。这就为清末的"旗民交产"合法化创造了条件。

咸丰以后，深重的民族危机和财政危机，令清廷陷入困境。眼看着旗人和汉人之间的"白契"买卖越来越多，朝廷非但管不了，而且"白契"买卖还逃了契税，让官府眼巴巴地少了一项收入。为了广开财源，到处筹钱，清廷只好放下身段，退而求次，承认"旗民交产"合法，从旗人福利房的交易中收取契税，补贴财政收入。

咸丰二年（1852年），清廷发布上谕，"嗣后坐落顺天直隶等处旗地，无论老圈自置，亦无论京旗屯居及何项民人，具准互相买卖，照例税契升科。其从前已卖之田，业主售主，均免治罪"。其后几经反复，至光绪三十三年（1907年），清廷重申咸丰二年准许"旗民交产"政策有效。至此，旗人福利房实现了真正的所有权私有化和市场化。

民国初年《清室优待条件》尽管愿意接管清廷遗留的八旗生计难题，但回避了旗人的住房供应问题。给旗人盖福利房的事，再也没人过问了。于是，旗人福利房就像汉人产权房一样，拥有了官府承认的产权，可以上市交易。几经交易之后，它的福利属性也就烟消云散了。

至此，旗人福利房的概念淡出了历史舞台。

旗人福利房的私有化和消亡，对北京城的发展并不是坏事。它带来的最大变化，就是解除了内城和外城的长期隔绝。出于改善生活的考虑，大批汉民进入内城，购置旗人福利房定居；为了吃顿饱饭，不少旗人卖掉内城的老宅，到外城购置或租赁相对便宜的住房，过起紧张、朴素、贫困的生活。

内外城界限的消失，满汉居民杂居局面的形成，有助于改善北京城市经济发展结构和拓展城市发展空间。旗人福利房的兴衰，对北京的城市建设和发展产生了深刻影响。

# 江南"奏销"闹剧

顺治十八年（1661年），注定是清前期最不平静的一年。

皇宫大内，皇上痛失宠姬董鄂妃，悲痛欲绝，演出了一幕出家当和尚的闹剧。出家不成，身染天花，溘然长逝，留下了"顺治出家之谜"的千古悬案。康熙八岁登基，主少国疑，国家政局不稳。

江南地区，因征税而引发的一场政治风潮，竟然导致四府一县的官绅全被革除功名，轰动全国，史上称之为"江南奏销案"。这是怎么回事呢？

还要从"奏销"这个概念说起。

图2—02，郑成功北伐，刺激了清廷利用奏销案镇压江南缙绅的居心。

## 朝廷奏销规矩多

"奏销"是古代概念，通俗的解释，就是"销账"。日常的经费报销，属于"奏销"；对上级交办任务列出清单，完成一项，勾除一项，全部完成的话，就彻底销账，这也是"奏销"。相对来说，把清单上的"任务账"都消掉，是地方官的主要责任，事关仕途命运。而这些"任务账"里，又以征收田赋钱粮最重要。

根据清廷的规定，地方衙门每年都要向朝廷逐级奏报征税的情况，而它们填报的"奏销清册"，也被规范为"旧管""新收""开除""实在"等"四柱"格式，分别记录仓库既有、新近征收、花销折损和实际收入等四个方面的数据。

在奏报的过程中，各省的布政使司起到了枢纽作用。布政使司，简称"藩司"，"掌一省之政，司钱谷之出纳"，职能类似今天的省财政厅。省里的府州县必须先把当地钱粮出纳册报送到布政使司，接受审核。一切无误后，这些分散的出纳册由布政使司合编为统一格式的全省年度钱粮奏销册。

## 奏销册编好了，送到哪儿呢？

清代国家最高财政主管部门是户部。直接送到户部吗？全国的奏销册如果一股脑砸过来，任何一个经办人和经办部门都吃不消。

户部想了个办法：分片包干。全国 18 个省的财政工作，分别归口到户部下设的 14 个清吏司管理。这些清吏司负责收取对口省的奏销册，经过汇总整理和分析审核，确保账目无误后，由户部草拟专题报告，以题本或奏折形式呈报皇帝。

在清朝，当地方官是个苦差事。三年任期里，风调雨顺可遇不可求，天灾人祸倒在所难免。一旦因此造成粮食减产、经济衰退，或是资金挪用、官场舞弊，导致税源枯竭，无法完成朝廷规定的征税任务，那就摊上大事了。

顺治十七年（1660 年），江苏巡抚朱国治就不得不面对这个棘手的难题。他该怎么办呢？

# 积欠税银问题多

清朝初期，战事不断，耗费钱粮众多。江南地区素有"苏湖熟，天下足"和"财赋半天下"的美誉，历来是朝廷税收重地。官府为了支撑战争，弥补军费不足，在这个地方拼命征税，政策之严、搜刮之狠，远超明朝，史上罕见。朝廷还把征税纳入地方官政绩考核指标，完不成任务就要受罚。

当年清兵刚入关时，为了笼络汉族士大夫，还发布了缙绅减免赋税的善政。没想到，这才过了几年，官府翻脸比翻书还快，毫无信誉可言。为了多收税，连"杀鸡取卵"的招数都使出来了。缙绅们被剥夺了免税资格，当然不高兴，但又不敢跟官府硬碰硬，只好来软的。

对付官府，江南士大夫还是"各村有各村的高招"。有人靠昔日的权势交结官府、拉拢书吏、隐瞒亩产、拖欠钱粮。有人资金周转失灵，或是遇到经济困难，没钱交税。有人干脆装糊涂，对征税告示充耳不闻，故意到期不交。总之，软磨硬泡，为的就是抗粮抗税。

这么一"抗"，有权有势的富人交的少了，无权无势的老实人相对来说就交的多了。几年下来，江南多个州县拖欠的钱粮赋税折合白银数十万两。积欠这么多，根本还不上，各州县到布政使司衙门奏销肯定过不了关。

问题严重了。

顺治十五年（1658 年），奏销案率先在嘉定县曝出，逐渐蔓延到江南各州县。按照朝廷规定，谁要是欠税超过40%，就要剥夺功名，责打 20 大板。欠税越多，责罚越重。朝廷还发布了一道谕旨，要求地方督抚，撕破脸皮，不讲情面，彻底清查，如果继续包庇欠税缙绅，就要以渎职罪论处。可朝廷的规定，以及这道谕旨，并没有引起欠税缙绅们的重视。

顺治十八年（1661 年），索尼、鳌拜等辅政大臣深知钱粮收缴不齐，威胁国家财政安全，便以康熙皇帝的名义发布谕旨，要求各地官员加紧督办，只有按期完成征税任务，才能在绩效考核中被认定为称职。如有推诿拖欠，无论官职大小，一律冻结其升职调转，只有在规定期限内把欠着的钱粮补齐了，才能人事解冻。只要抓紧补齐，就算是此前因故降级留任，也可以官复原级。如果在限期内仍补不齐，要么革职拿问，要么降级处分。

有了这样的"尚方宝剑"撑腰，地方官纷纷跳了出来，向江南缙绅们发起了催粮催税的猛攻。其中的急先锋，就是江苏巡抚朱国治。他会采取什么手段催缴欠税呢？那些手眼通天的江南缙绅会束手就擒吗？

# 巡抚大人手腕毒

在落实朝廷谕旨的执行力上，朱国治在康熙初年的封疆大吏里能排进前五名。顺治十六年（1659 年），他出任江苏巡抚，恰好赶上郑成功举兵北伐，包围江宁（今南京）。于是，郑成功的进攻就成了他征税的借口，到处敛财，搜刮无度，人称"朱白地"。

有了朝廷的谕旨，朱国治马上下令查账。只要有欠税，哪怕只欠一丁点，也要抓起来问罪。苏州、松江、常州、镇江等四府和溧阳县，加在一起抓了13517 名缙绅，其中包括 2171 名乡绅，以及 11346 名生员（秀才）。朱国治要求他们两个月内必须将欠税赔补完毕，否则从重治罪。至少要褫夺功名和打板子，严重的话还会革职、充军、抄家。

不光抓人，朱国治还把钱粮积欠分为"宦欠""衿欠"和"役欠"，奏销时分别造册，注明欠税数目、欠税人名单，相当于编写了一本江苏缙绅欠税情况汇编。

朱国治的严厉催逼，确实把一些缙绅们吓坏了。第一轮清查完毕，就有1924 名绅户和 10548 名生员（秀才）主动清理积欠，追缴税银 4.9 万两。可是，这点银子跟全省的征税欠额相比，还差得很远。朱国治相信，一定还有数量更多的缙绅在观望，甚至坚持抗欠。光靠吓唬是不够的，得动真格，放大招，下狠手。于是，巡抚衙门启动了更猛烈的第二轮清查。

这轮清查，不光要收缴欠缴税银，还要直接抓人。官府在苏州、松江、常州、镇江四府逮捕的欠税缙绅多达 13517 人，衙役 254 人。紧接着，朝廷对他们做出了处理决定：不管欠税多少，不管职务高低，所有缙绅的功名全部革除。

不管怎么说，这都是一项极其坑人的决定。按照规定，获得举人及以上的功名，都有豁免部分赋税、受审时免于体罚的特权。如今，就因为欠了点税，朝廷一声令下，就把这些书生们关到监狱里，让他们十年寒窗换来的功名全都作废。

被捕的缙绅里，有三千多人被带上枷锁，送到刑部治罪，遭受牢狱之灾，直至次年五月才陆续释放。这些缙绅里的现任官员都降二级，调离要缺，仕途遭遇重大挫折。至于那些抓到刑部的欠税衙役，要照价赔补，还清欠税，经济上损失惨重。

最糟糕的，不光是人身自由受到摧残，政治前途遭遇不幸，受损害的还有他们的家产。人前脚被抓走，家产随后就被官府一扫而光。借口就是冲抵拖欠税银。等到他们走出监狱，回到家里，发现早已家将不家，一塌糊涂。

倒霉的缙绅和官员里，不乏当时名士，包括吴伟业、徐乾学、徐元文、翁叔元。己亥科殿试勇夺探花（进士及第第三名）的叶方蔼，就因为欠了一厘银子，也被削掉了功名。他也曾上疏陈情，强调自己欠的只是一厘银子，折合铜钱一文而已，但还是被朝廷驳回。倒是留下了一段"探花不值一厘钱"的民间典故，极具讽刺意味。

## 经济问题政治化

短期来看，江南奏销案只有一个赢家，那就是朝廷。表面看来，它似乎达到了"一石二鸟"的双重目的。一方面，大规模抄家补上了长期积欠的税银，地方官府可以向朝廷足额奏销，完活交差了，财政困难有所缓解，至少军饷是不愁了；另一方面，经历了牢狱之灾的江南缙绅们，财力耗尽，斯文扫地。那么，清廷为什么要处心积虑地打压这些缙绅富户呢？

清兵入关后，朝廷废除了"三饷"加派等明末苛政，不强迫关内汉人按照满族发式剃发。这种入乡随俗的做法，就是为了拉拢汉族士大夫支持新政权，减少清军南下的阻力。

可是，随着清军节节胜利，迅速席卷中原，摄政王多尔衮似乎觉得不用再考虑汉族士大夫的感受了，只要一声令下，兵锋所指，清军想怎么样就怎么样。因此，他出了个昏招：一改先前承诺，强行推广满族发式和生活习惯，甚至编出了"留头不留发，留发不留头"的民谣广为传播。

明末以来，江南地区向为文人渊薮，程朱理学影响很深，"华夷之辨"的民族意识强烈，本来就对少数民族政权很抵触。面对清军的虎狼之师，扬州、江阴、嘉定军民进行了英勇抵抗，城破后惨遭屠城。"扬州十日""江阴八十三天"和"嘉定三屠"，给江南汉族缙绅留下了难以磨灭的坏印象，加深了对清朝统治的不满。

就在奏销案案发前后，郑成功的大军已经打到了长江口，江南多个府县望风披靡。那些忍了十几年的江南缙绅似乎看到了出头之日，纷纷箪食壶浆，迎接郑军到来。依当时情势，如果江宁失守，清廷在江南的统治很可能土崩瓦解。

江宁城下，郑成功骄傲轻敌，招致惨败，北伐功亏一篑。对于清廷来说，这是一件幸事。惊魂甫定，清朝决策层就在琢磨：为什么郑成功大军在江南势如破竹？他们的一致结论，就是江南缙绅的反清情绪犹存，怀柔政策已经失灵，必须采取强硬手段，在经济上、政治上和精神上予以打压，彻底摧毁江南缙绅反清复明的基础。

于是，江苏巡抚朱国治就成了对江南缙绅秋后算账的操刀手。补收赋税、清理积欠、完成奏销，本是经济工作，却被他异化为整治江南缙绅的政治手段。

清廷赢了。剪除异己、维护江南政局稳定的目的达到了。然而，赢得并不光彩。普遍打击、杀鸡取卵，只能缓解一时的财政紧张，却无法形成可持续的税源，只能强压缙绅们的反抗情绪，让他们看起来服服帖帖，拜倒在强权之下，却无法弭平他们心中的创伤和不满。

十几年后，三藩之乱爆发，战火烧遍南中国。为了笼络人心，康熙帝这才放松禁令，允许在奏销案里被革除功名、降职使用的官绅，花钱买回功名和官职，江南奏销闹剧才算落下帷幕。此后，这一风波逐渐淡出了清朝官修史书，没人再敢提及此事。以至于到了 20 世纪，许多学者想研究这段故事，却找不到连贯翔实的文献史料。

又过了半个世纪，清廷再次面临地方赋税积欠严重，财政亏空难以维系的大麻烦。雍正帝并没有效法多尔衮杀鸡取卵，掀起政潮，而是通过推进制度建设，优化资源配置，打击贪官污吏和加强政绩考核，将斗争范围局限在官场，最终解决了这一顽疾，为康乾盛世的延续奠定了承前启后的基础。

# 养廉银：备受争议的官员薪酬改革

在公务员的圈子里，要求涨工资的呼声一直不绝于耳，"高薪养廉"的说法也被多次提起。那么，"养廉"一词从何而来？廉洁本是官员的本分，为何还要靠"高薪"来"养"呢？"高薪养廉"在今天的新加坡和香港成功施行，那在历史上有无先例呢？

中国历史上最早使用"养廉"的说法，明确将"高薪养廉"理念运用于政治实践的，是清朝的雍正皇帝。

图2—03，雍正帝半身西服像，现藏于北京故宫博物院。雍正的乾纲独断，推动了耗羡归公和养廉银的落地。

## 官员低薪制导致陋规泛滥

清朝入关后，基本承袭了明朝的官僚制度。仅以官员俸禄论，在京官员的年俸，最高的一品官有180两银子，最低的从九品官只有31两银子。此外，朝廷还会按月发些禄米，相当于实物补贴。外地文官连禄米都没有，外地武官的年俸只有京官的一半。

1两银子的购买力，核算康熙末年的米价，相当于今天的400块钱。这样说来，在京官员和外地文官的法定年薪，最高也就7万元，最低的1万元出头。别说请客吃饭、雇佣师爷、送礼打点，就连养活一家人都不够。既要活得体面，又不想贪污受贿，大多数官员只好在灰色地带谋取利益。

礼尚往来是清代官场的潜规则之一。地方官给京官送礼送钱，夏天送"冰敬"，作为降温费；冬天送"炭敬"，作为烤火费；离京送"别敬"，年节送"年敬""节敬"，送个西瓜就叫"瓜敬"。这些名目繁多的"敬"，其实都是行贿。由于名字比较雅致，送的银子也不算多，够不上量刑，故而时人称为"陋规"。

这样，尽管清初的京官薪水很少，但有了各种"敬"的贴补，日子过得不算差。可是，地方官的薪水也不高啊，他们进京"孝敬"的银子都是从哪儿来的呢？

## "耗羡"成为陋规一大源头

明后期以来，老百姓必须用白银缴纳赋税。国库收储白银时，必须把碎银子熔化后重新铸成银锭，其间会产生损耗，简称"火耗"。火耗虽少，官府肯定不愿承担，那就要摊派到老百姓头上。因此，官府在征税时会加征"火耗"，而且征收的要比实际损耗的多。到了清前期，各个州县的火耗，一两银子加征二三钱，甚至四五钱，偏远州县的火耗甚至几倍于正常赋税。这无异于对老百姓的新一轮加税。

收上来的火耗，除了弥补正常的熔铸耗损外，还会有些剩余，称为"耗羡"。这些"耗羡"大多流入州县官的腰包。无论是日常办公、雇佣师爷、贴补家用，还是打点上级，这笔钱都是必不可少的财源。到了康熙后期，由于钱粮赋税屡被挪用，导致州县财政亏空严重，这笔"耗羡"银还得拿来弥补亏空。

显然，"耗羡"成了清代官场陋规的一大源头。

滥征火耗，本身就是一种腐败。康熙帝很清楚，于是多次发布禁令杜绝，违者"革职提问"。然而，康熙也知道"若断绝外官火耗，则外任实不能度日"。因而，朝廷对地方官滥征火耗的现象，采取了息事宁人的默认态度，禁令形同虚设。

"耗羡"问题的存在，导致官场风气不正、民众负担加重。官员以此种方式给自己增收，既不合情，也不合法。皇帝不满意，百姓不满意，官员也不满意。因此，"耗羡"改革势在必行。

各种改革建议很快就摆到了康熙面前。有的主张明定征收火耗的成数，限制滥收；有的提出将"耗羡"一分为二，除了留足州县用度，其余上缴省里统一支配，用于公共事务。

康熙晚年，没了继续"折腾"的心气。在他看来，这些建议都是承认火耗征收合法，由朝廷背负加派税负的恶名。因此，他不愿采纳，事实上就将问题留给了雍正。

那么，雍正会拿出怎样的办法呢？

## "耗羡归公"的推行及其争议

雍正是个有所作为的皇帝，希望"振数百年之颓风，以端治化之本"。他推出的新政，"为治之道，要在务实"。"耗羡归公"及其配套改革，就是雍正针对火耗积弊推出的"实政"。

府库亏空是当时的头等经济难题。尽管他要求各级官员限期赔补，甚至不惜查抄贪官家产，但更多无头亏空，还得靠"耗羡"弥补。可是，加征火耗必然会加重百姓负担，他很清楚这一点。因此，既要削减火耗，又要靠火耗补亏空，雍正陷入了两难境地。

雍正元年（1723 年），就有大臣上折子，奏请"耗羡归公"。

湖广总督杨宗仁建议，从原有耗羡银里拿出两成，交到省里，"以充一切公事之费，此外丝毫不许派捐"。山西巡抚诺岷建议，将各州县全年"耗羡"银统统上缴省里，一部分用于抵补亏空，一部分用于养廉银发给各级官员。河南巡抚石文焯提出将全省"耗羡"一分为三，分别作为养廉银、各级官府办公费和弥补亏空的专款。

雍正采纳了他们的建议，下令让山西、河南先行试点。

然而，山西、河南的做法惹得多数大臣的反对。他们认为，"耗羡"是州县所得，省里不应插手；火耗并非正税，朝廷允许征收，相当于公开加税，变相默许官员贪婪。

反对声浪如潮，雍正并未立即反驳，而是把朝中大臣的意见下发全国讨论。可是，全国多数地方官都不赞成"耗羡"归公。这项改革面临高度孤立的危险。

清代君主专制体制的特色之一，就是皇帝可以给大臣们吭声的资格，但最后的拍板，不是看赞成票是不是过半，而是皇帝乾纲独断。皇帝执意坚持，其他人再反对都没用。雍正就是这样。既然他决心已定，其他人也就不好说什么了。

雍正二年（1724年）七月，皇帝发布谕旨，要求各州县的"耗羡"必须全部送往省里，不得私自留存。封疆大吏们看到圣命难违，纷纷放弃己见，效仿山西、河南，推行"耗羡归公"。

## "耗羡归公"的制度设计和数额

雍正在两省试点的基础上，对"耗羡归公"形成了较为完整的制度设计：

——火耗征收只减不增。"倘地方官员于应取之外稍有加重者，朕必访闻，重治其罪"。各省火耗征收的平均成数由两三成减少到一成，百姓的实际负担明显减轻。

——"耗羡"银两收支两条线。"耗羡"收归省里后，统一分为三部分拨付：一是给官员的养廉银，二是弥补州县财政亏空，三是留作地方公用。这与石文焯的提议如出一辙。雍正初年，各省征收的"耗羡"里，近半用于弥补亏空，只有四分之一用于发放养廉银。

朝廷规定，如果财政亏空尽数弥补，相应的开销就可以转为养廉银。这种将公私利益捆在一起的做法，推动了各地财政亏空的迅速解决。

"耗羡归公"斩断了地方官的灰色收入源。朝廷为避免其"无以养廉，以致苛索于百姓，故于耗羡中酌定数目，以为日用之资"。养廉银的发放原则，主要依照职务高低，兼顾事务繁简和地方财力。因此，即便是同级地方官，养廉银也有差别。

一般来说，总督巡抚每年的养廉银多达 1 万—3 万两，布政使、按察使等三品官为 6000—8000 两，学政、道员、知府等四五品官为 1500—4000 两，知州、知县等六七品官为 500—2000 两。如果按照购买力换算，督抚年薪可达400 万—1200 万元，州县官年薪也能达到 20 万—80 万元。虽然差别很大，但比各自年俸多了几十倍，而且都是合法的。

地方官大幅加薪，京官看着眼红。随着地方亏空问题的解决和朝廷财力的增长，从雍正六年（1728 年）起，朝廷给在京文官发放双俸。此外，还给八旗大臣发养廉银，给在京各衙门发放"饭银"。虽然名目繁多，但由于京官没有"耗羡"提解，加薪幅度远不如地方官。

## 养廉银的疗效和后遗症

清代中国仍是农业社会，地丁银（土地税）是国家赋税的主体。康熙五十年（1711 年），清廷决定"滋生人丁永不加赋"，使地丁银总额基本固定。按照地丁银一定比例征收的火耗银，数额也就因此固定下来，从而将官员养廉银和地方办公费的额度固定下来。这就确保了地方财政预算化、经费用途明确化，做到收支基本平衡。有利于维护地方行政的可持续性，有利于改善官员薪酬待遇、从制度上减少吏治腐败，有利于减轻民众的实际税负。

雍正用"陋规"合法化的思路，建立了一套全新的官员薪酬体系。民众的税负固定了，可弊端也就由这"固定"而生。清前期的财政收支结构，植根于超稳定的自然经济。如果经济环境变了，就会显得僵化，难以适应。

整个18世纪，随着中国经济的持续增长，全社会的物价总水平增长了3倍。"耗羡归公"的边际效用随之递减。到了乾隆末年，养廉银和公务费标准一如雍正年间，显然有些过时。

可是，由于"耗羡"数额基本稳定，地方财政缺乏自主性，朝廷难以提高养廉银数额。当时，雇佣师爷、仆人都要地方官自掏腰包，而师爷的薪水节节看涨；乾隆帝本人很贪财，动辄对地方官定罪罚银，索要贵重礼品；向京官送的各种"敬"照旧，价码年年抬高；加上生活成本日益增长，地方官的养廉银越发不够用了。许多人只好另谋灰色收入，甚至贪污受贿。这也是导致乾隆后期贪官迭出、贪腐盛行的现实原因之一。

其实，要想解决这个矛盾也不难。要么裁撤冗员、削减开支，要么另辟财源、增加收入。乾隆把难题留给了继任者，遗憾的是，嘉庆和道光两位皇帝缺乏改革的勇气和担当，既不敢减员增效，从制度上治理贪腐，又不愿突破"不加赋"的祖训，更不想终结"闭关政策"，错失了通过鼓励发展工商业和海外贸易，以大幅增加财政收入的历史性机遇。君臣继续懵懵懂懂，放任这一矛盾日趋恶化。如果无法维系官员生计，养廉银也就失去了"养廉"的效用。

历史经验再次证明：高薪未必养廉，低薪也无法养廉。建立一套与经济社会发展和财政收入增长相协调，实现正常增长和动态平衡的官员薪酬体系，对于维护政治清明、督促官员廉洁、维系队伍稳定、推动国家事业发展，确实很有必要。而这一切的前提，既要在不增加人民群众负担的同时，实现税基稳固、税源广泛、税收充裕，更要解放思想、从实际出发，以改革发展来去除体制的顽疾。

# 摊丁入地：赋役均衡化的社会实验

雍正九年（1731 年）三月十六日，湖北钟祥何家集。

乡民闹事，抗拒纳粮。官府派兵弹压，迅速平定。朝廷将其定性为士绅聚众抗粮的民变，可新任湖北巡抚王士俊不以为然。在他看来，导致民变的重要原因，恰是雍正帝引以为豪的一项改革——摊丁入地。这究竟是怎么回事呢？

图 2—04，雍正帝祭先农坛图（部分），现藏于北京故宫博物院。摊丁入地改革与祭先农坛一样，都是雍正帝重视农业和改进农事的重要举措。

## 新"祖训"推动人头税变局

在中国古代的农业税体系里，并行着两类税种：土地税和人头税。前者按照地亩计征，后者则针对成年男子征收，又称为"丁税"。土地和劳动力，作为农业社会的两大生产要素，通过这两类税种被官府控制。

清代初年，长年战乱导致人丁大量逃亡或参军，使官府控制的纳税人丁数量锐减。清廷对"在仕籍者及举贡监生员与身隶营伍者"采取税负优免的做法，不仅有利于作弊逃税，而且削弱了税基。

在朝廷力保人头税总额只增不减的情况下，人丁减少就意味着人均税负增加。穷人既交不起人头税，又承受不了旷日持久的劳役，只好纷纷逃亡；该他们承担的赋役，就被加在了没逃亡的人丁身上。这样一来，只会加重这些人的负担，催生新一批逃亡者。由于人头税征收困难，一些地方财政吃紧，连发薪水都困难。如此恶性循环，社会矛盾日趋尖锐，朝廷对青壮劳动力的实际控制力显著衰退。

康熙年间，中国经济缓慢恢复，人均耕地逐年增加，意味着土地税增幅大于人头税增幅。为促使人丁安心生产，确保土地税稳定增长，康熙帝决心推动清代首轮人头税改革。

康熙五十一年（1712年），康熙帝宣布，以康熙五十年的人丁数征收人头税，以后"滋生人丁永不加赋"。康熙五十年（1711年），全国共有2400多万人丁，人头税总额335万两。此后百年间，这一总额被固定下来。"滋生人丁永不加赋"就成了朝廷的新祖训，不容更改。

随着垦田面积扩大和财政收入增长，人头税占比日趋缩小；总税负的固定，使人均税负随人丁增长而减小，人丁逃亡不再必要，许多人回到家乡，继续种地；"永不加赋"的提法，使新生人口不再缴纳人头税，形同一项鼓励生育的人口政策。

然而，这仅仅是第一步。

## 着眼均贫富的顶层设计

"滋生人丁永不加赋"并不意味着人头税的消亡。人丁编审统计依旧混乱，富户串通官府转嫁税负的现象依旧存在。由于缺少有效抓手和参照，人头税的征收依旧困难重重。对于这些弊端，许多大臣都有察觉，不约而同地将改革的着力点放在了土地上。毕竟，土地是固定资产，带不走，跑不掉，作为征税依据最为简便。

康熙末年，御史董之燧就提议将人头税总额平摊到田亩中，按亩征收，得到了部分采纳。于是，在户部默许下，广东和四川分别试点"以粮载丁"和"丁银分摊"。前者是在征收土地税的同时一并征收人头税，减少征税次数和成本；后者是将人头税按照田亩分摊，都收到了积极成效。受此启发，浙江、河南一些州县也采取"均丁于地""丁随地派"的尝试。

虽然只是试点，但反对之声仍不绝于耳。有大臣指出，各地的亩产量或纳税额差异巨大，无论是把人头税摊入田亩，还是把人头税摊进土地税，都做不到公平合理。如果将人头税强行并入土地税，会让一些官员误以为人头税已废，从而单设人头税项目，形成重复征税，造成实际意义的"加赋"，加重百姓负担。

这场争论都不无道理，使康熙帝迟迟下不了启动第二轮人头税改革的决心。事情拖到了雍正年间，锐意改革的雍正帝必须直面这个棘手的难题。

雍正元年（1723 年）七月，直隶总督李维钧奏请本省实施"摊丁入地"。雍正帝将此议下发臣工讨论，虽然户部同意，但九卿、詹事、科道等官员认为，各地的土地好坏不同，亩产量各异，人头税按亩均摊，有失公平。

针对大家的疑虑，李维钧提出，准备把地亩分为上中下三等，人头税按地亩等级分别摊入，好地多摊，差地少摊，确保公平。

雍正帝对这一提议大为赞赏，特批直隶于次年开始实施"摊丁入地"。为了证明自己不会中途变卦，让李维钧安心施政，雍正帝还特地要他"蓦直做去，坦然勿虑"。

有了直隶做榜样，山东、河南、云南、浙江等省也先后启动"摊丁入地"改革。到雍正九年，全国大部分省区均已实现"摊丁入地"。到此为止，这场前朝悬而未决的争论，才算是画上了句号。

雍正朝的"摊丁入地"改革，其顶层设计究竟是什么样的呢？

在雍正的宏观设计中，大的原则是以州县为单位，按照康熙五十年（1711年）该州县的人头税总额作为应征数，平均摊入当地田亩中，随土地税一并征收。具体而言有两种做法：

第一种，是将人头税银平摊到土地税银里，由纳税人一并缴纳。比如直隶各州县，每缴纳1两土地税银，摊入人头税2钱7厘。这一做法着眼于土地税，以前缴纳的土地税越多，摊入的人头税也越多。

第二种，是把人头税平摊到田亩中，按亩收税。比如安徽霍邱县，每亩土地在缴纳原有的土地税外，还要缴纳摊入的9厘多人头税银。这一做法着眼于田亩本身，拥有土地越多，摊入的人头税也越多。

两种做法是有区别的。田亩有好坏之分，无论是细分等级，还是按等摊税，操作都比较复杂；而将人头税银摊入土地税银里，则操作相对简便。故而，多数省份采用的是第一种办法。所以，"摊丁入地"中的"地"，在多数省份指的是"土地税"，而非"地亩"。历史教材上统称的"摊丁入亩"，表述是不准确的。

土地是农业社会财富的主要载体，"摊丁入地"无论以哪种形式实现，都做到了按照财产多少征税的原则。这实际上是典型的"均贫富"，在一定程度改变了税负不均的局面。雍正帝承认："丁银摊入地亩一事，于穷民有益，而于绅衿富户不便。"无疑，摊丁入地确保了人头税收入的稳定，赢得了低收入农民的支持，虽说不少富户颇有微词，但也无可奈何。

然而，就在湖北钟祥，摊丁入地不但遭到富户反对，连穷人也不满意。这是怎么回事呢？

## "通省均摊"背后的"分摊不公"

湖北巡抚王士俊在写给雍正帝的奏折里，把钟祥民变归因于"摊丁入地"

的"摊"上。在"摊丁入地"的实际操作中，不少省份采取"通省均摊"的方式。钟祥县土地广袤，人丁较少，过去应纳的土地税多，人头税少，只有2400多两银子。通过"通省均摊"，钟祥县被摊入了3500多两人头税，远超从前。"无怪钟（祥）民（众）抵死不完（税），以致激成民变，总由从前经理错误，以至于此"。这里的"经理"是动词，就是经管、打理的意思。

既是"经理错误"，就要设法纠正。王士俊的建议是，纠正人头税摊征方式，由"通省均摊"改为各州县自行均摊。如果这一建议得到朝廷认可，那就意味着湖北此前执行的"通省均摊"做法有误。全省大多数高官不但政绩全无，而且要背黑锅。

湖广总督迈柱、湖北按察使唐继祖连忙上书辩白，说人头税过重只是"奸民"闹事的借口，民变的关键在于"围攻县衙"，故而应当严惩聚众闹事的"奸党"。至于钟祥等县人头税超额征收的问题，迈柱的建议是，随着当地开垦荒地的逐渐增多，原有土地上分摊的人头税会越来越少，直至多收的人头税被全部抵消。

对于迈柱的建议，王士俊不以为然。在他看来，这只是一厢情愿和未来憧憬，并非治本之策，无助于解决眼前困难。他还强调，摊丁入地实施以来，许多州县欠缴税赋，当地百姓"人人含怨"，不能不引起高度重视。

经过一番唇枪舌剑，清廷的最终判决肯定了迈柱的建议，但也提出要对钟祥等县减免欠缴税赋。这样看来，迈柱赢了，王士俊也不算完败。可是，迈柱不肯善罢甘休，而是奏请朝廷不必宽免钟祥等地赋税。他的理由是，"通省均摊"在湖北行之有效，大多数州县都能按时完税，只是钟祥等地或"俗弊民顽"，或"地处低洼，从前收成歉薄"，才致完税困难，有所拖欠。

迈柱在湖北为官多年，一手策划并推行了"摊丁入地"改革，自以为政绩卓著。他要维护这点面子，不容任何不同意见。这种为一己之私，不顾民生民意的做法，给百姓添了堵。

督抚二人既已交恶，当然也就不便共事。不久，王士俊改任河南巡抚，而湖北继续维持人头税"通省均摊"的做法。事实正如王士俊当年所料，新开垦的荒地数量有限，根本不足以抵消"通省均摊"带来的人头税增量，百姓不堪重负，饱受其苦。

雍正十三年（1735年），迈柱离任回京，事情终于有了转机。次年，刚刚继位的乾隆帝宣布，将湖北部分州县因"通省均摊"而增加的人头税悉数豁免。不久，乾隆又传旨废除了"通省均摊"的做法，将人头税的摊征自主权交还给各个州县。

湖北的"摊丁入地"一波三折，充分反映了一项顶层设计堪称完美的改革，在基层实践中是如何走样的。不顾各地实际情况，教条式的一刀切，将改革的好经念歪，把原本支持改革的民众推向了对立面，使改革成果大打折扣。这个教训发人深省。

放眼整体，"摊丁入地"确为中国历史上推动赋役均衡化的成功改革。人头税虽然形式上犹存，但通过收税途径的改变，业已名存实亡。

"摊丁入地"之后，土地税和人头税合二为一，称为"地丁银"，征收效率和计税的公平性、科学性大幅提升，构成了清廷财政收入的主体，奠定了康乾盛世的财经基础。人口隐匿不再必要，客观上促进了人口增长和人口统计接近真实。

乾隆六年（1741年），中国人口的官方统计数字首次突破1亿。到18世纪末，中国人口突破3亿，奠定了今天中国的人口基数。在农业社会，户籍人口的增长为国家提供了充足兵源和劳动力储备，奠定了持续数百年的人口红利基础。

进入20世纪，地丁银演变为农业税，继续作为国家重要税种。随着第二、第三产业的不断发展，农业税在全国税收中的比重逐渐减小。在结构性减税和推进"三农"问题解决的历史进程中，农业税的历史使命即将走向终点。

2006年1月1日，国务院正式宣布，全面取消农业税。

# 雍正是怎样管理干部的

康熙六十一年(1722年)十一月十三日，北京西郊畅春园。

老皇帝康熙撒手人寰，四阿哥胤禛在"九门紧闭"的肃杀氛围中夺得皇位，这就是雍正皇帝。父皇留下的烂摊子需要整饬，庙堂坊间的猜测需要澄清，而这一切，既离不开他的战略决策，更离不开干部们的具体落实。因此，管好干部成了雍正初政的关键步骤。那么，雍正是怎样管理干部的

图2—05，雍正帝临雍讲学图，现藏于北京故宫博物院。提倡教化、加强儒家教育，也是雍正提高干部素质、加强干部管理的有效手段。

呢？用今天的话概括，就是要求各级官员既"严以修身、严以用权、严以律己"，又"谋事要实、创业要实、做人要实"，简称"三严三实"。

在雍正看来，用人是治国理政的头等大事，是实现清王朝百年大业的基础工程。他曾说过，"治天下惟以用人为本，其余皆支叶事耳"。突出强调了干部

管理的重要性。不过，在管理干部的具体手段上，雍正又出了三个高招。

## 铁打营盘，流水的兵

康熙晚年，为政宽厚，管理宽松，官僚队伍相对稳定，一些高级干部任职长久，工作没了新鲜感，于是因循怠玩，日趋废弛。雍正一反乃父的旧"常态"，人事变动频率加快，前些天还在庙堂之上，过几天便身陷囹圄；前些天还是基层小吏，过几天便主政一方。

出现这样的情况，一方面是由于雍正初年的政治斗争激烈残酷，允禩、允禟集团和年羹尧、隆科多集团的相继倒台，使大批干部丢官；另一方面，一些并非科举出身的官员，虽然名不见经传，却因办事机敏、政绩卓著，被提拔到要职肥缺，发挥更大作用。

同一个职位，走马灯似的换人，看似来去匆匆，有点混乱，但雍正有自己的道理：

"事无一定，又不可拘执，有时似若好翻前案，不知其中实有苦心，总欲归于至是，是故或一缺而屡易其人，或一人而忽用忽舍，前后顿异，盖朕随时转移，以求其当者，亦出乎不得已。"

无论以前官职高低，任期长短，背景软硬，都要流动起来，既保持了工作的新鲜感，又增加了干部的阅历，在轮岗和尝试中，逐步实现干部和职位的匹配，最终把差事办好。同时，促使人人自危，不敢荒废政务，干部队伍更加勤恳敬业，作风为之一振。

御史刘灿曾公开反对雍正推行的"耗羡归公"改革，雍正认为他这么做是有私心，便把他调到刑部当郎中。没过多久，又见他"居心尚属纯谨"，将其提拔到福建担任汀漳道道员。漳州粮库缺米，刘灿怀疑其中有弊，便上报督抚严查。不料，上报文书被府县截回，他气得以头撞壁。有人因此参劾他过于浮躁，有失体统。而雍正则不计小节，充分肯定他踏实办事的精神。通过轮岗尝试，使刘灿在更合适的岗位上发挥了更积极的作用。

## 德才兼备，以才为先

德和才，是考量干部素质的一体两面。在雍正看来，才比德更重要。

雍正四年（1726 年）八月初六日，云贵总督鄂尔泰上书言事，其中提到他的用人原则是"因事择人"，而非因人派事。这一主张得到了雍正的肯定，还获得了这样一句朱批：

"可信者非人何求，不可信者非人而何。"

在他看来，"可信任"就是在"德"的方面对皇帝绝对忠诚。可是，只有忠诚却无法胜任，以及连忠诚和胜任都做不到的人，就根本指望不上了。比起"可信任"，雍正更看重"办事能力"。

接下来，雍正写了一大段朱批，阐述了他对"德"和"才"关系的看法：

首先，"凡有才具之员，当惜之，教之"。只要是办事能力强的官员，都应该重用。即便他们恃才傲物，不易驾驭，也没什么可怕的，只要善加爱惜和引导，就能为我所用。

其次，"庸碌安分、洁己沽名之人，驾驭虽然省力，唯恐误事"。安分守己固然是皇帝对大臣做人底线的基本要求，但如果安分到庸碌的地步，凡事唯皇帝马首是瞻，提不出任何建设性意见，跟养闲人还有什么区别？

最后，"若无能大员，转不如用忠厚老诚人"。雍正以才为先的用人指导思想，并不是完全摒弃"德"的要素。在无德无能和有德无能之间，他还是选择后者。有德无能之辈，虽然不能造福一方，但起码不会成为祸害。

儒家伦理倡导"以德服人"。三国时期司马昭曾对官员提出了"清、慎、勤"的三字要求，被后世奉为圭臬。雍正的用人思想显然是与之相违的。那么，他为什么要坚持"才重于德"的理念呢？

雍正夺位之说一直在坊间流传。他清理政敌、扫除异己等都在表明，他这个皇位坐得并不踏实。财政亏空、陋规泛滥、吏治腐败、战事不利，雍正更像是烂摊子的接盘侠、背锅侠。

正因如此，他必须如履薄冰地面对每一天，用勤奋来扭转乾坤。看奏折是他一天的主要工作，一天批五六十份，每份都要批上几十字、几百字。一天的书写量不下万字。工作到后半夜也乐此不疲。雍正用自己的勤政，给官员们树立了严于律己的好榜样。

皇帝爱批奏折，官员们落实朱批精神的工作量就异常庞大，对办事效率的要求也在提高。这些现实都使雍正必须把办事能力放在选人用人的首要要素来考量。

要想成为雍正朝的高级干部，除了做到"清、廉、勤"这三个基本要求外，还要拥有大局观，懂得瞻前顾后，储备各方面的知识，具备各领域的能力，真正做到德才兼备。

雍正朝的高级干部里有没有这样的"超人"呢？答案是肯定的。比如允祥，作为皇族，充当了雍正推进各项改革在中央层面的总策划和总调度；比如鄂尔泰，在云贵地区推行改土归流，一举解决了困扰中央政府多年的西南边疆治理难题；比如田文镜，在河南推行"耗羡归公"和"士民一体纳粮当差"，雷厉风行，政绩卓著，为雍正的相关改革充当了开路先锋。

作为汉族大臣，历事三朝均得重用，在这个满洲贵族当权、满汉矛盾犹存的时代，是很不容易的。张廷玉却做到了。他的独门绝技，便是超强记忆力和公文写作能力。

雍正传达口谕时，只有张廷玉记得最准，且在短时间内形成文字。军情紧急之时，雍正口传圣旨，张廷玉随即写成文字，御笔稍加修改，便发往前线。这样好用的大臣，谁不喜欢？

李卫的第一份体制内工作，竟是花钱买的。不过，他在户部做官时，办事却很较真。眼看管理户部的王爷公开从税银里抽成，怎么劝都不听。他直接把这些钱单独存在一个柜子里，挂上"某王赢余"字样，置于廊下，搞得这位王爷非常难堪，再不敢从公家口袋里抠钱了。这种敢作敢为的精神，令雍正刮目相看。后来，李卫在浙江做官，贯彻雍正整顿盐政的谕旨最彻底，成为"模范督抚"。

这些干部是"超人"，但不是"圣人"。允祥脾气急，张廷玉"恭谦默作"，鄂尔泰善拍马屁，田文镜"宽以律己"，李卫经常捅娄子。然而，雍正用敲打取代惩罚，有效地管控了他们的缺陷，实现了扬长避短。

## 正风肃纪，兴利除弊

"朕在藩邸四十余年，凡臣下结党怀奸，夤缘请托，欺罔蒙蔽，阳奉阴违，假公济私，面从背非，种种恶劣之习，皆朕所深知灼见。"

对于康熙后期官场的种种丑恶现象，雍正有着切身感受。这使他在继位后对干部作风的整饬，一刻也没有停歇过。不过，雍正对干部队伍积弊的振刷，并非运动式的高压管制，也非填鸭式的说教学习，而是标本兼治。

治标的方面，他不断地宣传自己治理官场作风的三大理念：反对朋党政治、反对沽名钓誉、主张刚猛务实。

雍正认为，树朋党是"各徇其好恶以为是非"，扰乱朝廷视听，破坏君主集权，是"罔上行私"的表现，是不忠于君主的大罪。年羹尧、隆科多虽是保驾雍正继位的大功臣，但他们迅速滑落，乃至身败名裂，就是犯了结党营私的官场大忌。

士大夫常讲的"名实兼收"，在雍正看来，"所谓名者官爵也，所谓实者货财也"。官帽子和钱串子，一个都不放过。山西巡抚诺敏，既不贪财，也不谋私，"两年贡银，一年完成"，成为雍正树立的清理财政亏空的模范。然而，这些政绩是建立在横征暴敛和克扣商家基础上的。真相大白后，雍正不顾各方求情，毅然将他处决。在雍正看来，为了沽名钓誉而谎报政绩，是以葬送朝廷前程和民意支持为代价的，危害比贪银子更甚。他要求大臣们"筹国是，济苍生"，要求府州县学要"实行""文风"并重。

康熙后期宽仁的为政风格要不要继承？雍正给出的答案是："观乎其时，审乎其事，当宽则宽，当严则严。"不拘泥于祖宗家法，要视实际情况定。雍正强调，继位之初"人心玩愒已久，百弊丛生""若不惩创，将来无所底止"。所以，雍正朝必须为政刚猛。

只靠皇帝不断呼吁，当然不可能拔除当时官场腐败的病根。雍正还实施了一系列针对官场弊病的改革措施。

实施"耗羡归公"和建立养廉银制度，大幅提高各级官员的薪水和办公费，刹住了乱收费、乱摊派的自发动力。开设会考府，主持全国范围内的大规模审计和清理积欠行动，迫使地方官赔补府库亏空，确保地方财政稳定。创立奏折制度，用皇帝与重臣单线联系的方式，形成了中央驾驭地方和政令畅通的链条，实现了高级官员之间的相互监督制约，最大限度地加强了中央集权。

这些改革措施延续百年，固化了澄清吏治的制度性基础，在一段时间内营造了不敢贪、不能贪、不想贪的官场风气。

雍正管理干部的三个高招，为改进干部作风、荡涤官场环境、落实改革措施发挥了积极作用。雍正接手大清江山，府库存银不足 800 万两，交棒乾隆之时已有数千万两，经济硬实力和政治软实力触底反弹，为乾隆完成大一统奠定了强大的国力基础。在雍正朝这个特定时期，雍正的干部管理是成功的。

然而，雍正对干部的管理，仍然是建立在人治基础上的一言堂做派，一切都以他的个人好恶为前提。这样的状态对君主的智商、情商和综合能力，以及社会环境的宽容度提出了极高要求。一旦君主有变、环境有变，这些积极要素能否继续维持，被打压的消极面是否会卷土重来，还很难说。

事实证明，雍正在干部管理方面的部分经验，如"刚猛为政""以才为先"，只适用于雍正一朝，乾隆继位后便加以纠正。而它过于依赖"人治"的问题，则在乾隆朝被不断放大，最终走向了万马齐喑的另一个极端。

# 州县官的银两：算不清的糊涂账

乾隆二十九年（1764 年），福建龙岩。

知州郭世勋新官上任，却怎么也高兴不起来。因为不久前，省里印发的一份名为"公捐养廉银资助穷员"的文件，令他非常郁闷。

朝廷规定，各地衙门都有一笔专款，给生活困难、无力回原籍的官员资助路费，帮他们回乡探亲。可这笔钱毕竟额度有限，只能优先八品以下的佐杂与教职等低级官员，从七品（副处级）以上官员，即便家贫，也拿不到。于是，闽浙总督和福建巡抚就签发了这份文件，要求各级官员捐出 1% 的养廉银，资助出不起回乡路费的从七品以上中层干部。

这不是自愿捐款，而是全省通令，必须严格执行。身为六品地方主官的郭

图 2—06，雍正行乐图，现藏于北京故宫博物院。雍正时期的拨乱反正千头万绪，雍正每天的工作压力极大，化装行乐，算是仅有的几种娱乐休闲方式之一。养廉银，是他的改革杰作，也是他颇为头疼的问题。

世勋当然责无旁贷。可当他准备筹钱认捐时，却发现通令里还有一段话：

"零星解司，未免纷繁，应请责成该管府、州，按所属应捐银数，于季首先行垫解各厅、县，就近解府归款，亦为省便。"

省里开口收钱，又嫌麻烦，干脆要求各府州每季度先行垫支，再从州县官的养廉银里直接扣钱。

扶危济困，本是传统美德，但硬要拿行政命令强推，就不近人情了。更让郭世勋不满的是，发布通令的布政使、按察使，本该带头认捐，却以"养廉无多"为名，"毋庸议捐"。上级领导的超然，让这位知州大人更糊涂了。虽说后来做到了两广总督，但郭世勋对州县官的银两，依旧是似懂非懂。

# 账本上的银子

上午断案，下午看公文、读案卷，忙忙叨叨一整天，茶余饭后的郭大人，总算有点闲情逸致。可惜，天黑了，吟诗作赋的雅致没了，脑海里萦绕的，还是白天挥之不去的那点公事。其中最麻烦的事，就是给自己的衙门找银子弄经费。

在清代州县衙门的财政体系里，人员薪水和办公经费是混在一起的。可是，只有编内人员，比如州（县）丞、主簿、仵作、轿夫等职，才能安然吃到旱涝保收的"皇粮"。不过，知县的正俸（全年基本工资）只有45两银子，按照粮食购买力折算，合现在的18000人民币；仵作、轿夫只有6两，合现在的2400人民币。这样的"皇粮"，显然吃不饱，更何况养家糊口。

大量的编外人员处境更糟。像书吏、衙役、幕友、长随之类，国家非但不给薪水，连起码的办公经费都不配备。然而，维持衙门政务活动的正常运转，离不开这些人奔走出力。他们维持个人生计和日常办公的经费需求，至少是编内人员的2倍以上。

为什么经费缺口这么大，朝廷不去补足呢？

话说清代初年，全国四处烽烟，打仗是要烧钱的。可是，战乱频仍，生产破坏，税收不足，哪有足够的银子可烧？财政供求失衡，使朝廷不得不削减地方"存留"来增加中央收入。于是，地方官府存留锐减，大量税收被提留到北京。这样做，固然敛来了更多钱财，增强了朝廷对地方的话语权，但导致州县衙门经费锐减。比如知州、知县原有"心红纸张银"和"迎送上司伞扇银"等名目的特别费，虽然加起来只有几十两，但总比没有强。顺治末年，这两项支出全被砍掉了。

经费管理上的"强干弱枝"格局，最初只是权宜之计，后来竟贯穿清代始终，地方存留在全国财政收入中的占比基本保持在20%上下。朝廷拨给州县的人头费银两，因"其不足以自赡者十居八九"。既然朝廷管不好，州县官们只好先行"自救"，到处找钱。

# 从"例外苛索"到"耗羡归公"

对于州县官来说，最省事的淘钱办法，就是"例外苛索"，即依靠体制外的"陋规"收入度日，比如加征火耗。百姓纳税时缴的是碎银，各地将税银解送省城入库时，都要熔炼成银锭。让纳税人多交一部分碎银作为"火耗"，也就是承担熔炼过程中的损耗，是以确保朝廷税收数量不打折扣为借口，设立的一种实际意义的"附加费"。

然而，每两税银征收多少火耗，朝廷却没有统一规定。于是，各地自行其是，火耗率越来越离谱。最初是10%—20%，后来有些省份增加到40%以上，甚至"其或偏州偏邑，赋额少至一二百两者，税轻耗重，数倍为正额者有之"。

征收火耗，给州县官找到了弥补人员薪水和衙门经费不足的途径，但由于缺乏朝廷明令和有效监管，上司可以分肥，州县官也可以贪墨，"耗"上加"耗"。久而久之，整个官僚队伍的操守便陷入整体混沌的状态。一旦遭遇天灾人祸，税收落空，火耗也就无处征解。因此，火耗征收的随意性，成为埋在清代地方财政体系里的一颗定时炸弹。

不过，郭世勋应该不用整日琢磨收火耗的问题了。因为从雍正年间起，朝廷实施了"耗羡归公"的改革，排除了这颗炸弹。

雍正跳出了康熙帝政治理想主义的窠臼，实事求是地提出"州县火耗，原非应有之项，因通省公费及各官养廉，有不得不取给于此者，朕非不愿天下州县丝毫不取于民，而其势有所不能"。既然"征收火耗"作为陋规普遍存在，很难取缔，那就将其规范化、合法化，设定各地火耗率，明确火耗收上来之后的使用范围和分配办法，实施"收支两条线"，由省里统一安排。

郭世勋要做的事，就是把龙岩州收上来的火耗，不打折扣地解送省城。再由省里统筹安排全省的火耗银，分成两份儿：一是养廉银，发给各级地方官，额度是原有薪水的 20—100 倍。这是火耗征收后返还州县的大头，占到50% 以上。郭世勋的正俸是 60 两，养廉银则有二三千两，加起来折合现在的五六十万元人民币，已经非常可观。当然，这笔钱不会让郭世勋一人独享，编内人员的津补贴、编外人员的薪水、衙门办公的日常开销，都要从这里出。二是公费，也就是地方重大项目的开销，比如军事防御、仓库建设、城墙修缮、水坝加固等，这部分占到火耗总额的 20%—40%。

"耗羡归公"在一定程度上做实了地方财政，缓解了州县官的实际困难。然而，随着经济的发展，物价持续上涨，税收增幅却由于康熙确定的"永不加赋"政策而几乎停滞。因而，各级衙门又把目光再次瞄准了州县官的"养廉银"，毕竟它还是很丰厚的。

## 数不清的克扣名目

按照雍正年间定的规矩，火耗的支配权交给各省，中央不加干涉，这就为地方根据实际情况灵活调配资金留出了余地。然而，到了乾隆年间，规矩改了。户部开始插手火耗，将其纳入常规赋税进行年度核销，即所谓"奏销"。

于是，火耗就纳入中央财政了。

按照户部的办事规则，火耗还被分为若干科目，每个科目的开支数额都要固定下来，没有腾挪空间。如此一来，养廉银的"活水"就被框死了。中央财政一旦吃紧，养廉银就遭遇了以"减平"和"减成"等名义的克扣。

"减平"就是借口省里的"库平银"比朝廷的"京平银"成色要轻，故而在朝廷下拨"京平银"时，故意减去若干比例。这么做，实际上就是变相缩减地方存留。比如道光二十三年（1843年），朝廷为了履行《南京条约》的赔款义务，要求对各级官员的正俸和养廉银，无论是户部发放的，还是省里发放的，都要扣减60%。扣除的部分要解送京城入库，不得拖欠。一声令下，养廉银就缩水了一大半。

"减成"就是根据朝廷的实际需求，在养廉银发放时打点折扣。咸丰五年（1855年），由于军费开支浩大，朝廷难以支撑，便下令核减各级官员的养廉银。巡抚、布政使扣减30%，按察使、道员、知府之类扣减20%，知州、同知、知县之类扣减10%。

中央财政缺钱，就向养廉银伸手；地方财政缺钱，也盯上了养廉银，搞起了摊派。

一种叫"摊帮"。无论官职高低，只要省里下文件征收这笔钱，就要从养廉银里扣10%。"摊帮"的用途广泛，包括书吏、狱卒、民夫、伙计的伙食补贴，以及笔墨纸张、文书保管等支出。

另一种叫"枢费"。用于官员病故，没钱将灵柩搬运回原籍，入土为安，可以按照回乡距离远近，每百里补贴1两6钱银子。为此，全省官员要将养廉银的10%上交藩库，设置专门账户统一管理。如果说"摊帮"还算能补贴公用的话，"枢费"就很容易被冒领，迫使官府不得不又出台规定，必须持各省会馆和同乡官员出具的证明材料，确定灵柩启程日期，才能领用"枢费"，相当于无形间又多了一道审批程序。

还有的叫"扣荒"。如果省里遭遇自然灾害，田亩荒芜，不得不豁免钱粮，那么这部分缺额就要各级官员的正俸和养廉银去赔补。当然，这种情况不常见，也就并非年年有。

还有就是郭世勋赶上的"公捐养廉资助穷员"。

平心而论，尽管养廉银数额庞大，但额度长期不变，在物价上涨的大背景下，其含金量是在下滑的。再加上层层摊扣，所剩无几。既然养廉银越来越难以指望，为了解决办公经费和个人温饱，州县官们只好自行其是，到处搜罗。这意味着老百姓又要忍受新一轮的盘剥和加派，新的"陋规"再度层出不穷地浮上水面。

## 不成功的公费改革尝试

养廉银之所以陷入层层克扣的困境，在很大程度上仍然是清朝地方财政体制中"公私不分"的制度设计所致。这个问题终于在 20 世纪初被袁世凯提上了议事日程。

光绪二十八年（1902 年），直隶总督袁世凯提出了"公费改革"的思路。他建议，将省内各道、府和直隶州的"陋规"和盘托出，全部坐实，核定额度和用途，将其转化为地方衙门的公用事业费，即"公费"。州县仍将原先的"陋规"整体解送省城，再根据省里核定的"公费"额度按月到省城申领。这种"收支两条线"的做法，与雍正的"耗羡归公"改革如出一辙。

这种化私为公的做法，不仅裁革了陋规之弊，而且确保了"公费"财源稳定，上下级官员借机吃拿卡要的漏洞也被堵上，官场风气有所改善。

袁世凯的公费改革思路很快就付诸实践，但实施范围仅限道、府和直隶州，位居基层的州县并没铺开。其实，直隶省各个州县财政状况一直存在肥瘠不均的情况。财政入不敷出的州县，连办公费都捉襟见肘，当地知州、知县不免"希图调优，时存苟且之思，不复尽心民事"。针对这种问题，袁世凯采取调剂盈虚的办法，调拨契税银 5 万两作为专款，补贴 34 个穷县的办公费开支。

袁世凯的试点得到了朝廷的认可，四川等省开始群起效仿。然而，直至清朝灭亡，公费制度也没能在全国各省彻底推行。即便是推行公费改革较为彻底的直隶省，落到各个州县头上的公费额度仍然不够用。

比如东明县，光绪二十六年（1900 年）省里核准的衙门办公经费只有 965 两，即便把克扣的养廉银都算上，加起来也只有 1822 两。从光绪二十九年（1903 年）开始，省里每年都会增加公费补贴 1000 两。可是，这一年该县实际支出多达 7015 两。跟国家拨款相比，仍有 4000 多两银子的巨大亏空。知县大人只好到处找钱，客观上助长了官场腐败，加重了百姓的额外负担，形成了恶性循环。

地方财政体制的纠结，成为州县衙门经费矛盾的症结。清廷有所察觉，曾经力图改变，但屡试屡败，都不治本。州县官的银两，直至清朝灭亡，仍是一本算不清的糊涂账。

# 一张纸片引发的丑闻：
# 清代两淮预提盐引案始末

图 2—07，两淮盐法图：两淮盐场向货船发货，现藏于北京故宫博物院。

乾隆三十三年（1768年），两淮盐政尤拔世给朝廷上了一份奏折，其中写道：

"上年普福奏请预提戊子（乾隆三十三年）纲引，仍令各商每引缴银三两，以备公用，共缴贮运库银二十七万八千有奇。"

奏折里提到的普福，是尤拔世的前任。"纲引"，又叫"盐引"，是在盐业官营的背景下，官府向盐商发放的经营许可证。

这是一张神奇的纸片。有了它，盐商才能从事盐业经营。

这年的"盐引"额度不够。普福决定，把第二年的额度提前发给盐商，收取一定费用，以此变相增加盐引数量，叫作"预提"。

27.8 万两银子，相当于清廷当年财政收入的 8%，确是巨款。然而，在乾隆帝的印象里，历任盐政都没提到过这笔收入；军机大臣翻遍户部档案，也没找到这类费用造册报备。那么，这笔钱究竟是怎么回事呢？

乾隆把这个疑问交给了江苏巡抚彰宝，让他会同尤拔世秘密访查。一桩清代盐业领域的惊天丑闻，逐渐浮出水面。

## 案情简单，案犯难惹

彰宝很清楚，"预提盐引"的现象早在乾隆十一年（1746 年）就在两淮盐场出现。之所以这么做，有三方面考虑：

一是随着国内经济发展和人口增长，对盐的需求量增加。每年一发的盐引数额固定，根本不够用。二是官府从发放盐引中的获利远高于盐税收益。三是乾隆南巡，穷极奢华，盐商频繁"孝敬"，花费不菲，不胜其苦。用"预提盐引"的余利取代盐商的一部分"孝敬"，可以应付乾隆南巡、办差、进贡等事务的开销。

只不过，"预提盐引"的收入没有向户部申报和缴纳，而成了两淮盐政的"私房钱"。二十多年来，这笔钱积少成多，累计 1090 多万两。由于缺乏监管，难免中饱私囊。彰宝、尤拔世在写给朝廷的奏报中说："历任盐政等，均有营私侵蚀等弊。"

案情固然清晰，但彰宝反倒觉得不好查，这是为什么呢？麻烦就出在涉案人员的身份和背景上。

两淮预提盐引案曝光，两类人员脱不开干系。

一类是两淮盐商。他们是乾隆年间实力最强的商帮，靠着朝廷的特许和地方官府的庇护，几乎是"躺着赚钱"。不仅富可敌国，是清朝财政的支持者和地域经济的操纵者，而且影响广泛，州县里的农耕、水利、赈灾、教育等事业，都离不开他们的资助。他们是一个财富与权势都不可低估的地方利益集团。

另一类是两淮盐务官员。曾任两淮盐政的官员高恒，是满洲镶黄旗人。父亲是大学士高斌，姐姐是慧贵妃。就连乾隆的小舅子、军机大臣傅恒，提到高恒都"战栗不敢言"。两度担任两淮盐运使的卢见曾，跟纪晓岚是儿孙亲家。显然，盐官的资历都不浅。

这两类人，彰宝惹不起。然而，更惹不起的，还是远在北京，严旨追查的乾隆帝。夹在中间的彰宝该怎么办呢？

# 水落石出，案犯伏法

六月二十五日，彰宝给朝廷呈送了第一份奏折，明确了这1090万两的"预提盐引"银里，花了460万两，还有600多万两盐商尚未缴纳。历任两淮盐政牟利不少，其中高恒收受10多万两。

乾隆非常生气，当即发布了一道措辞强硬的谕旨。他认为盐商有三宗罪：越权办差、冒滥支销、行贿盐政。因此，他要求盐商退赔涉案银两。至于盐政，乾隆将其问题定性为"侵肥"，要求彰宝严查到底。

只过了一天，乾隆就又发了一道口气缓和的谕旨："惟是两淮盐务关系数省民食，现在各商俱有应行质讯之处，若因此稍有推诿观望，致运盐觔或有壅滞，则是有心贻误，惟恐众商等不能任其咎。"乾隆担心，重惩盐商，可能耽误两淮盐务，冲击民生和财政，故而转变态度，从宽发落涉案盐商，而将矛头直指高恒。

有乾隆撑腰，彰宝便先传唤了高恒的管家顾蓼怀。

一开始，顾蓼怀承认，由他经手替高恒聚敛的"预提盐引"银多达15万两。然而，当被押解进京后，他竟翻供改口，强调这些银子只是替盐商代购物件的货款，不是赃款，高恒也没插手。刑部几经查证，也搞不清顾蓼怀的两份前后矛盾的供词孰真孰假。

既然搞不定盐官管家，乾隆就决定采取迂回策略，通过调查盐商打开缺口。可是，盐商似乎与盐官们形成了攻守同盟，供述避重就轻，只讲给普福代买古玩，虚报价格，骗取暴利，否认普福侵吞"预提盐引"银两的事。

眼看拿不到证据，乾隆决定采取分而治之的策略。对盐商"动之以情，晓之以理"，将其视为证人而非嫌犯，以分化瓦解攻守同盟。这个办法果然奏效，一些盐商为了自保，向朝廷提供了证据。

经过三个月的调查，这场超发盐引，克扣侵吞巨额银两的大案终于告破。两淮盐政高恒、普福处以斩监候，顾蓼怀处以绞监候，盐运使卢见曾处以绞立决，尚未受刑便死于狱中。几十名官员牵连降职，就连纪晓岚也没能幸免，被发配新疆军前效力。

至于"预提盐引"银，朝廷毫不客气地将其纳入户部账册。花掉和侵吞的款项，要由涉案盐官和盐商退赔。其后十年，两淮盐商在正常的盐税之外，还要每年多缴 100 多万两银子，作为退赔"预提盐引"的款项。十年来，退赔总额多达 1014 万两。

显然，在这场较量中，朝廷是唯一的赢家。

## 官商勾结，命运不同

同样是嫌犯，为何盐官和盐商的最终命运各不相同呢？

毋庸置疑，两淮盐商是清廷财政收入和皇家开销的重要支柱。

盐税是清前期官府的第二大税源，占全年财政收入的 1/4。两淮盐场又是清前期中国盐业经济的主战场，额征盐税是全国的一半，也就相当于全国财政收入的 1/8。

除了按规定缴纳盐税外，盐商还要时不时给朝廷捐输"报效"。这些银子有两个去处，4/5 支付了军费开销；1/5 流入了内务府，成了皇帝的私房钱。

两淮预提盐引案是个分水岭。以乾隆朝 60 年的历史论，案发之前，两淮盐商一共捐输了 972 万两；案发之后，捐输额达到 1900 万两，几乎翻了一倍。

如此说来，盐商充当了乾隆的"第二国库"。

除此之外，盐商还成了皇帝私房钱的"理财专家"。康熙以来，内务府每年都会向盐商发放贷款，替皇帝赚取利息；盐商则获得了运盐的周转资金。到了乾隆朝，内务府直接把盐商"孝敬"的捐输银，再贷给盐商"生息"。这样一来，乾隆就轻易地实现了私房钱的保值增值。盐商也借此跟朝廷结成了经济上的"命运共同体"，保住了手中的盐业经营资格。

官商勾结，说到底是皇帝与盐商的勾结。清廷通过治理两淮盐务，强化了经济领域的中央集权。那些自以为依靠批发"盐引"，就能控制盐商、牟取暴利的盐官明显失算，成了最大的输家。

历史再次证明，官商勾结靠不住。

## 盐引：一张值得争议的纸片

两淮预提盐引案之所以爆发，关键就在于"盐引"。在那段特殊的岁月里，这是一张充满魔力的纸片。

盐业是对自然资源进行二次加工的行业，成本低，利润高。西汉前期，吴王刘濞发动七国之乱，靠的就是几十年"煮海水为盐"积累的巨额财富。正是看到盐业的经济潜力，汉武帝决心吸取教训，将盐业收归官营，增强中央财政实力，避免地方豪强坐大。

出台这项措施的初衷，是出于政治目的的，却产生了意想不到的经济效果。两淮盐场由于产销量巨大，不仅拥有了越来越高的经济地位，而且造就了扬州的富庶与繁华。大运河的开凿，更便利了两淮盐面向全国的供应。"两淮盐，天下咸"已经成了家喻户晓的谚语。

"盐引"这个概念，是唐宋以后出现，到清代逐渐成型的。清廷每年根据盐业产销量，确定盐引定额，招商认购，额满为止。有了盐引，官府就可以从复杂的盐业产销流程中摆脱出来，不再干预微观，而是用盐引控制盐商，收取盐税；盐商用盐引控制食盐的产、运、销全流程，牟取暴利。

一张小小的盐引，成就了盐商的财富梦想。清代中提到，两淮盐引有169万多个，"归商人十数家承办……场价斤止十文，加课银三厘有奇，不过七文，而转运到汉口以上，需价五、六十不等"。售价比进价高出数倍，堪称暴利。

一张小小的盐引，塑造了盐业领域以产定销的"计划经济"。官府用特许经营权和对盐商暴利的默许，换取了更多的盐税和"报效"，实现了盐业利益的再分配。盐场灶户（生产者）和寻常百姓（消费者）遭受剥削，官府和握有盐引的盐商成了获益者。

一张小小的盐引，使一些精神防线松弛的盐官误入贪腐歧途，输光了家产，输光了仕途，甚至输掉了性命。

一张小小的盐引，令许多盐商趋之若鹜。然而，盐引数额有限，而且越来越家族化、世袭化、凝固化，新入行的盐商根本拿不到。他们只好以身试法，兜售私盐，牟取利润。嘉庆道光年间，官府对基层社会控制能力的弱化，这类现象越来越多。

两淮预提盐引案，暴露了盐引的诸多弊端，形成了一次改革盐法的契机。然而，清廷无动于衷。直到六十多年后的道光十一年（1831年），两江总督陶澍率先宣布废除盐引，在淮北试行票盐制度。这一制度很快就推广到其他区域。只要交足盐税，就能从官府领票运盐，持票盐商的资格没有限制，也不固定。

没了盐引，盐业便向更多盐商开放，只要到官府领票就能经营；没了盐引，盐业行销的地界大大拓展，来去自由。官府按票收税，持有盐票越多的盐商，税负越高。

这项迟到的改革，使那张充满魔力的纸片变成了废品，使靠盐引赚取垄断利润的盐商失去了特权，使普通百姓感到了盐价大降的政策红利。以往的盐业大户纷纷破产，"金满箱，银满箱，转眼乞丐人皆谤"的场景令人唏嘘。

票盐制度的实施，迈出了推进盐业市场化、优化食盐专营的历史步伐。

# 老有所养：清代官员的退休生活

图 2—08，阿桂画像，现藏于北京故宫博物院。阿桂是乾隆后期的领班军机大臣，出将入相，堪称朝廷股肱。也正是因为能力出众，他一直处在高度忙碌状态，难得清闲，申请退休更是毫无可能，最后在任上去世，享年80岁。一辈子没有享受过哪怕一天退休生活。看来，在君主专制时代，当官当得太出色，也未必是好事。

光绪二十七年（1901年），国难当头。

本已"靠边站"的李鸿章火线复出，以78岁高龄兼任直隶总督、北洋大臣，负责处理庚子之变的善后。说白了，就是给慈禧太后和顽固派惹的大祸当替罪羊。

签署《辛丑条约》后，李鸿章回到家里，"痰咳不止，饮食不进"，咳出的血块呈紫黑色，几天后就在京城溘然长逝。

李鸿章经历了"中国数千年未有之变局"，见识过各种大场面。平生最大的遗憾，就是没能享受过哪怕一天的退休生活。如果再给一次机会，他或许会急流勇退，安全着陆，享几天清福。不仅他如此，许多官员也这么想。他们更关心的是，自己什么时候能退休，能拿到多少退休金，会享受怎样的政治待遇，朝廷能否负担得起这么多退休官员的薪水。这些问题虽然琐碎，但更实际。

# 退与不退，全由皇帝一句话

古代把官员退休称为"致仕"，周代就有了这个概念。清代学者梁章钜在《退庵随笔》里记载说："古人以四十为强仕之始，以五十为服官政之年，以七十为致仕之期。"70岁被视为精力和智力明显衰退的临界点，因而就成了官员到点退休的惯例年龄。除了明朝降为60岁外，历朝历代都沿用70岁退休的老规矩。清朝也大体遵循，但有些新变化。

变化之一：军官提前退休。

清朝的军官，退休年龄卡得很严。副将年满60岁必须退休。比副将级别低的武官，退休年龄更早。比如参将54岁，游击51岁，都司、守备48岁，千总、把总45岁。这倒不是"重文轻武"的表现，而是充分考虑中低级军官需要耗费更多体力、精力，岁数太大，年老体衰，扛不动刀枪，战场上就要吃亏。

变化之二：文官不许恋栈。

清朝的文官，退休年龄比军官宽松。不过，年逾70岁和年老患病的文官，就要办理退休手续。新科举人如果年满70岁，就失去了任用为官的资格。到点不走，恋栈不退者会被同僚弹劾，朝廷也会勒令其退休。相比之下，还是主动申请退休（乞休）更体面。

变化之三：去留都由皇帝定。

70岁虽然是清廷文官退休的临界值，但并非不可逾越。清廷在制度设计上更加灵活，为超龄服役的文官找了很多留下来的例外理由。当然，官员去留的最终裁夺权属于皇帝。

第一个例外，就是三品以上高官（相当于副部级），"年逾七十之教职内有精力尚健、堪以留任者，亦止准展限五年，概行令其休致"。这样做，相当于让高龄文官中的佼佼者多干5年，类似延迟退休。比如宣统元年（1909年），鹿传霖就已经74岁了。但他还是接受了朝廷册封的"体仁阁大学士"等官衔，继续给朝廷效力。不过，没再干多久，清朝就垮台了。

第二个例外，就是官员退休必须主动申请，即所谓"乞骸骨"，等着皇帝批准。可是，退休申请能否获批，全看万岁爷的心情了。

康熙末年，工部尚书徐元梦多次申请退休，均被驳回。到了乾隆元年（1736 年），新皇帝念及徐元梦已经 80 岁高龄，才"允以所请，持加以尚书职衔，照现任食俸，仍在史馆内廷等处行走"。虽然同意退休，但还要保留待遇，返聘回来，发挥余热。

第二年，过不惯兵营生活的徐元梦再次申请退休。这回，乾隆帝的态度很坚决："虽逾八旬，未甚衰惫，可照旧供职，量力行走，不必引退。"这就直接把徐元梦摁在了内阁。

## 人走茶不凉，功成名就泽后世

清朝给退休官员的待遇是全方位的。没有做不到，只有想不到。

官员退休后，最感不适的就是"人走茶凉"，门可罗雀。因此，清廷采取了四类措施，给予"安全着陆"的官员一定的政治待遇，维持他们的荣誉和体面。

一是存品加衔。就是退休后交出现职，保留品衔。相当于今天免去领导职务，保留级别待遇。有些官员在职时政绩卓著，退休后还可以加衔晋级。文渊阁大学士兼礼部尚书陈元龙，被雍正帝评价为"老成练达，学问优长，奉职多年，宣劳中外"，退休时不仅保留级别待遇，而且增加了太傅头衔。

二是恩荫子孙。就是官员自己退休后，子孙可以取得做官资格。类似今天老国企的"接班"。康熙四年（1665 年），都统刘之源退休，朝廷就把他腾出的位子转给他儿子刘光代接掌。当然，刘光代并非零起点，彼时已是副都统，这次是以"荫袭"的方式实现了"转正"。不可否认，"恩荫"是官僚特权，但对笼络人心、稳定官僚队伍起到了积极作用。

三是参与朝政。就是退休官员依然可以发挥"余热"，参加朝政决策，报告地方政务。光绪五年（1879年），驻法公使郭嵩焘卸任回国，托病辞官，开始了退休生活。不过，他依然关心国家大事。中俄伊犁交涉时，他提出六条建议，得到朝廷采纳。中法战争期间，他多次致信李鸿章等重臣，发表对战事的看法和军事部署的建议。郭嵩焘是近代中国第一个真正意义的驻外使节，他的丰富阅历和外事经验，既能在关键时刻协助朝廷解决难题，又能帮现任官员提高决策能力。当然，参政不等于干政，"不在其位，不谋其政"仍是清代官场通行的"潜规则"。

四是告老还乡。官员们退休后，除了个别人会留在京城给皇帝当顾问外，大多数会选择回原籍养老。他们带着原有的官衔回去，不但地方官要以礼相待，嘘寒问暖，朝廷也不会对他们放任不管。退休返乡的官员里，文官归口吏部，军官归口兵部。如果退休官员去世，皇帝还要赐给荣誉头衔、谥号和封赠，派人致祭，有的生前表现不错，深得皇帝欣赏，死后还能入祀贤良祠。

清廷给退休官员的政治待遇，周到实惠，为的就是体现朝廷对这些干部辛勤效力的充分肯定。鼓励年轻干部像这些前辈一样，干好本职，光宗耀祖。

## 最美夕阳红，退休生活更舒适

比起政治待遇，级别较低的官员更关心经济待遇，也就是退休金。

清朝入关后"圈地"盛行，朝廷控制了大量土地，但物资奇缺，通货紧缩，因而退休金的发放形式主要是发给土地和豁免纳粮当差。"督、抚、布、按、总兵各给园地三十六亩，道员、副将、参将各给园地二十四亩，府、州、县、游、守等官各给园地十八亩"。在职官员都拥有豁免赋税徭役的一定额度，比如五品官（相当于正厅级）可以豁免14石粮和14个人丁。如果退休，豁免额是在职的70%。

随着经济的恢复和发展，特别是白银流入国内货币市场，在职官员的俸禄从实物形式逐渐向货币形式转化，官俸和养廉银制度逐步完善。同时，八旗人口不断膨胀，朝廷还要包办他们的衣食住行，导致政府控制的土地越来越少，不敷分配。于是，官员退休金发放形式就改为"赏食俸禄制"，分为"食全俸""食半俸"和"不食俸"三种。

按照乾隆三年（1738年）的规定，到退休年龄，主动申请退休，获准退休后级别不变的官员，可以"食全俸"，拿100%工资；没到退休年龄，但在考核中发现年老有病，朝廷可以特批退休，但即便获准级别不变，也只能"食半俸"，拿50%工资；被朝廷勒令退休的官员，就不能享受任何食禄了，即"不食俸"。

到了嘉庆、道光年间，朝廷又对退休官员做了细分。一些不满退休年龄，但曾经征战立功的官员，能否在"食半俸""不食俸"的原有标准上，提升一格，分别变成"食全俸"和"食半俸"，由皇帝定夺。这样，除了职务、级别和政绩之外，军功和年龄也成了退休金给付标准的加分项。而这些加分项，皇帝的好恶要发挥决定性作用。

必须明确的是，无论退休金额度多少，都纳入国家财政，由户部拨付，州府支给，旱涝保收。只要朝廷不垮，退休金一分不会少。

不管怎样，退休就意味着不再担责任。吃得香，睡得着，还能享受不错的政治和经济待遇。表面看来，清廷官员的退休生活还是很体面的。

## 贫富悬殊，制度设计有缺憾

清代官员退休的制度，是继承传统与务实创新的结合体，在清代官场政治生活中发挥了积极作用。概括起来，有五大好处：

一是及时裁汰老弱病员，确保官员队伍新陈代谢的有序进行；二是从实际出发，留用确有本事的超龄干部，继续发挥才干和经验；三是降低官员安置成本，避免其继续过多染指政治生活；四是给退休官员在基层搭建了发挥余热的舞台，也给地方官府提供了通达下情的别样渠道；五是明确了退休官员的各项待遇，缓解了他们的后顾之忧和养老之痛。

需要强调的是，清代官员退休制度，是建立在君主专制集权基础上的官僚政治配套制度。它奉行的原则，就是君主意志至高无上。谕旨是皇帝意志的体现，但它本身就带有皇帝个人好恶和随意性，不受法律约束。

在皇帝的默许和保护下，一些到龄该退的官员，贪图权位，隐瞒年龄，赖着不走，甚至死在任上，不但耽误工作，而且影响接班梯队的培养和栽培。一些退休官员长期受到皇帝恩宠，额外恩赐的待遇丰厚，或是贪污腐化，积累巨额财富，却无人追究前科，安然逃脱法律惩处，过着"工资基本不花"的"幸福"生活。而另一些官员，在职时默默无闻，退休后悄然无声，只靠"半俸"生活，非常清苦。他们的境况皇帝根本看不到，或者视而不见。

官员的退休金虽然旱涝保收，但额度并不大，细抠起来很难养活自己。要知道，地方官的薪酬包括正俸和养廉银。前者相当于基本工资，退休后可拿至少一半。后者相当于岗位津贴，但退休后就拿不到了。京官薪酬里没有养廉银。文官只有正俸和恩俸，额度加起来是正俸的两倍，但退休后恩俸就不给了；军官只有正俸，别无其他。

一个职级相当于今天正处级的清朝京官，正俸加上恩俸，一年也只能拿到90两银子。同样的职级，如果在地方做官，忙碌一年，除了45两正俸之外，还能拿到一二千两银子的养廉银，日子比京官宽绰得多。不过，无论是京官，还是地方官，退休时的待遇都一样，即便能拿"全俸"，也只有45两，按购买力计算，只相当于今天的不到2万元。

退休生活的巨大差异，使许多官员感到不平，要么铤而走险，贪腐投机，从事违法勾当，牟取暴利；要么上窜下蹦，跑官要官，力争重返官场，谋夺要缺。长此以往，歪风邪气势必弥漫整个官场，扰乱吏治，成为蛀空王朝根基的隐患。

纵观清朝近300年历史，官员养老一直处于区别于普通民众养老的特权地位。其制度虽然一再调整，但财政支出没有明显缓解，官员生活没有太多改善。更多的官员还是把晚年的生活希望寄托在家人的接济、积攒的田产和族人的生意上，养老状态依旧停留在告老还乡式的家庭养老模式。

进入 21 世纪，这样的模式即将走向尽头。2015 年，机关事业单位养老保险改革政策落地，官员养老社会化的全新时代已经到来。

# "大海商案"背后的国家转折

康熙五十四年（1715年）正月底，紫禁城。

案头上的一份奏折，将养心殿里原本喜庆的春节气氛一扫而光。这份出自两江总督赫寿之手的奏折，叙述了发生在江南的一桩大案：

几年前，江苏巡抚张伯行与当时的两江总督噶礼互相攻讦。张伯行参劾"租船开铺之人"张元隆系海贼，因其弟张令涛系噶礼的女婿，而得到噶礼的包庇。张伯行对张元隆、张令涛的一再追查，"将无辜之人、商船俱牵扯进去"。

噶礼与张伯行的督抚互参案，是康熙末年的重要政治事件。享有"天下清官第一"美誉的张伯行，为何要

图2—09，康熙老年半身像，现藏于北京故宫博物院。大海商张元隆成了康熙帝晚年维护政治利益的牺牲品，这不仅仅是一个船队的悲剧。

揪住张元隆和张令涛不放？这两人究竟是何许人也？赫寿为何会认为张伯行冤枉"无辜之人"呢？看到这份奏折，康熙帝又当有何想法？如何处置呢？这些

还得从张元隆和他的船队说起。

# 走私疑云

张元隆，上海县人，"声名甚著，家拥厚资，东西两洋，南北各省，倾财结纳……党援甚众"，是江浙沿海有名大海商。他在上海开设洋行，贩运货物，财大气粗，"立意要造洋船百艘，以百家姓为号……往来东西二洋及关东等处"。到康熙四十九年（1710年），他已拥有一支洋船数十只、贸易范围远达日本及东南亚的庞大商船队。当时每造一船，需银七八千两，张元隆的总资本可见一斑。

其实，康熙二十二年（1683年）统一台湾后，清廷便逐步取消了"迁界禁海"政策，作为外贸开放口岸之一的上海，得太湖流域丝织品资源丰富之便利，海上贸易极其繁盛；康熙四十六年（1707年），清廷取消了不许民间私造双桅以及多桅海船的禁令。这些都推动了造船业的发展和商船队的兴起。崇明东乡的富户"率以是起家，沙船盛时多至百余艘"。张元隆船队只是其中的一例。

为了规避海盗袭击、官府限制等不利条件，牟取利润最大化，一些商人干脆贿赂官府，以获得偷带武器、借兵船保护、从事非法贸易等特权。张元隆就利用其弟张令涛是两江总督噶礼之女婿的便利，其远洋贸易活动长期得到官府的庇护。

康熙四十九年（1710年）夏，张伯行在查案过程中注意到，张元隆船队的水手"假名冒籍"，私贩海上，经年不归。张元隆曾派张令涛向噶礼行贿，贿赂品足足装了十多船。作为回报，噶礼调用水师战船以缉私为名，帮助张元隆偷运从苏州采购的大宗稻米到宁波，而后将稻米转移到张元隆的洋船上出海贩卖。用战船运送稻米，仅限于官方运送赈灾物资和异地调剂供应等需用。张元隆借用战船运米，避开海关盘查，顺利实现了其卖米牟利的目的。

清前期的中外贸易中，稻米并非主要商品。中国的贸易对象国，并非稻米净进口国。然而，长期"迁界禁海"导致江浙地区白银奇缺，当地米价远低于国外，况且官方并未禁止出口稻米。因此，稻米出口稳赚不赔，且不违法。当时，"江南之米，被下海船只带去者甚多"。这说明，做稻米出口生意绝非张元隆一家。然而，张元隆贩卖稻米，为何还要重金贿赂噶礼，利用战船运输？这其中会不会另有隐情呢？

## 方寸骤乱

带着这样的疑惑，张伯行反复查证。他始终认为，张元隆就是海贼的帮凶，他贩卖稻米出洋，除了赚钱，还有资助海贼的可能。可是，这些都是捕风捉影，缺乏证据。尽管如此，他还是写了奏折，弹劾噶礼受贿和包庇纵容张元隆贩卖稻米出洋。并下令逮捕张元隆及其属下船主，进行审查。然而就在这个节骨眼上，意外发生了。

张元隆不堪牢狱之苦，病死在监狱里。此外，有十二名船主耐不住严刑拷打而毙命。这一来，张伯行不仅陷入死无对证的被动境地，而且还有草菅人命之嫌。就在此时，不甘示弱的噶礼向康熙帝具折辩白曰："前冬（张伯行）泊船上海，阻臣出洋，恨臣不从，迁怒船埠张元隆，陷以通贼，牵连监毙。"

张伯行似乎有些乱了方寸。他先是怀疑张元隆死因蹊跷，遂下令搜捕张元隆商行的各船船主，希望从中发现新线索。恰恰此时，上海县民顾协一举报张令涛占其房屋，且"有水寨数处，窝藏海贼"，张令涛就藏匿在牟钦元的衙门里。张伯行找牟钦元交涉未果，下令搜查又一无所获。此举激怒了牟钦元，后者声称张伯行丧心病狂，到处诬告，应当烧其衙门，杀其本人。张伯行十分恐惧，便向康熙帝弹劾牟钦元。

事态越发严重，康熙帝不得不派赫寿前往调查。由于江南地区的高官"无对张伯行称善者"，这位新任两江总督自然而然地得出结论：张令涛"与海贼交结，分得海贼之处"的说法，是顾协一听人所言，并无实据。牟钦元的衙门经过反复搜查，并无张令涛的踪迹。根据张令涛之子张二的供述，张令涛已前往湖广、福建一带。这样，赫寿完全否定了张伯行对张令涛、牟钦元的指控。

康熙帝不太放心，又派吏部尚书张鹏翮及副都御史阿锡鼐前往复审。张鹏翮虽然也是清官，但并不袒护张伯行，而是一再审问调查，令张伯行无力应付，只好被迫"自认诬参"，接受革职处分。康熙五十四年（1715年）七月，张鹏翮奏陈：张伯行"诬陷良民，诳奏海贼甚多，挟诈欺公，妄生异议"，应处以斩监候（即死刑缓期执行）。刑部批准了张鹏翮的建议。一切只待康熙帝的最终裁决。一代清官还有回旋余地吗？

## 一管就死

在康熙帝眼中，"张伯行操守虽好，而办事多糊涂执拗之处"。因此，赫寿、张鹏翮等人对张伯行的一再审查，康熙帝未加干涉。然而，他对是否执行"斩监候"有些犹豫。

张伯行对张元隆的追查，体现了其国事至上的责任心。张伯行为官清廉，在汉族士大夫中声望很高，甚至在他革职的时候，苏州出现"众人竖起黄旗，逼勒罢市，赴大人（张鹏翮）公馆，具呈保留巡抚"的场景。显然，把张伯行处以"斩监候"，政治上非常不利。

张伯行追查张元隆、张令涛的行动，触动了江南高官的利益，因而犯了众怒，在江南官场愈加孤立。晚年的康熙帝，被皇储问题搞得焦头烂额，凡事"务求安静"。因此，思来想去，还是觉得把张伯行调离江苏为妥。于是，张伯行被从宽免死，调进京城，命南书房行走，署仓场侍郎。而噶礼则被免职，几年后赐死。

尽管康熙帝觉得张伯行办事多有不妥之处，但在对张元隆的处置上，君臣不谋而合。进入18世纪，自给自足的中国自然经济，加之较小的大众购买力，导致对海外商品的需求有限。而深受西方市场欢迎的中国茶、南京布和中国瓷器，则大量出口，源源不断地换回白银。于是，在中外贸易中，中国长期处于出超地位，中国市场似乎成为全球白银流动的终点站。

然而，白银大量内流，必然引发通货膨胀，虽然其带来的物价上涨是温和的，但一旦累积很多年，涨幅也是很明显的。细心的康熙帝敏锐地注意到："朕前巡幸南方时，米价每石不过六七钱。近闻江浙米价，每石竟至一两二三钱"。他不懂现代经济学的道理，当然无法把白银内流与米价上涨联系起来。但他觉得，"天生物产，只有此数"，如果稻米大量出口国外，国内一定供给不足，米价也就必然上涨，不利于社会稳定。特别是米价上涨发生在素称"鱼米之乡"、但在 17 世纪曾经激烈反抗过清廷征服的江南地区，更令他心惊肉跳。

尽管国家早已统一，但南方及海外反清势力，仍是清廷的肘腋之患。18 世纪初对外贸易的扩大，使康熙帝产生了一种不祥的预感："海外如西洋等国，千百年后，中国恐受其累。"因此，张伯行奏陈的"内地之米，下海者甚多……其载往千百石之米，特为卖与彼处耳"的说法，不免触目惊心。

在他看来，"米粮贩往福建、广东内地尤可，若卖与外洋海贼，关系不小"。他担心张元隆这样的大海商串通海外反清势力，为了牟取暴利，把稻米出口给后者，威胁清朝对东南地区的统治。于是，张伯行禁止稻米出口的建议，在张元隆死后的第四年被纳入了《大清律例》的例文："至渔船出洋，不许装载米、酒……违者严加治罪"。乾隆元年（1736 年），这条例文又被具体化："奸徒偷运米谷潜出外洋接待奸匪者，拟绞立决。"

就在张伯行不遗余力地追查张元隆船队的同时，英国东印度公司正高举米字旗，在全球大肆扩张，为工业革命进行着市场开拓和资本积累。倘若张元隆船队能够在权力的夹缝中生存和壮大，倘若政府能够大力支持这样的船队不断发展，或许 19 世纪的中国历史将会改写，或许中国将不再局促于陆地，而较早地成为海洋国家。

张元隆伟大的经济理想，在统治集团的现实政治利益面前，显得无足轻重；康熙帝纵然文韬武略，但在面对机遇和挑战并存的选择之时，却各打五十大板，为了规避挑战，而与机遇擦肩而过。把政治稳定看得高于一切，毕生精力都在考虑如何牢牢控制江南地区的康熙帝，非但没有给东南沿海的商船队松绑，并给它们注入国家的有力支持，反而不断地念起紧箍咒。大海商张元隆就成了被紧箍套牢的牺牲品，这绝不仅仅是一支船队的悲剧。

# 大清闭关的地方利益博弈

图2—10，广州黄埔港船只停泊图，现藏于大英图书馆。图左是三艘中国的大型海船，图中间是两艘中型官府稽查船，稽查官员正站在其中一艘的船头，准备执行公务。

乾隆二十年（1755年）四月二十二日，浙江舟山群岛。

清晨，定海知县庄纶渭像往常一样，端坐县衙后厅，喝杯浓茶，静心定神，准备步入前厅，升堂断案。忽然，定海总兵领着几个士兵急匆匆跑进来，报告了一件急事：

港口外，来了一艘挂着米字旗的大船，官兵将其逼停，问明来由，获悉这艘来自英国的商船，不是打仗的，是买生丝茶叶的。船主名叫哈咧生，持有粤海关颁发的商照。

庄纶渭是个文人，工于诗文，出了两卷《问义轩诗抄》。不过，对于跟洋人打交道，他可没什么经验。有三个问题萦绕在他的心头，令他忐忑不安：一个持有粤海关批文的外国商船，为什么要来舟山做生意？是拒之门外，还是好礼相迎，怎么跟他们打交道？洋人这趟舟山行，究竟意味着什么，会给舟山带来什么呢？

# 为什么是舟山

康熙二十四年（1685 年），伴随着平定三藩和统一台湾两件大事的完成，清王朝结束了"迁界禁海"政策，开放四口通商，有限度地放开了对外贸易。然而，真正面对欧洲商船的港口，只有广州。这样别无选择的贸易格局，令英国商人很不舒服。

进入 18 世纪，中英贸易呈现一边倒的态势。英国对华出口的货物主要是毛纺织品，广州天热，严重滞销。到头来，只能用白银来偿付从中国进口的茶叶、生丝和南京布货值，弥补贸易赤字。康熙四十九年至乾隆二十四年间（1710—1759 年），英国出口到东方的白银多达 2683 万英镑，而货物仅有 925 万英镑，贸易逆差巨大。英国人认为，要想扭转被动局面，最好把毛纺织品卖到中国北方，因为那里气候冷些，或许销路会打开。

乾隆十五年（1750 年），英国将中国生丝的进口税率降到与意大利等同的水平。由于中国生丝质地好，在国际上享有盛誉，英国东印度公司立即大量购进，导致广州生丝市场的存货一扫而空，需要从内地采购。然而，内地生丝运到广州出口，需要翻山越岭，经过多个内关，运费和关税增加不少。而且必须通过广州的十三行采购，没有选择余地，无疑又增加了一道中间环节。茶叶出口也面临同样的问题，而且耗时太久，茶叶质量会下降。为了压缩这块成本，东印度公司很希望从靠近生丝和茶叶产地的口岸直接进口。

在广州通商，面临的最大尴尬还不是货物销路和运输成本，而是当地官府的苛捐杂税。粤海关对外国商船征收的船钞和货税不算高，但附加的杂税种类繁杂，数量众多，超出正税数倍，每艘船都要缴纳 1950 两规礼银。如果不交这笔钱，就会饱受刁难，各方面成本更高。雍正十年（1732 年），广州的各国大班联名上书，要求豁免这笔规礼银，但被粤海关监督驳回。因此，东印度公司很想另找一个能够规避这类盘剥的商埠。

舟山群岛，似乎最符合英国商人的上述需求。它比广州离北方更近，而且冬季湿冷，毛纺织品或许好卖些。它毗邻生丝产地江浙和茶叶产地福建，可以就近采购，节约大量运费。设在这里的浙海关，没有明确制订针对外国商船征收关税的则例，这就意味着，附加税费有可能少得多。

## 舟山和英国的贸易史

舟山具有的这些优势，当地官员也意识到了。闽浙总督喀尔吉善就奏陈："如向来由浙赴粤之货，今就浙置买，税响脚费俱轻，而外洋进口之货，分发苏杭亦易，获利加多。"

因此，英国人一眼就看中了这里。

早在康熙三十年（1691 年），浙海关就在定海城南建了红毛馆，接待西方商人。十年后，红毛馆终于迎来了第一艘造访的英国客人。船长卡奇普尔（Allen Catchpoole）两度来到舟山，受到热情接待。不过，他打算在这里设立长期商馆，维持经常性贸易的提议，却没有得到清朝官府的正面回应。于是，此后半个世纪，英国东印度公司没再造访。没了客人，红毛馆也就逐渐荒废了。舟山暂时淡出了商人们的视野。

可是，英国商人并没有放弃舟山。乾隆十八年（1753 年），东印度公司派出洪任辉（James Flint）和贝文（Thomas Bevan）一道，住在江宁（今南京），一边学习汉语，一边收集当地生丝的商业情报，为的就是有朝一日，能够在这里开辟新的商埠。两年后，哈咧生这艘船抵达舟山，打破了这里半个世纪的沉寂。船上的翻译，正是洪任辉。

洪任辉告诉知县，"因祖上曾到此做过生理""闻得宁波交易公平"，希望在此购买丝茶。庄纶渭向省里请示，得到了三点指示：热情接待，公平贸易，照章纳税。于是，哈咧生及其船员被安置在宁波船王李元祚的商行里，而洪任辉还揽了点茶叶生意。

哈咧生的舟山之行可谓三赢。各界官民抢购洋货，一扫而空；洪任辉买到了更便宜的茶叶，转运到欧洲发了小财；浙海关赚了几千两税银，荷包鼓了不少。

乾隆二十一年（1756年），尝到了甜头的东印度公司，又派了两艘英国商船放弃广州，北上舟山贸易。这样，中西贸易在浙江似有经常化趋势。可是，闽浙总督喀尔吉善等人却有些纠结：这些不速之客，既带来了白花花的银子，也带来了安全隐患。因此，在奏折里，他时而主张"加意体恤"，时而强调"严加防范"，决策思路陷入错乱。

浙江的官员陷入了"幸福的烦恼"，几千里之外的广东，高层更是非常窝火。

## 谁动了广东的"奶酪"

多年以来，中西贸易主要集中于粤海关，逐渐形成了广东督抚、粤海关监督以及内务府官员三位一体的利益集团，他们从陋规中分润，赚得盆满钵满。沿海各省虽也有陋规，但比起粤海关还是小巫见大巫。当然，这些既得利益是建立在商埠垄断的基础上的。一旦有了竞争者，资源分配就会重置。显然，舟山就是潜在的变量。

舟山的热闹，对广东的最大改变，就是来广州做生意的英国商船逐年减少。乾隆十九年至二十二年（1754—1757年）依次为27艘、22艘、15艘、7艘。粤海关的税银盈余也相应递减。因此，"当英国船只动身前往宁波时，广州官吏和商人们唯恐失去这有利的贸易……便发送一份呈请及一大笔钱到北京，要求将贸易限制在广州"。

广东官商的"不高兴"，与浙江官员的"烦恼"不谋而合。于是，闽浙总督喀尔吉善与兼管粤海关的两广总督杨应琚联名奏请，建议加重浙海关税率。乾隆帝批准了。于是，即将离开宁波的英船，得到了浙江官府的正式通知：自翌年起，浙海关加税一倍。

朝廷这么做，是要用经济手段迫使英船回粤贸易，避免外来势力对江浙重地的影响，从而达到"不禁之禁"的目的。

可是，加税并没有浇灭英船来浙贸易的热情。

乾隆二十二年（1757 年）八月，仍有一艘英船来到舟山，称"广东洋行包买包卖，把持刁难，故不愿去"，宁愿按照新税则在浙贸易。浙江巡抚杨廷璋如实奏报，并谨慎提出，与其任由英船逗留惹事，不如"此次应准其仍留贸易"。这份奏折，反映了浙江多数地方官的期待，即欢迎英船来浙贸易，为浙江带来丰厚的海关和陋规收入。

这件事让乾隆意识到，经济手段似乎失灵了，洋人并非"总在图利"。于是，他一方面同意了杨廷璋所请，一方面派杨应琚"赴浙亲往该关察勘情形，并酌定则例"。乾隆希望了解，究竟用什么办法，能把英商请回广东呢？

乾隆二十二年（1757 年）十月十四日，杨应琚抵达浙海关。几天后，他草拟了一份调研报告，向乾隆帝建议：不仅要继续提高浙海关税率，正税"视粤关则例酌拟加征一倍"，而且即便在浙江就近采买货物，也要把产地到广州沿线陆路关卡的税费都补交了。他还强调，粤海关长期经营外贸，兵员、装备和地形都比舟山有优势。因此，发布限制浙海关贸易的谕旨"至明至当"。

显然，这位杨大人是"屁股决定脑袋"，处处站在维护广东利益集团的立场上。可是，乾隆并未采纳他的建议，反倒打算因势利导，将浙江的中西贸易纳入制度化轨道。

乾隆的这番考虑，当然是广东官商不愿看到的结局。于是，杨应琚又写了一份名为"浙海关贸易番船应仍令收泊粤东"的密折，既强调了十三行服务皇室"劳苦功高"，又表达了"设法限制"和"不便听其两省贸易"的态度，甚至摆出了一副家奴哭诉的嘴脸。

戏剧性的是，这份奏折不但赢得了"所奏甚是，前折竟不必交议"的高度评价，而且促使乾隆朝令夕改，决定收回允许浙海关开展中西贸易的成命。那么，乾隆的态度为何骤变呢？这与其关注的三项政治经济利益息息相关。

其一，粤海关通过具有特许贸易功能的十三行，可以低价购进西洋奇珍，进献皇帝以邀宠，很合乾隆帝贪财好货的口味，可谓投其所好。

其二，对于粤海关和十三行"包买包卖，把持刁难"的情形，乾隆有所耳闻，但他更看重粤海关对来华外商监控的完备体系。这样的体系，舟山短期内很难健全成熟。

其三，在他看来，将英商赶回广州，可以确保"浙省海防得以肃清"，避免江南士大夫深受西方影响，或与海外反清势力勾结，威胁清廷在江南的统治。

因此，在政治利益与经济利益发生冲突时，乾隆选择了政治优先，将帝国安全和个人政治权威，置于搞活经济之上。

乾隆二十二年（1757 年）十一月十日，乾隆帝发布谕旨，决定"将来只许在广东收泊交易，不得再赴宁波"。

就在这份谕旨发布之前，杨应琚竟然调任闽浙总督。别忘了，这位杨大人先前可是极力维护广东利益，拼命埋汰浙江。现如今，人调到浙江了，以前的话再翻出来，那就是啪啪打脸了。按说，"屁股决定脑袋"，现在既然当了浙江的父母官，该替浙江说说好话，争取点中英贸易了。可是，他竟然来了个"大丈夫一言既出驷马难追"，把以前说过的话落实到底。

杨应琚上任不久，立即向新任两广总督李侍尧行文，并通知浙江官员遵旨照办。而李侍尧和粤海关监督李永标一道，传集外商，当众宣布："嗣后商船都在广东收泊，如果再到浙江，定然押回广东。"

据说，几乎所有西方商人都很恭顺，表态支持。只有洪任辉提出异议，指出"该国贸易船只，往广往浙，俱系王家分派。本年商船已于上年十月内发行，其有无往浙船只，不能预知"。

对此，李侍尧也做了安排。他派中国商人前往噶喇巴（今雅加达），通知荷兰驻东印度总督：如有英船寄碇荷属东印度，即转告其"番船口岸定于粤东，不得再赴浙江"。

自此，在地方利益集团的干预下，清朝的外贸格局发生骤变。一口通商成为定局，浙粤外贸之争以广东的全胜告终。清王朝长达半个多世纪的闭关，即将拉开帷幕。

　　值得一提的是，清朝的"闭关"，并非关闭大门，拒绝对外开放，而是对中西贸易全面限制、严格约束。中国人出海变得越来越难，英国人想跟中国做生意，不管广州有多少"陋规"，也只能来广州。即便如此，"闭关"状态下的广州，仍然创造了远高于明朝任何时期的对外贸易总额。从这个意义上说，清朝的"闭关"，也是一种另类的"对外开放"，比起明朝长期的厉行海禁，还是开明得多。

# 洪任辉事件：谁都输不起的"告状游戏"

图2—11，粤海关课税盘查，现藏于大英图书馆。图中岸边黄瓦平房应是粤海关。洪任辉告状的焦点之一，也就是粤海关的潜规则与日常勒索。

乾隆二十四年（1759年）六月二十四日，天津。

天津大沽营游击赵之瑛正在例行巡查，突然看到一艘悬挂米字旗的小船朝码头驶来。他很清楚，这儿是距离京城最近的出海口，属于禁地。朝廷法令从来都没有允许洋人前来，此前也确实没有洋人到访过。因此，这个不速之客的到来，使他顿觉紧张。

赵游击二话不说，驾着巡逻船，带着弟兄们，就出海阻拦。很快，挂米字旗的小艇被拦了下来。赵游击带人登船盘问，结果令他大吃一惊：船上的洋人准备"上访"，向皇帝告御状。状告的对象，是皇帝最宠信的地方大员——粤海关监督李永标。

甭说赵之瑛，包括乾隆皇帝在内，整个帝国的全体君臣，都从未领教过红头发、蓝眼睛、高鼻梁的洋人是怎么告御状的。然而，他们似乎都没有意识到，这次谁都输不起的告御状事件，竟然会成为改变中英两国历史命运的转折点之一。

## 告状缘起

这艘挂着米字旗的小船，并不是一开始就直奔天津的。它造访中国的第一个目的地，是舟山群岛。

故事还要从两个月前说起。

这年五月三十日，定海镇把总谢思发在四礁洋面截获了这艘排水量只有 7 吨的英国商船。待到登船询问时，他惊讶地发现，船主是位老熟人，名叫洪任辉（James Flint）。

洪任辉是英国东印度公司的职员，学过汉语，了解中国官场规矩。四年前，他作为通事（翻译），跟随一艘英国商船来到舟山，实现通商，在广州之外开辟了新的市场——浙江。不过，朝廷出于政治安全的考虑，在广东政商集团的游说下，决定关闭浙江对外贸易，将所有欧洲商船全部赶回广州贸易。

没错，洪任辉此行的目的，就是"回广东生意不好，意欲仍来浙江交易"。不过，定海镇总兵罗英笏迅速抛出了官方表态：要求洪任辉"仍回广东贸易，不得在此停泊"。

洪任辉不敢得罪浙江官员，满口答应，率船离开。可是，他并没有南下回广州，而是留下一份控告粤海关的汉文呈词后，直接沿海岸线北上。六月二十四日，洪任辉的小船出现在了天津大沽口外。

面对大沽营游击赵之瑛的盘问，洪任辉把天津之行的目的，说成呈诉"负屈之事"。他是这样讲的：

"我一行十二人，跟役三名，水手八名，我系英吉利国四品官，向在广东、澳门做买卖，因行商黎光华欠我本银五万余两不还，曾在关差衙门告过状不准，又在总督衙门告状也不准，又曾到浙江宁波海口呈诉也不准，今奉本国公班衙派我来天津，要上京师伸冤。"

赵之瑛听完，觉得欠钱不还，确实可恶，这个洋人的冤屈无处伸张，实在可怜。于是，他决定愿帮洪任辉一把。不过，这个忙不能白帮，毕竟替洋人递状纸，本朝还没有先例。因此，赵之瑛提出索要5000两银子作为酬劳。洪任辉听罢，有些为难，双方讨价还价再三，最后议定，先给2000两，事成后再补齐余款。

赵之瑛收了银子，果然言而有信，状纸一路上呈，竟然连过天津知府灵毓、天津道道员那亲阿和直隶总督方观承三道关，直接送进了养心殿，呈到了乾隆皇帝跟前。方观承还专门写了一份奏折，强调洪任辉"若非实有屈抑，何敢列款渎呈"。

当乾隆帝打开这份状纸之时，他也大吃一惊。

## 全面调查

摆在乾隆帝面前的呈状，有七条陈情：

一、关口勒索陋规繁多，且一船除货税外，先要缴银三千三四百两不等。

二、关监不循旧例准许外商禀见，以致家人多方勒索。

三、资元行故商黎光华欠外商银五万两，关监、总督不准追讨。

四、对外商随带日用酒食器物等苛刻征税。

五、外商往来澳门被苛索陋规。

六、除旧收平余外，又勒补平头，每百两加三两。

七、设立保商，外商货银多被其挪移，延搁船期等。

概括起来，洪任辉北上告御状，主要有两大诉求：一是查办粤海关监督李永标，二是推动朝廷严查粤海关积弊，扩大中国对英的贸易开放。

一个外国人，不远万里来到天津，向皇帝诉苦。乾隆帝当然很重视，认为"事涉外夷，关系国体，务须彻底根究，以彰天朝宪典"。围绕着这样的思路，乾隆帝做出了四项安排：

一是由给事中朝铨把洪任辉从天津带到广东，跟粤海关监督李永标对证。

二是派福州将军新柱前往广州，"会同该督李侍尧秉公审讯"。

三是警告李侍尧有"失察之咎"，要求他不能"稍存回护之见"或"于会勘时不处心确审"，否则严加治罪。

四是明确案件处理原则：既不能偏袒李永标，查实就治罪；也不能纵容不法，尤其是查清楚是谁跟洋人串通，"代夷商捏砌款迹，怂恿控告"。

至此，洪任辉告御状的两大诉求中，第一个已经实现，第二个也有了实现的可能。然而，就在洪任辉觉得大功将成之际，事态发生了新的转变。

七月二十日，新柱、朝铨和李侍尧齐聚广州，审讯了已被解除职务的李永标，并对洪任辉呈词里的7个要点进行了逐一回应。

粤海关勒索陋规的情况，李侍尧并不否认，但他把主要责任推到了李永芳的家人和书役身上，而李永芳本人百般袒护，强调顶多就是督察不严。关于行商黎光华欠债之事，李侍尧承诺官府将核对"华商所欠银两，按股匀还"。不过，对于洪任辉提出的减免规礼和废除保商这两项关键性要求，他不仅全部回绝，而且纳入则例，通过建章立制加以固化。

此外，李侍尧在奏折里专门说明：粤海关监督每年筹措官物，如"柴檀、花梨、乌木、羽纱、大绒、洋金银线、花毡"等，"向来定有官价，较之市价未免减少"，李永标到任以来，"亦系循照旧例办理"。这无疑是在提醒乾隆帝：不要忘记宫中珍奇的来源。

诚然，粤海关进贡长期以来就是内务府的主要进项。乾隆十八年（1753年），仅现银一项，粤海关就上交50多万两，超出江、浙、闽三个海关之和。乾隆帝曾多次催促粤海关加紧采办"洋来钟表及新样器物"。

李侍尧的暗示令乾隆帝顿悟：李永标在粤海关监督任上，时间最久，功劳很大。于是，在他的朱批中，虽然也认为"家人勒索即主人勒索，不可以失察开脱其罪"，但也承认"惟应秉公存国体为要，管关之人非督抚可比，一应税务势不得不用家人"，为李永标寻找开脱的理由。李侍尧对洪任辉所提要求逐一驳回，这一做法得到了乾隆帝好评，被称为"公论"。

就这样，洪任辉的两方面诉求，刚稍有眉目，又石沉大海。他没有想到的是，这份状纸，非但没能改变英国东印度公司在中英贸易中的处境，反而将自己陷于更加不利的境地。

## 原告败诉

这份状纸，让乾隆帝琢磨了很久。他猛然意识到，这份呈状的书写太符合官方规范了，送达朝廷又太顺利了。洪任辉作为外国人，有这么大本事吗？能办成这事的人，一定得熟悉汉文语法和中国官场。显然，只有中国人才能做到。于是，他怀疑，其中"恐有内地奸人为之商谋"！

皇帝一转念，调查风向就发生了转折，查办重点由洪任辉的状纸指控，转向状纸本身的产生和投递。尤其是对"内地人代写呈词者尤应严其处分"。

一开始，有人怀疑是定海守备陈兆龙代笔。可是，浙江巡抚杨廷璋的奏折里说，状纸是洪任辉事先写好带来，在海上直接交给当地官员代为投递的。因此，基层官员代笔的猜测不成立。

后来，有人揭发徽商汪圣仪与洪任辉是生意伙伴，有指使洪任辉告状的可能性。乾隆帝传旨捉拿。汪圣仪虽然手眼通天，闻讯逃走，但还是被抓了回来。大堂之上，他"坚供无唆使代写呈词事"；宅院之中，抄家的衙役确实没找到洪任辉与洋人秘密结交的信件证据。乾隆帝非常扫兴，但还是以"治以闻信脱逃之罪"，将汪圣仪发配边疆充军。

那么，状纸到底是谁写的呢？

洪任辉一口咬定，状纸是旅居噶喇巴（今雅加达）的福建侨商林怀在海船上写的。于是，林怀被诱骗回国，遭到官府治罪和抄家。李侍尧跟行商打听获悉，洪任辉曾"在仁和行内与刘亚匾商量"起义的事。

他立即逮捕审问四川籍商人刘亚匾，得悉其"始则教授夷人（洪任辉）读书，图骗财物，继则主谋唆讼，代作控词"。洪任辉也承认，东印度公司在噶喇巴请林怀"将刘亚匾作的状子交其誊改了往宁波天津去递的"。

最初，李侍尧承认，洪任辉"此案所控情节尚属有因，似难坐以罪名"，因而他建议"唯有严加防范，若有交通内地奸民之事，即查拿驱逐回国，则别国商不再敢往浙矣"。可是，当林怀和刘亚匾落网后，一通供述，洪任辉勾结中国内地居民的"罪证"，就被李侍尧牢牢捏在了手中。

到此为止，洪任辉事件就算是真相大白了。一个洋人，不远万里来中国告状，状纸是中国商人代劳，递状纸又费了一番周折，利用了中国官场的潜规则，甚至不惜行贿送礼。告状的内容，就是举报海关监督吃拿卡要，违法乱纪，希望朝廷管管，给英国商人少些摊派，多点自由。

事情弄清了，乾隆帝就要按照自己的理解，对涉案人员进行处理了：

——粤海关监督李永标，"讯无违例滥征、加平入己、短发价值诸情弊"，但是"家人受贿，毫无闻见，应照不枉法赃枷号鞭责后解部发落"。家人七十三收受陋规，求索财物，鞭打一顿，发配边疆省份为奴。

——李侍尧原本建议，由于洪任辉"所控各款虽未尽实，均属有因，并免置议"。然而，乾隆帝认为，"该商从前所告情节，在监督等既审有办理不善之处，即按法秉公处治；念尔外夷无知，虽各处呈控，尚无别情，可以从宽曲宥。现在审出勾串内地奸民代为列款，希冀违例别通海口，则情罪难于宽贷。绳以国法，虽罪不至死，亦当窜处远方，因系夷人不便他遣，姑从宽在澳门圈禁三年"。

——民人刘亚匾，李侍尧先是奏请"按律应发边远充军"，后又奏请"从重立毙杖下"，但乾隆帝仍认为处罚太轻，干脆亲自下令："刘亚匾为外夷商谋砌款，情罪确凿，即当明正刑典，不得以杖毙完结。"

经此风波，乾隆帝觉得，有必要对广州贸易定个规矩，加强管束。于是，他对外宣布了新的对外贸易基本原则："内地物产富饶，岂需远洋些微不急之货。特以尔等自愿懋迁，柔远之仁，原所不禁。今尔不能安分奉法，向后即准他商贸易，尔亦不许前来。"摆出"天朝"姿态，将中西贸易视为怀柔远人的手段、恩赐藩国的工具，可大可小，可有可无。

乾隆二十四年（1759年）十月十七日，李侍尧一面传集在粤洋商及保商，当众将刘亚匾正法枭首；一面将洪任辉秘密押往澳门，在同知署旁另室圈禁。三年后的十一月二十四日，洪任辉获释，乘坐英国商船回国。船过炮台，据说洪任辉"尚知感畏，在船行礼叩谢，由虎门出口放洋而去"。

这或许是乾隆帝最希望看到的结果。将不想接触的一切事物拒之门外，这种控驭四方的传统武器，似乎还很奏效。

然而，中英贸易存在的问题，比如口岸太少、海关太坏、成本太高、税负太重、陋规太多、英方逆差太狠，等等，洪任辉在状纸里有所提到，但一个都没解决。带着这样的扭曲与矛盾，中英贸易跟跟跄跄地继续维持，贸易额有增无减，直至鸦片战争前夕。

# 一个乡绅眼中的"道光萧条"

清代道光初年，浙江嘉兴郊外。

一位老者坐在院子里，凝视着绕膝玩耍的孙子。他叫沈铭彝，当过县里的候补训导，相当于县中学候补校长。晚年身体不适，回乡闲居。坐拥一二百亩田地，加上开馆授课的微薄收入，还能维持全家八口的生计。然而，他的乡绅生活过得并不如意。

所有的麻烦，都源于一个他从未听说过的新名词——"道光萧条"。

## 癸未大水：影响的不光是交通

沈铭彝居住的村子名叫竹林里，夹在嘉兴县新丰镇和新篁镇之间，是个水网密布的小村庄，人们每次出行都得预约船只和船工。然而，就像今天的"打车难"一样，那时约条船也不容易。即便约上了，不光型号不好，坐起来不

图2—12，情殷鉴古图，现藏于北京故宫博物院。道光静坐于奇石之上，手握古书，若有所思，背后青竹掩映，幽静恬淡。这是清代帝王于万机余暇时所诛求的士大夫生活的剪影。然而，忙碌或者闲暇，都无力扭转"道光萧条"的惯性。

舒服，而且经常碰到交通拥堵。

道光三年（1823年）五月二十日，沈铭彝送继子到县城读书，赶二十二日的迎送入学仪式和文庙祭祀典礼。然而，他赶上了百年不遇的特大洪水——"癸未大水"。

这年的天气很怪，苏杭地区的大雨从阴历二月一直下到九月，引发严重水灾。沈铭彝目光所及，"水深三尺，几及岸矣，近田俱没"。竹林里"惟大塘环桥可过，余外乡村小桥俱不能去"。雨下得太大了，满眼都是"水世界"，大家都是"落汤鸡"。这样的天气，还有必要去县城吗？

犹豫再三，沈铭彝还是觉得"入学谒圣乃士子进身之始"，就是下刀子也得参加。于是，他找了条小船，顶着暴雨冒险出发。胆战心惊地把最难走的水路走完，挨到新坊镇，再换乘大船。抵达县城时，天已擦黑。几十里水路走了一整天。

如此狼狈，让沈铭彝和很多人一样，把外出当作"畏途"，宁愿"宅"在家里。由于行船困难，找船不易，一些船老大趁机提价，甚至翻倍。

更让沈铭彝闹心的，是水灾对农业的毁灭性打击。田地被水浸泡良久，不仅水稻绝收，而且肥力受损。沈铭彝致信友人："薄田无几，向藉佐粥饘，现在不但有赔粮之累，此后更何处投乞米之帖，均切焦思。"

他的担心并非多余。天灾导致农田减产，许多佃户交完租税，几乎剩不下口粮。而收不齐租子，像沈铭彝这样的中小地主，就有可能饿肚子。于是，佃户想方设法避税逃租，地主挖空心思催粮催租，租佃矛盾愈演愈烈，沈铭彝也被卷入其中。

癸未大水后，催租催粮成了他日常生活中的大事。每年都忙活好几个月，还得给县官送礼，请官差抓人，逼迫佃户交齐租粮。

其实，沈铭彝也不愿这么做。他说过："如此年甚一年，田之为累，何所底止耶？"既然收租困难，那就干脆把田地卖了吧？可是种地给地主和佃户都带不来好处，地价自然就涨不起来，甚至不断下滑。有些地方的地价在二三十年间下跌了80%，依旧无人问津。即便田租打折，也找不来合适的佃户。

沈铭彝做梦也想不到，他正经历着中国气候史的转折时期。1740—1790

年，年均气温比 20 世纪 70 年代高 0.6 摄氏度；1791—1850 年，年均气温比 20 世纪 70 年代低 0.8 摄氏度。尤其是 1816 年的平均气温，竟比 20 世纪 70 年代低了 2 摄氏度。低温导致夏季季风和冬季季风在华东停留和交锋，降水和降温交织。

通常说来，温润气候会促进水稻产量提升，成为促成乾隆盛世的诱因之一。而低温天气和连绵降水，只能促使水稻减产，对以农业为支柱产业的清代中国带来深远影响。

低温时代的来临并非偶然，这是全球气候变化的一部分。当时，北半球进入了为期 15 年的气温骤降期，1816—1830 年平均气温创造了 1600 年以来最低纪录。低温促使农作物减产，导致很多国家发生"粮食骚乱"。道光初年的中国也不例外。

在沈铭彝的家乡，"遇此歉岁，流民载道，夜窃又多，事事惊心"。一些拒绝交租的佃户联合乡村无业游民，打家劫舍，无恶不作，勾结胥吏，巧立名目，滥收税费。许多富户被迫逃离故土，搬到县城。而沈铭彝依旧留在家乡，继续着担惊受怕的日子。

道光十三年（1833 年），苏杭地区再次遭遇罕见大水。连年水灾，改变的不光是出行习惯，更是沈铭彝和竹林里的生活状态。

## 银贵钱贱：哀民生之多艰

沈铭彝的继子到县里读书后，多次赶考未果。直到道光三年（1823 年），一个远房亲戚的门生当了浙江学政，沈铭彝多次拜会和送礼，才疏通关系，给继子捞了个功名。而更多穷书生，如果科考落榜，就难以改变命运，只好沉淀乡村，过着谋生艰难的日子。

即便待在乡村，落榜读书人的日子也不好过。沈铭彝发现，道光十三年（1833 年）二月，"菜油每斤一百四十文，花油每斤一百一十文，柏椤每斤一百八十文，棉花每斤一百文，皆从来所未有，其余无不昂贵。米价虽不至如上秋六洋，此时亦每石四洋以外，寒士何以过活"。就连文史书籍，售价也高不可攀。一部《昭代丛书》卖 10 两银子，穷书生根本买不起。

物价上涨带来的，不光是生活成本的提升，更有农村副业的凋敝。中国传统社会，男耕女织互为补充，一旦"耕"掉链子，"织"还能维持生计。然而，在道光年间，"标布不消，布价遂贱，加以棉花地荒歉者及今四年矣。棉本既贵，纺织无赢，只好坐食，故今岁之荒，竟无生路也"。棉花歉收，棉价上涨，棉布滞销，布价下跌，这一涨一跌，使棉纺织业无利可图，陷入困局。

让沈铭彝烦心的不光是物价上涨，还有越来越高的纳税成本。官府规定，纳税须用银两，但市面上常用铜钱（制钱）。雍正乾隆年间，银钱比价长期稳定在 1∶1000 的水平，即 1 两银子可兑 1000 文铜钱。而到道光年间，这个比价增至 1∶2200。如果纳银交税，就得多花一倍的铜钱。虽然以银两计算的米价下跌了 25%，但换算成铜钱计价依旧是上涨。沈铭彝觉得，无论是买东西还是交税，自己都越来越亏，毫无喜感。可除了抱怨"银太贵"，也没什么别的办法。

沈铭彝绝非无病呻吟。道光十三年（1833 年），时任江苏巡抚林则徐表示："民间终岁勤劳，每亩所收除完纳钱漕外，丰年亦不过仅余数斗。自道光三年（癸未）水灾以来，岁无上稔，十一年又经大水，民力愈见拮据。是以近年漕欠最多，州县买米垫完，留串待征，谓之漕尾，此即亏空之一端。"不仅百姓的口粮不足，就连朝廷的漕粮也难保证。

面对银贵钱贱的局面，中产家庭还能勉强支撑。而那些感到读书无法改变命运的年轻人，要么破罐破摔，热衷赌博、抽鸦片，要么投身胥吏，"包揽词讼，播弄乡愚，吓取钱财"。世风浇漓，萎靡不振。

沈铭彝知道银贵钱贱，却搞不懂其中道理。台湾学者林满红发现，嘉庆十三年（1808 年）至道光三十年（1850 年），中国市场上流通的白银减少了30%，从而出现银两的"通货紧缩"。与此同时，私铸小钱和外国轻钱的流入，使铜钱的流通量猛增，从而出现了铜钱的"通货膨胀"。那么，这些银子究竟去哪了呢？

中国的白银产量有限，市场上流通的白银主要来自中西贸易。整个 18 世纪，中西贸易的基本结构，是西方列强用美洲白银作为支付手段，换购中国的茶叶、生丝、瓷器等。长期顺差的状态，被大量输入的鸦片打破。鸦片逐渐取代白银，成为英美列强在中西贸易中的主要支付手段。为了购买鸦片，中国市场上的白银大量外流。1800—1834 年间，白银外流的总量多达 2942 万两，甚至比当时国库的存银还多。

另一个不可忽视的因素，就是美洲白银的减产，使全球白银供应紧缺，中国市场也受到了影响。白银外流和减产，成为银贵钱贱的主要诱因。考虑到官府 95%的支出，以及民间 75%的支出，都用白银给付，银贵钱贱的市场影响之大，可以想见。

银贵钱贱的后果是很严重的。以白银计价的农产品和手工业品价格下跌，使这些行业遭受了较大冲击，一方面导致商业活动减少，加剧了市场的萧条；另一方面导致赋税征收艰难，拖欠成为常态，维持官员薪俸和军队饷银已属不易，遑论加薪。量入为出的财政体制，导致吃皇粮者长期不加薪，合法收入与物价无法匹配，对官场陋规的蔓延起到了推波助澜的作用。

## 转型门槛，始终没能跨越

嘉庆二十五年（1820 年），清代诗人龚自珍在一篇题为《西域置行省议》的文章里写道："大抵富户变贫户，贫户变饿者，四民之首，奔走下贱，各省大局，岌岌乎皆不可以支日月，奚暇问年岁！"这就是同年登基的道光帝必须面临的局面，也是沈铭彝所处的时代。一些现代经济史学者将其称为"道光萧条"。

这是一次经济增速下滑的衰退。

按照美国经济学家麦迪森（Angus Maddison）运用购买力平价法的测算，1700—1820 年间，中国 GDP 在全球所占比重从 23.1% 提高到 32.4%，年均增速 0.85%；而欧洲的 GDP 的比重仅从 23.3% 提高到 26.6%，年均增速 0.21%。然而，此后一百年间，中国经济不仅增速放缓，而且比重下滑，到 1900 年时只剩 11%。显然，1820 年是个由繁荣到萧条的转折点。这年及其以后的三十年间，正是道光时期。

这是一次新旧问题叠加的衰退。

乾隆后期凸显的人口膨胀、资源破坏、环境污染、物价上涨、人均耕地面积减少等问题，在道光年间非但没有缓解，反而叠加了气候变冷、银贵钱贱等新问题。这是历代统治者都未曾遇到的新情况，是传统经济增长模式走到极限后边际效用递减的体现。化解这样的新局面，需要决策层既懂经济学，又有大智慧，更有创新思维和进取的勇气。

这又是一次主动寻求改变的机遇。

纵观世界历史，衰退从来都不是世界末日，而是提供了经济结构调整和产业转型升级的历史性机遇。对于道光帝来说，破题之道在主动求变。改"抑商"为"重商"，发展近代工商业，创造更多就业机会，消化人口膨胀带来的生计压力；结束闭关，扩大外贸，获取源源不竭的海外资源，弥补国内市场的流动性短缺；改变人才评价机制，默许发明创造，认可多元发展，杜绝"万马齐喑"，给社会注入积极向上的创新驱动力。

遗憾的是，道光君臣没有这样的见识和勇气。他所重用的大臣，如曹振镛、穆彰阿，以"多磕头少说话"为能事。面对外部世界对中国经济潜移默化的影响，道光君臣倾向于小修小补，做一些倡行节俭、鼓励垦荒之类的事。就连改漕运为海运这样的微改革，都要争论多年，久拖不决。"道光萧条"带来的转型门槛，中国终究没能主动跨越。

历史提供的机遇，"保鲜期"截至 1840 年。其后，中国经济只能被动地卷入全球化浪潮，而这一过程充满艰辛、波折、动荡和屈辱，代价更大、成本更高。

　　乡绅沈铭彝对此一无所知，只是把他在"萧条"岁月的生活和疑惑，通通写进了一本题为《沈竹岑日记》的书里，流传至今，成为我们认识和理解那个时代的一把钥匙。

# 海运或漕运：考验道光的改革难题

图2—13，喜溢秋庭图，现藏于北京故宫博物院。反映了道光一家团圆的生活。然而，道光只是个安于现状的守成君主，既想力挽狂澜，又不想打破祖宗家法。

道光四年（1824年）冬，洪泽湖大堤决口，湖水四下漫溢，泛滥成灾。对于朝廷来说，水灾固然糟糕，但更可怕的是：运河断了。

京杭大运河，人工开凿，堪称人间奇迹。它犹如长长的纽带，一头连着政治中心北京，一头连着"苏湖熟天下足"的江南。每年都会有三四百万石粮食从苏杭启程，经由这条纽带运往京城，满足帝都百万居民的消费需求。

这样的运输方式称为"漕运"；南方运来的这些粮食称为"漕粮"。

从元朝到清朝，漕运延续了几百年，运输模式几乎从未改变过。

毫无疑问，漕粮是朝廷的财神爷，运河是朝廷的生命线。运河一断，意味着京城漕粮供应中断，并可能动摇大清江山的经济根基。

这个棘手的难题摆在了道光帝面前。

# 漏洞百出

进入 18 世纪，运河越来越脆弱，围绕运河而生的漕运体制也是弊窦丛生。

——淤塞。京杭运河纵贯南北，既沟通了各大水系，也饱受黄河水患之苦。清前期黄河连年决口泛滥，运河河道不仅屡受冲废，而且卷进大量泥沙，日益淤积，河床抬高，反过来使黄河频繁倒灌。洪泽湖大坝一旦坍塌，就无法蓄积足够的水量和水位，漕运船只将被困住。由于治理不力，江苏境内的运河河道几度淤塞，运输越发艰难，年复一年，漕粮抵达京城几乎越来越迟。

——"浮收"。在漕运过程中，损耗在所难免。官府不愿承担，便将其摊派给百姓。有时，征粮官故意使量斗装满冒尖（称"淋尖"），还用脚使劲踢量器（称"踢斛"）。这样，容器装得更多更实，踢洒在外的粮食就被中饱私囊。有时，征粮官在规定数外直接多收 40%—50%。如果农民拒不交纳，便会被扣上"抗粮"的帽子。斗不过官府，又不愿认栽的农民，要么买通有权有势的人代为交纳，要么把粮食保护起来等待验收。如此一来，征粮官摊派不成，便软硬兼施，激起民众不满，"闹漕"事件不断。

——缺钱。漕粮开拔，需要兵丁押船护送。官府支付的全程运费只有每船 300 两，标准多年不变。随着物价上涨，早已脱离实际，根本不够用。为了补足差额，有的兵丁随船夹带南北特产，走私贩运，牟取暴利。然而，由于运河淤积，水深不足，船只超载私货，有搁浅的危险。官府遂严禁兵丁夹带私货。这样一来，差额依旧，兵丁们只好向沿途官府摊派，并将这笔钱最终转嫁给老百姓。

——冗员。乾隆以来，朝廷为了筹集战争经费，以捐官为名卖了许多顶戴。这些新官来到省里报到，无缺可去，一般都塞进漕运系统，搞得人满为患。有些官员无事可做，照样领取俸禄；有些官员干起了营私舞弊、中饱私囊的买卖；还有些官员不务正业，整天想着以此为跳板升官发财。这些人逐渐成了漕运弊政既得利益的维护者。

这些问题朝廷何尝不知。可是，朝廷准备用什么办法来应对呢？

# 海运争论

就在道光帝为此苦恼之际，协办大学士、户部尚书英和送来一份《筹漕运变通全局疏》。其中说，为今之计，只有"暂雇海运，以分滞运，酌折额漕，以资治河"。他给漕运危机开出的药方是：雇佣商船运送漕粮，准许商船在运粮的同时携带货物。

英和的治理理念，用今天的话说，就是社会服务民营化、市场化、商业化，通过购买社会化的服务满足公益需求。购买渠道不拘一格，实现过程向民间适当放宽和让利。

他知道，许多官员反对海运，理由有四：风大浪急、海盗出没、粮食易霉、成本较高。针对这些议论，英和给出的答案是海运"四善"：雇商分运，不致歧误；脚价从漕费拨付，无须另筹；准带商货，商必踊跃；洋面安静，必无意外。

对于那些反对者，他在奏疏中提出了质疑：海上年年都有商船往来，为何没听说过船毁人亡的事？运河里也多有险阻，历年都有船只遇险沉没，船夫家破人亡，岂能只能海运有危险，漕运就没事吗？

事实上，到道光年间，中国发展漕粮海运的条件已经日趋成熟：

——安全。清代中国商船经常往来北方沿海，了解海情风信，运输路线日趋清晰。这就降低了海运的气象风险。

——方便。江浙沿海广泛使用沙船（即平底船）运输货物。这种船的船底有甲板，船旁有水槽，其下有承孔，"水从槽入，即从孔出，舱中从无潮湿"，载重量达到几百石。

——图利。当时，沙船由北向南航行称为"正载"，将东北的豆麦贩运到南方；由南向北则是装载茶叶布匹，一旦装不满，就称为"放空"。由于沙船吃水浅，为避风浪，确保安全，船向北行至吴淞口，会取泥压舱。如果投入海运，就省去了这一环节，而且官府给运费，允许携带自营商货。有利可图，节约成本，船主自然乐意。

显然，朝廷和船商可以在海运试点中获得双赢。

既然漕运难以为继，海运优势明显，道光决心一试。

他先后出了三招：

第一招是人事调整。重用英和，并将主张海运的琦善和陶澍，分别被提拔为两江总督和江苏巡抚。对海运并不热衷的两江总督孙玉庭、漕运总督魏元煜，竭力挽救漕运，结果收效甚微，还赔了百万两银子，被革职拿问。各地督抚见此，纷纷上奏，支持海运。海运改革的舆论阻力暂时消除了。

第二招是招商运粮。陶澍在上海召集船商，约定日期，兑换漕粮。他还列举了海运对船主们的好处：漕粮已兑，沙船不致等候；载米给价，不致赔累；任听放洋，不致掣肘；春初东风盛行，不患风涛；管运不管交，不患收米勒；准捎客货及前往奉天装豆饼，多有利润；奏请奖励，名利双收。他郑重承诺："一切便宜，断不稍滋牵累"。

第三招是议定章程。陶澍等人拟定了《海运兑收章程》，其中规定，沙船运送漕粮，酌给耗米；漕粮无故缺损，令船主赔补；验米交米，专派大员经理；海运漕粮，饬沿海水师巡防；海运船商，分别奖叙；河运漕船，酌加调剂。所有运费由官府和船商面议商定，在漕粮上船时发放。出台《大通查米章程》，规定送漕粮的商船只准携带 20% 的私人物品。

三板斧下来，由于措置得当，许多船商踊跃报名参加漕粮海运。陶澍很快就雇到了 1000 多条沙船，跑两趟就可以装 150 多万石粮食。船凑齐了，陶澍决定成立上海海运总局，具体负责漕粮海运事宜。


# 昙花一现


道光五年（1825 年）夏，海运试行正式拉开帷幕，地理范围是江苏的四府一州。

　　为争取商人的积极性，官府对应募商船作出免税、优价、奖励等承诺。为确保海运畅通，上海在设海运总局的同时，还在天津成立了转运局，查验运粮。

　　沙船以州县为单位，分别悬挂各色旗号。州县按旗色区分，交纳漕粮。船上铺席盖草，便于防潮。每天都有 90 多艘商船前来兑换漕粮。只用了一个月时间，海运就将 123 万石运往北方。在当时的技术条件下，这个速度已经非常惊人。参加运输的船只多达 1955 艘，目的地直指天津。

　　海运从策划、协商到举行，耗时八个月，不仅所有船只安然无恙，大米损耗数量很少，确保正额"颗粒无损"，而且运输效率高，省了不少钱。这样的成果令道光颇为欣慰。

　　道光六年（1826 年），陶澍奏陈《海运章程》八章，打算把海运机制化，坚持下去。然而，这份建议刚送到户部就被束之高阁。次年，两江总督蒋攸支持陶澍主张，奏请续行海运，却招致道光的一顿申斥。

　　道光发布了一道上谕，其中说道："朕思海运，原非良策，以今年河湖情形而论，本不可行"。主张坚持海运，属于"自卸干系，巧占地步，止顾目前，于国计并不通盘筹划，试问为国乎，为身乎"！在漕粮海运高歌猛进的当口，道光的这番话无异于晴天霹雳。

　　显然，道光没有把海运视为一次改革契机、一种战略工具，而只是替代漕运的"权宜之计"。在道光眼中，漕运仍是南粮北运的主渠道。这样，海运只能停留在"尝试"上，无法形成常态化机制，从而无法推动形成具有近代色彩的主权意识、海疆意识和军事战略意识。

　　道光是个安于现状的守成君主。希望扭转王朝倾颓的局面，但又不想打破祖宗家法。因此，他的改革总在"守"与"变"之间走钢丝。面对祖宗家法，他选择"拘守成例，不敢稍有变通"；面对新鲜事物，他刚探出脑袋，又缩了回去。

　　令道光无奈的，是漕运利益集团无休止的呼吁。海运一旦形成规模和惯例，运河将门庭冷落，陷入荒废。漕运也会随之失去市场，管理漕运的官员就将被裁撤，漕运船只上当差的兵丁则可能生计无着，甚至无处安置。因此，为了饭碗，他们坚决抵制海运。有人在海运途中向漕粮掺杂药物，使粮食迅速发霉变质，以此说明海运的不可靠。

令道光担心的，是运河衰落导致朝廷对江南控制力的减弱，以及漕运中断导致众多靠此谋生的群体陷入失业，危及社会稳定。政治和经济的双重顾虑，让他不得不停下改革的脚步。漕运改海运的试点就此终结。

在道光年间"多磕头少说话"的舆论氛围里，皇上说了不，大家也就不敢再建言。于是，一切恢复如常。南方的粮食仍然要历尽艰险，旷日持久，从苏杭运到京城。各省每年解送进京的漕粮日渐减少，仓储积存日渐空虚。京师地区的粮食供应危机非但没有缓解，反而更加严重。

道光二十六年（1846年），道光看到商人取道海路，从南方贩卖大米到天津，业已司空见惯，觉得漕运效率实在太低，只好下令恢复海运，将其作为一种辅助的粮食运输形式。十几年后，随着轮船的引入，海运的速度更快、运输量更大、安全性更高，逐渐取代漕运成了漕粮运输的主渠道。咸丰五年（1855年），黄河发生改道，不再夺淮入海。致使江苏境内的运河河道枯竭，漕运逐渐中断。

很显然，真正促使运输方式发生革命性变革的，是科技创新驱动和客观地理条件的变化。道光主推的这场海运改革，并不彻底。显然，改革不能停，否则有可能前功尽弃。

20世纪初，早已有职无事的漕运总督，在清末新政的吏治改革中被裁撤。一个时代就此终结。2014年6月22日，京杭大运河作为"文化遗产"被列入"世界遗产名录"。

# 人满为患：乾隆大帝的世纪心病

图2—14，姑苏繁华图卷——水运商贸（部分），现藏于北京故宫博物院。人口增长是传统社会经济繁荣的表现形式之一，但人口膨胀又让乾隆帝无所适从，成了他的心病。

乾隆五十五年（1790年）八月，乾隆帝度过了他人生中最后一个"逢十"的大寿。

举国欢庆的气氛尚未消散，礼部侍郎尹壮图的一份奏折，一下子将这位耄耋老人从盛世迷梦拖回现实。尤其是其中一句话，令他虽然又气又急，但又不得不直面：

"臣经过地方……商民半皆蹙额兴叹，各省风气，大抵皆然。"

商民"蹙额兴叹"的事中，就有"生齿日繁"带来的社会问题。这年，中国人口突破3亿大关。几千年来鼓励生育的做法，在18世纪末遭遇到了前所未有的挑战。该怎么办？全中国、全世界都在看这位十全老人。而他也是一筹莫展。

# 人口爆炸惊煞"十全老人"

乾隆六年（1741年），清王朝进行了新一轮人口普查。

以前，朝廷只统计"人丁户口"，也就是16—60岁的所谓"成年男子"。这次变化很大，是要"会计天下民数"。无论男女老少，都要统计进去。

看到14341万人的最终数据，乾隆帝又惊又喜：就在他刚接管这个帝国之时，"人丁户口"只有2700多万。不过几年光景，这涨得也太快了吧？

没错，不仅是清朝，这也是中国历代官方人口数据第一次突破"1亿"关口。对于靠充沛劳动力打造盛世的农业国家来说，人多意味着可持续的繁荣。

乾隆帝很清楚，人口数据巨变，得益于统计口径的变化。不过，接下来的事让他慌了神：只过了半个世纪，全国人口就连上2亿和3亿两个台阶，甚至奠定了今天中国十几亿人口规模的基础。

对乾隆帝来说，这么多人，如果跪下来磕头，那场景是何等壮观；可是，等他们都行完三跪九叩礼，站立起来，那就是无数张等着吃饭的嘴啊！皇帝不能光享受"山呼万岁"的快感，还必须承担起养活亿万"子民"的责任来。

养人，就是要让大家吃饱饭，至少饿不死。可是，赖以养活他们的耕地数量，却不增反减。官方数据显示，雍正十二年（1734年）耕地数量是820万顷，到了乾隆四十九年（1784年）只剩700万顷。虽说新增垦田朝廷不统计、不征税，但据估计，乾隆末年全国耕地数量不过1000万顷，人均耕地从雍正年间人均8亩降到了3亩。显然，耕地增幅赶不上人口增幅。

人口数量为什么会涨这么快？多出来的人靠什么养活？乾隆帝百思不得其解。

# 全球化塑造超级人口红利

对于乾隆年间人口激增，史学界曾将"摊丁入地"改革列为主要诱因。事实果真如此吗？

历代帝王粉饰盛世的常用举措，就是"轻徭薄赋"，即减税。清王朝也不例外。康熙五十一年（1712年）三月，朝廷就做出了一项重要决策："海内承平日久，户口日增，地未加广，应以现在丁册定为常额，自后所生人丁，不征收粮税。"

简言之，就是朝廷将西汉以来按人丁征收的丁税（人头税）进行了总额固定，即康熙五十年的2462万丁，300万多两银子。今后无论人丁增加多少，人头税只收这么多。历史上将其称为"滋生人丁永不加赋"。

雍正年间，干脆把人头税征税的渠道改了。以前还要数人头，现在直接摊到田亩里，跟土地税绑在一起征收。这就叫"摊丁入地"。对官府来说，征税对象固定，统计便捷；对百姓来说，如果没有土地，就不用交人头税，减轻了穷人的实际税负。

从有征税的那天起，纳税人就在琢磨着如何避税。当时规避人头税的最佳途径，就是隐匿人丁，使成年男子不纳入朝廷的户籍册，成为"黑户"。如今，人头税没了，继续当"黑户"就失去了避税的意义。于是，到乾隆六年全国人口普查时，许多"黑户"都借机转正。"摊丁入地"对清代人口增长的意义，主要是"洗白"黑户，坐实存量。

然而，人头税的废除，不能直接刺激生育率增长。人头税的覆盖面，只是成年男子，而且人均税负远低于土地税。老百姓犯不上为避税而少生，也不会因人头税废除而突然多生。乾隆年间的人口激增，跟"摊丁入地"的关系其实并不密切。

乾隆年间的人口激增，当然离不开具有中国特色的四大要素，即社会安定、自耕农增加、轻徭薄赋和延续香火的传统观念。特别在那个医疗条件不发达、婴儿死亡率较高，又急需更多劳动力投入来维系生计的时代，多生孩子成了人们的必修课。这些要素历代都有。不过，乾隆帝似乎忽视了 18 世纪相对于前代的独特要素，那就是全球化。

清前期，人们并不懂得"全球化"的概念，却在深刻感受着全球化带来的福音。

康熙三十二年（1693 年），康熙皇帝身染疟疾。在当时的中国，这是不治之症。用药无效，病入膏肓。这时，法国传教士洪若翰进献了金鸡纳霜。康熙帝觉得，反正难逃一劫，姑且试试，如能起死回生，那就赚了。于是力排众议，直接服用。没想到，药效不错，病情扭转，逐渐康复。金鸡纳霜治疗疟疾的口碑也就传扬开去。

清初的另一绝症，就是天花。顺治帝每年都要到南苑驻跸，名为打猎，实则避痘。唯独董鄂妃去世那年，守灵超度，闹腾出家，没有避痘，染上了天花，英年早逝。康熙帝幼年染天花而未死，不仅终身免疫，而且让顺治君臣深信他有神灵护佑，故而才被指定继承帝位。皇帝尚且深受病症困扰，何况普通百姓？康熙年间，种牛痘的技术从西方引入，得到了朝廷的大力推广，天花的发病率和死亡率显著降低。

全球化带来的，不光是医疗技术的进步和死亡率的降低，还有饮食结构的巨变。

地理大发现以后，美洲的大量资源，经由中西贸易流入中国。这里面不光有每年数百万两白银，还有美洲的高产作物，比如甘薯、马铃薯和玉米等。

明朝万历八年（1580 年），广东东莞人陈益到安南（今越南）做生意，两年后回到家乡。或许是在当地吃过甘薯，尝到了甜头，就顺便把当地的甘薯种子也带了回来，在东莞试种成功。随后，这种作物就向北方推广。甘薯的种植成本低、成活率高、产量较大，不仅丰富了百姓餐桌，而且成了荒年充饥的首选。有些地方还流传着"一季红薯半年粮"的谚语。马铃薯和玉米，大致也有类似功效。

虽然乾隆年间水旱灾害依旧不断，饥荒也时有发生，但饿死人的案例则少了很多。耕地增量赶不上人口增量，却能养活这么多人，靠的主要就是这些高产作物。

既然全球化催生了承载众民的超能力，那么乾隆帝何必为人口问题"蹙额兴叹"呢？

## "人多力量大"背后的生育危机

在人们的印象中，大漠孤烟的北方，地广人稀；鱼米之乡的南方，地狭人稠。这个印象似乎没错。不过，在乾隆时代，南方的人口增幅真的比北方大吗？

按照美国学者全汉昇和王业键测算的数据，1761—1850年，全国人口增长了117%，而江苏和浙江只增长了91%和95%，明显低于全国平均水平。太湖流域的州县，人口增幅只相当于江苏、浙江全省的2/3，人口自然增长率只有3‰左右。

按说，作为经济发达地区的江浙，民间理应有财力养活更多的孩子。为什么人口增幅反而低于全国呢？

早在明后期，冯梦龙就提道："生一男一女，永无增减，可以长久。若二男二女，每生加一倍，日增不减，何以养之？"冯梦龙提出的这个"一对夫妇只生两个好"的主张，其实就是针对江浙地区地狭人稠的现状而论的。

到了乾隆年间，人口问题已经成了影响生活质量的大麻烦。常州人任启运深有感触地指出："身生子，子又生孙，齿日繁，粮日困，亦必然之势也。"像洪亮吉、汪士铎这样的江南学者，更意识到人口增长导致的生活贫困和社会动荡。他们的一致结论是：要想避免生活水准下降，由富返贫，就必须控制人口增长。

这些主张虽然没有打动皇帝，却让许多江浙地区的富裕阶层接受。于是，一些减缓人口增长的"高招"就冒了出来。

溺女婴，是江浙地区的民间恶习。这么做的直接后果，就是人口性别比失调。根据官方统计的数据，嘉兴府 1769 年的人口性别比为 138.3，1789 年为 136.5，1799 年为 136.0，始终处在失调状态。男多女少的性别分布现状，只能让许多男性推迟婚期，甚至催生嫖娼和男同。清代江南地区不仅嫖娼之风盛行，而且男同性恋现象成为士绅阶层的公开时尚，导致男性不婚、不育的意愿和比率提升。

"养儿防老"本是中国社会的传统生育观念，但在清代江浙地区发生了变化。一些富裕起来的阶层，反倒坚信有钱就能养老，这在某种程度上也降低了生育意愿。正如李渔在小说《连城璧》中所说，"银子就是儿子了，天下的儿子，哪里还有孝顺似他的"。

江浙地区经济条件的不断改善，给婚姻大事带来的直接影响，就是结婚成本太高。康熙年间江浙学者陈确，为子孙规定的婚娶费用标准，是男子娶妻 40 两，女子陪嫁 30 两。要知道，陈确的生活还算简朴，这个费用标准充其量只是江南小户人家的档次。

除了办婚礼、送彩礼之外，很多家庭都要为新婚夫妇置办新房，费用至少又要几十两。相对于年纯收入只有三五两银子的江浙工农来说，不啻倾家荡产。许多人只能晚婚，或者干脆不婚。

还有两个不可忽视的因素，一是人头税废除后，人丁管理失去了计税意义，便不再严格。许多工匠、商人的流动性增强。他们外出打工做生意，无暇顾及婚事，或长期远离家乡的妻室，婚期和孕期都会推迟。二是堕胎、避孕和绝育方法的使用，在乾隆时代的江浙地区，范围远比想象的要广泛。

如果全国的人口自然增长率都能保持年均 3‰，恐怕中国不会人口爆炸，也不会有 20 世纪 70 年代以来的计划生育政策。可是，现实并不简单。

富裕的地区，人们不敢生，不愿生，而在湖广、河南、直隶等生活质量相对较低的省区，生育率又比较高。他们为了养家糊口，有的成群结队进入四川、两广等人口稀少的区域垦荒谋生，有的进入深山老林，伐木造屋，开荒种地。可是，这里的土地贫瘠，亩产较少，食不果腹。他们本可依靠工商业发财致富，改善生活，但朝廷对矿产开发和海外贸易的限制，使他们开辟新职业的渠道狭窄。

于是，有些人选择了信教之路，跟着白莲教起义跟朝廷分庭抗礼；有些人选择了破坏之路，用掠夺式的开发满足一时之生计，造成了长江中上游的生态灾难。无论是哪条路，带来的恶果都难以挽回。

富省少生，穷省多生，人口问题的复杂性，令乾隆君臣不知所措，无法为这个死结找到破解之道。他带着这样的心病离去，而留给后世的，仍然是一道难解之题。

# 功成身退：广州巨富叶上林的商海浮沉

清道光二年（1822 年），广州城外西关。

浓浓黑烟，遮天蔽日。熊熊烈火，延烧三日。这片店铺林立的繁华之区，"毁民舍数千，男女民夷，焚死百余"。十三行"洋银熔化，白花花满街流淌，竟流出了一两里地之遥"。商贾损失惨重，外贸难以为继。

图 2—15，1786 年的广州商馆区风貌，油画，威廉·丹尼尔速写。叶上林与商馆里的英国商人经常打交道。

就在大多数富商顿足捶胸之际，同是大户的叶家却出奇地平静。十几年前的功成身退，使掌门人叶上林跳脱了"以势交者，势倾则绝，以利交者，利穷则散"的尴尬困局。

## 创业：并非人人都可以

南海县，毗邻当时中国唯一的通商口岸广州。因此，虽然渺小，却也出了不少名人，比如康有为。叶上林也出生在这里。他走入职场的第一份工作，是给富商潘振承的同文行当账房先生，相当于财务总监。

不要小看这份工作。在官府指定承接外贸业务的"十三行"里，潘振承的同文行是翘楚，平台高，现金流充足。在这样的企业供职，起点高，见识广。在这里，他跟不少行商、外商和官员搭得上话，混得很熟。

其实，叶上林不甘于寄人篱下。只要有机会，他会选择单干。乾隆五十七年（1792年），他离开同文行，准备独闯天下。然而，由于资金实力不足，又没有行商执照，他只好跟一个名叫石中和的行商合伙做外贸生意。

只过了三年，石中和就因资金链断裂，无力还债而破产。叶上林也跟着背上了麻烦，来家讨债的人多达数百号，根本接待不过来，而家里的库存早已空空。

就在一筹莫展之际，以前的好人缘帮了他。有外商出手相助，直接送钱，帮他还掉了几笔催逼最紧的欠债。第二年，叶上林的生意好转，不仅还清了债务，而且创办了义成行，开始独立发展。很快，义成行拿到了行商执照，加入了十三行行列。

劫后幸免的叶上林，本来没什么本钱，是靠什么迅速起死回生的？外商出手相助的作用真的这么大吗？

其实，外商赠款只有3000银圆，对还债来说无异于杯水车薪。关键还得靠自己。

翻阅叶家的家谱，我们惊讶地发现：叶上林的儿子叶梦龙和潘有度的儿子竟然是"表兄弟"！潘有度是潘振承的儿子，后来接替潘振承当上了同文行的掌门人。叶家还跟卢观恒、伍秉鉴等十三行里的富商沾亲带故。于是，这些家族就靠亲情形成了"互助组"。谁家有难，其他几家都会出手，真心帮忙，倾力相助。

石中和破产那年，叶上林向潘家借钱，凑够资金来订购福建运来的茶叶，为来年卖个好价钱。潘家二话没说，鼎力相助。因此，潘振承请叶上林来当同文行的财务总监，一点都不奇怪。在叶上林创业的那些岁月里，他经常打着这些富亲戚的旗号，用他们的行商执照，跟英国东印度公司和丹麦亚洲公司做买卖，取得了不菲收益。

## 扩张：抓住机遇谋发展

就在叶上林挺过危机后不久，广州外贸市场发生了两件事。

第一件事，就是破产潮。清廷实施一口通商政策以来，规定外国商船必须在冬季到来时离开广州回国，不管货物有没有卖完，也不管钱款有没有结清。这样，就容易出现商业欠款。欠债的次数多了，商欠就像滚雪球一样越来越大。这样的巨额商欠，压垮了一批先前看起来经营不错的行商。石中和就是其中之一。18 世纪末，行商破产的现象层出不穷。

跟破产行商不同，叶上林已经恢复了元气，掌握了一定的现金流。他挑选了一些资质不错的破产行商，接手他们原有的贸易份额。一方面，让这类企业起死回生，另一方面，抢占市场，迅速坐大。到嘉庆二年（1797 年），叶上林跟东印度公司的贸易额翻了一番，其后仍保持持续增长。可以说，破产潮给了叶上林"抄底"的机会。

第二件事，就是现金流。吃了石中和破产事件的亏，叶上林长了记性：生意场上立足不败的关键要素，就是拥有充裕的现金流。因此，他只做可以直接收现银的生意，绝不进口他自认为市场前景不佳的货物，总之，快速出货，快速周转。这让他的财务状况迅速好转。英国东印度公司对他给予了很高的信用评价，这也使他的洋行客户盈门，生意不愁。

19 世纪初，叶上林已经坐拥了千万银两的资产。他的经营范围既有输出生丝、茶叶、木材等原料品，也有输入糖、烟、酒、五金、百货等生活物资。他的名下不仅有粤海关授权经营外贸的义成行，还有纶聚号等多个商号，俨然一家进出口集团公司。更令人惊讶的是，他连机器、石油、鸦片、军火等战略物资和违禁品都敢进口，真是无利不起早。

尤其是茶叶出口，几乎成了叶上林牟利的看家资源。

英国人把喝茶当作社会时尚，对茶叶非常挑剔。叶上林祖籍婺源，当地出产的绿茶深得英国人认可，被称为"中国茶品质之最优者"。因此，他把祁红、屯绿、松萝、珠兰等婺源茶进行精加工后运到广州，被英国公司将其认可为上等品，然后理直气壮地高价卖出去。当时茶价昂贵，有"掷银三块，饮茶一盅"的说法。显然，这是一座金矿。

精制茶叶，只是叶上林商海生涯中的一面镜子。事实证明，他也已跻身广州富豪行列，而且完全有能力继续扩张市场份额和公司规模。可是，人们突然发现，他开始谢绝英国东印度公司送上门的合同，减少与丹麦人的生意往来。嘉庆九年（1804年），他竟突然宣布退出商界。这究竟是怎么回事呢？

## 退隐：弃商从文养天年

对于多数成功人士来说，很难在事业最辉煌的时刻见好就收、急流勇退。叶上林主动退出商海江湖，理由也很奇葩："母寿益高，则辍业养，日夕依依，暇仍励学。"也就是说，是因母亲年事已高，必须朝夕陪伴。挣钱与孝顺不可兼得，他选择了后者。

叶上林的确是个孝子。他的父亲死得早，跟母亲相依为命多年。母亲没有改嫁，而是含辛茹苦，将叶上林培养成才。发家之后，叶上林不忘回报恩情。为了腾出更多时间陪母亲安享晚年，他不惜放弃行商的牌照，不再做买卖了。

当然，叶上林的退出，也不只是因为尽孝。有时候，逢高减仓、落袋为安，未尝不是一种明智的选择。而粤海关也异乎寻常，非但没有极力挽留他，反而直接批准了他的辞职报告。要知道，伍秉鉴和潘振承也曾多次辞职，全都被粤海关驳回。相比起来，还是叶上林在官场的人脉深厚，关键时刻，才见效力。

告别商界，叶上林迅速完成了身份转型，变成了一个彻头彻尾的"文学老年"。他喜欢别人叫他叶廷勋，这是他的新名字，表示要跟以前的商人生涯区分开来；更喜欢别人称呼他的笔名"花溪老人"，因为他真的热爱写诗；如果有人造访他的书斋，他一定会吹一吹这间"梅花书屋"，该是多么典雅。

告别商界，并不意味着财富的缩水。相反，叶上林在广州西关广置豪宅，把享受生活的图景和惬意写进了他的《西关竹枝词》里：

"西园春事剧繁华，春到园林处处花。

花事一随春色去，朱门休问旧人家。

一围杨柳绿阴浓，红尾旗翻认押冬。

映日玻璃光照水，楼头刚报自鸣钟。"

很遗憾，这样闲适的退休生活只维持了五年，他便撒手而去。叶上林的后裔，没有继承他的经商事业，而是守着家产，潜心学问。这反倒让叶家在19世纪广州十三行的集体衰退中从容不迫，逃过了一劫。

# 何锡之死：左右摇摆的清代矿政

图 2—16，隆宗门及箭头。清廷对基层社会的防范和管制从未放松，在经济发展与政治稳定发生冲突时，宁可"先政后经""只政不经"，从而使私营经济屡屡遭受打击，何锡就是牺牲品之一。然而，这依然无法阻止秘密社会的发展壮大。1813 年的紫禁城之变和隆宗门上的箭头，就见证了清廷对基层社会的管制已有失控。

康熙四十三年（1704 年），广东海阳县大牢关押着一名囚犯。他叫何锡，是个矿商，在这里已经待了四年。受尽折磨，精疲力竭，病痛缠身，深感绝望。直到生命的最后一刻，他仍不解：朝廷既然允许私人开矿，为何出尔反尔，抓我入狱呢？

远在数千里之外的北京，康熙帝看到何锡"庾死狱中"的消息，长叹一声。对于开矿问题，他举棋不定，导致清廷的矿政左右摇摆，政策飘忽不定，令人无所适从。他究竟有哪些顾虑？朝廷对采矿事业究竟打算怎么办呢？

# 私人采矿：上裕国课，下养穷黎

金属矿产，是清代潮州的特色资源。《周礼·考工记》就对"粤之锡"有记载。潮州是广东锡矿和铜、铁、银、铅等矿产资源较为集中的区域。唐宋以来，私人采矿的案例层出不穷。官府态度相对开放，收点税就默许了。明代万历年间，潮州的海阳、揭阳、程乡、大埔、平远五县共有冶铁厂65座，"每年听各县商民采山置冶"。每座冶铁厂每年缴纳税银23两，充作军饷。清承明制，允许私人采矿，但要向官府纳税。

习惯于"一限了之"的清廷，为什么会对采矿业网开一面呢？雍正年间的两广总督孔毓珣道出了原委：

"查广东田少人多，穷民无以资生，铅锡等矿原系天地自然之利，所以资养穷民。臣愚以为弃之可惜，不如择无碍民间田地庐墓出产铅锡之场，招商开采，俾附近穷民可藉工作养生，并堪收课饷，实系有益无损。"

一方面，广东人多地狭，开矿既是百姓谋生的新渠道，也给农村剩余劳动力提供了新的就业岗位；另一方面，官府可以从中收税，增加财政收入。用继任两广总督鄂弥达的话说，"就近开铸，则上裕国课，下养穷黎，流布钱文，通济邻省，莫有便于此者矣"。

承包矿山有利可图。既然朝廷允许，那么申请开矿的商人就多了起来。何锡就看中了海阳县仲坑山的两座铅矿，分别名叫号排、员墩。

为了拿到经营资格，他主动登门拜会知县老爷，商量承包经营的事，达成合作意向：何锡获得为期20年的开采权，每年向官府缴纳5万两银子。户部提供了批文。

这是一个两全其美的好事。何锡找到了致富捷径，官府多了个财政进项。比起万历年间的矿税，清康熙年间的海阳县衙，这样收钱更划算，占了大便宜。要知道，当时全国的财政收入不过3000万两银子。单凭两座铅矿，海阳县就能跻身"百强县排行榜"。

不料，双方的合作刚维持了几年，就爆出了裂痕。这又是怎么回事呢？

## 何锡事件：纠缠不清的利益之争

清康熙三十九年（1700年），内务府将一份奏疏送到了康熙帝的书案上。奏疏里记述的，正是何锡和县衙之间的利益纠葛。

何锡的经营能力确实惊人。几年光景，他的矿业帝国就迅速扩张，注册矿工多达13万人，矿区宛如集贸市场，几百个采矿点开足马力，加紧采掘，一派热火朝天的生产景象。

如果知县老爷看到此情此景，一定喜不自禁。矿区越热闹，矿税收入越有保障。可是，到了年底结算的时候，何锡却告诉他一个新情况：这两座矿山的铅矿储量不足，无法完成每年5万两银子的矿税任务，只能缴纳2万两。他请求把长乐县的剑公坑也承包过来，这样就能弥补纳税的缺项了。

知县听罢很生气，但他沉得住气，没有马上表态，而是派人暗中查访，了解内情。很快，他获悉了三个重要情报：

第一，何锡承包的名为铅矿，实为银矿。毕竟，银子是国家法定货币，是硬通货。何锡振臂一呼，众多好利之徒蜂拥而至，甘当矿工，其实都是为了借机牟利，发一笔财。

第二，开张以来，何锡获利丰厚，发了大财。"每年获利不下八九万两，除完公外，尚多羡余，自奉奢侈，广行结纳。乃故意欠饷，藉口补解，希图展延，以遂其垄断之计"。

第三，何锡招募的十几万矿工，长期集中开采，"聚散不常，明来暗去"。仲坑山背山面海，地形险要，易守难攻，一旦在此聚众闹事，后果不堪设想。

他最担心的，是这些矿工"以狡黠之徒，倚负隅之势，窃劫奸淫，无所不有"。跟收税相比，"获敉宁之益，绝意外之虞"，维护社会稳定，对地方官更重要。

于是，知县将这三个情报逐级上报，并由两广总督形成奏疏，呈到了御前。广东方面的建议，是取缔何锡的采矿资格，查封矿山，遣散矿工，"限以月日，听其出山，不许再入"。至于何锡本人，奏疏建议由户部严加查办，追索欠税。

这回，何锡真的遇到麻烦了。

## 两次转变：清代矿政的后遗症

矿工大量聚集，令康熙帝十分警觉。明代末年，朝廷派到地方大量矿监，横征暴敛，多次激起民变，削弱了明朝在基层社会的统治。这些历史教训记忆犹新，他当然不希望重蹈覆辙。因此，必须在赚钱和稳定之间做出选择。

康熙帝选择了稳定。

康熙四十三年（1704年），清廷颁布谕旨，对奏疏里的建议表示认可，宣布永久关闭何锡承包的两座矿山。何锡本人则因欠税收监入狱，直到他病死狱中，拖欠的税款也没还清。至于何锡跟官府达成的20年承包意向，几年光景，就全部作废了。

我们可以指责清廷缺乏契约观念，也可以批评何锡过于唯利是图。可是，收紧矿业政策的做法，在同时期并非个案。康熙四十三年（1704年），江西商民萧宗章呈请开采南源山等处的铅矿、锡矿，奏疏报到御前，康熙帝的朱批口气很强硬："闻开矿之事，甚无益于地方，嗣后有请开采者，俱著不准行。"康熙五十年（1711年），湖南多处铅矿由于"山深谷邃，境通黔粤，苗瑶杂处，开采不便"，也被"永为封禁"。此后几年，河南、云南、四川的矿场也被先后关停，全国各地的矿业生产急剧萎缩。

"由弛到禁"的大转变，让许多靠采矿谋生的民众措手不及，苦不堪言。直至乾隆年间，由于国家需要大量黄铜铸造钱币，以及生活用煤的需求增加，云南铜矿和各地煤矿的开采，才逐渐解禁和恢复。然而，其他有色金属的开发仍处于封禁状态。

清廷对矿产资源的开发，只考虑风水好坏，不考虑经济价值。这种"万马齐喑"的局面持续到道光后期，由于府库枯竭，为了广开财源，才被迫放开民间开矿。可是，这"由禁到弛"的转变来得太晚。面对西方列强对中国矿山资源的蚕食，清廷行动迟缓，坐失先机。矿山利权的丧失，成为19世纪末空前民族危机的重要表现。

# 一命一抵：礼炮误伤引发的争端

1784年11月24日，广州黄埔港。

作为本年度在中国做生意的最后一艘英国散商商船，"休斯夫人"号的到来，引得岸边许多中国人的欢呼。毕竟，在大家眼中，它会把岸边堆满的生丝、茶叶买走，只留下白花花的银圆。

图2—17，黄埔锚地风景，西方船只多停泊于此，油画，友官画于约1850年，现藏于美国麻省萨勒姆皮伯第·伊赛克斯博物馆。

在隆隆的礼炮声中，"休斯夫人"号缓缓驶入码头。

清朝朝廷设在广州的粤海关确有洋船入港时鸣放礼炮的惯例。不过，那要等岸上的大清军队鸣枪欢迎后，洋船再鸣炮还礼。可这次，或许是被岸上的热烈气氛感染了，船长威廉斯竟然没等岸上枪响，就抢先下令开炮了。

炮声没停，威廉斯猛然发现，岸边驳船上一片混乱，怪叫声不绝于耳。过了一会儿，有三个人浑身是血被抬到岸上。威廉姆斯心中一紧：难道礼炮击中了驳船上的工人吗？

不幸的是，他的担心就是事实。虽然肯定是误伤，但二死一伤的惨剧，令威廉斯头皮发麻。接下来，等待他和"休斯夫人"号的，将会是怎样的命运呢？

## 紧急状态下的交涉

还是在四十多年前的 1743 年，两广总督策楞处理一起葡萄牙人殴毙华人的命案时，乾隆帝就有明确谕旨：

"嗣后在澳民蕃，有交涉谋害斗殴等案，其罪在民者，照律例遵行外，若夷人罪应斩绞者，该县于相验之时讯明确切，通报督抚详加覆核。如果案情允当，该督抚即行批饬地方官，同该夷目将该犯依法办理，免其交禁解勘。仍一面据实奏明，并将招供报部存案。"

也就是说，刑事案件的涉案人员，不分国籍，一律执行"以命抵命"的处理原则。

既如此，"休斯夫人"号事件，人命关天，非同小可，不管是误伤，还是故意，炮手难辞其咎，抓捕他是善后处理中的当务之急。行商潘振承等人奉命代表官府前来交涉，在英国东印度公司的商馆谈了几个回合，也只得到了这样的三条答复：

第一，"这个炮手虽然不是有意犯罪，但了解到中国政府对此不加区分，会同样处以极刑的，所以逃匿了。"

第二，"休斯夫人"号是一艘散商商船，没有纳入东印度公司的正式编制，商馆没法出面协调。建议行商们直接去找这艘船的大班乔治·史密斯。

第三，商馆本打算另找一人当替罪羊交差，但担心官府重演几年前的一幕，以公开审讯为名，将人带走后直接处死，故而执意要求只能在商馆里审讯，不能带走。

跟官府几经研判后，潘振承向英方做出了回应：行商们只负责传话，无权审案；南海县知县将带跟班来商馆，承诺不带兵丁，就地审讯。审问的对象就是乔治·史密斯。

一开始，史密斯得到的消息，是县衙要他三四天内不要离开广州。他照办了。过了一天，就有人自称是潘振承信差，请他外出公干。结果，他一走出商馆，就被埋伏在外面的兵丁五花大绑，押赴县衙。

这还不算完。英国人猛然发现，商馆通往码头的道路已经被官兵封锁，广州通往黄埔的交通业已切断，所有跟洋人熟识的行商和通事（类似于翻译）都销声匿迹。中国跟西方商人的贸易彻底陷入停顿。而各国商馆也没必要雇佣保安人员了，因为官府派来的大兵，已经把它们围得水泄不通。

"休斯夫人"号事件本来是中英之间的冲突，到头来法国、荷兰、丹麦、美国的商馆也跟着倒霉，全都被围了起来。这下，各国的商人们都急了，群起抗议。霎时间，黄埔港变成了火药桶，国际争端一触即发。

## 皇上："深谋远虑"的幕后操盘手

广东官府跟这些西方商人，在经济利益上形成了长期的共生关系。实施这种近乎戒严的措施，实属无奈。因为，皇上发话了。

当"休斯夫人"号事件的消息传到紫禁城后，乾隆帝格外重视，严旨查办。也是巧了，就在一个月前，官府查获了一起内地教徒私通澳门教会进行传教的大案。乾隆帝担心中外串通，认为有必要利用"休斯夫人"号事件，震慑一下不安分的"夷人"。

于是，乾隆帝叮嘱两广总督孙士毅："寻常斗殴毙命案犯，尚应拟抵……现在正当查办西洋人传教之时，尤当法在必惩，示以严肃"。只要能"将该犯勒毙正法，俾共知惩儆"，则用来抵命的外国人"亦不必果系应抵正凶"。也就是说，皇帝要的是震慑效果，而不是验明正身。

孙士毅对这份谕旨自然心领神会。他下令抓捕的史密斯，并非替罪羊，而是要史密斯写信游说威廉斯，交出肇事炮手。官府的底线是：两天以后，不见嫌犯，立即断水断粮，停止贸易，洋船禁止回国，兵丁登船搜查。留给英国人的时间不多了。

在官府的强势表现面前，貌似激愤的各国商人们顿时像泄了气的皮球。几经争执后，英国方面交出了一名船员，说他就是肇事炮手。无论是官府，还是英方，都心知肚明：这是个冒牌货。

12月6日，历时9天的戒严终于结束，商馆开放，洋船起航，贸易恢复，史密斯和"休斯夫人"号也都重获自由。即便是那位顶包的船员，也得到了清朝官府的承诺：关押60天后就会释放。

一切似乎回归正常，似乎什么事都没发生过。

然而，事情并没有结束。

第二年的1月8日，广东按察使召集全体行商和各国商人代表开会，向他们传达了乾隆帝的最新谕旨：朝廷对英方拖了五天才交出肇事凶手的做法表示不满，接下来无论朝廷如何决断，所有人都要"敬谨服从"。"政府已非常温和，对在此次事件中丧失的两位臣民的性命，只要一人负责"。各国商人面面相觑，无言以对。

顶包的船员，没多久还是被处决了。当他被套上绞索时，监刑官员还"关照"受邀观刑的西方人："不要担心，他的下场不会落在各位头上。"这话让他们的后背阵阵发冷。

不管怎样，乾隆帝在谕旨里已经把"一命一抵"的执法要求说得很清楚了。从"杀人偿命""血债血还"的传统观念看，"一命一抵"看似有理，但从法律设计和司法实践的角度考察，确是一种倒退。

根据《大清律例》的规定，除了"十恶"之外，类似"鸣炮误伤"这样的案件，即便判了死罪，也不会立即执行，而是关在牢房，"监候缓刑"，没准能保条性命，有时还能花钱赎罪，更何况《大清律例》在处理华洋命案的问题上，有"化外来降人犯罪者并依律拟断"的规定，一些洋人嫌犯援引此例，可免一死。即便是难逃死罪，朝廷对死刑的终审，有繁复的审批程序，一拖几个月，甚至累年。迅速处死顶包的船员，使《大清律例》的法条规定和程序实操的大原则，都发生了巨变。

"休斯夫人"号事件的特殊性，就在于"一命一抵"的操作，已经超出了司法本身，而是变成了政治恐吓手段。正如乾隆所说，"夷人来至内地，理宜小心恭顺，益知守法"，既然成了杀人嫌犯，"自应一命一抵，若仅照内地律例，拟以杖流，则夷人鸷戾之性，将来益无忌惮，办理殊属错误……嗣后，如遇民夷重案，务按律定拟，庶使夷人共知畏罪奉法，不至恣横滋事，地方得以宁谧"。

乾隆帝信奉严刑峻法，认为只有下手狠一点，才能让那些"身处化外"、不服管教的"蛮夷""畏威慑服"。对于地方官而言，只有下手快一些，从速结案，才能既向皇帝"完美交差"，又免得节外生枝，夜长梦多。

殊不知，世界变了，西方人对中国的认识水平在变，行为方式也在变。

## 治外法权的雏形

"休斯夫人"号事件结束后，中英之间的贸易摩擦和民事纠纷从未大幅减少过。在西方人看来，清廷对洋人"一命一抵"，对华人则经常从轻发落，这种法律面前并不平等的状态，"势必会导致中国与外国之间的关系长期陷入困境"。

除此之外，"一命一抵"的软肋还在于 18 世纪末中国和西方截然不同的政治观和全球观。在乾隆帝看来，所有来华的国家，无论是做生意，还是朝贡，都归为藩属国。如此说来，华夷之辨才是"一命一抵"的理论基础。"天朝"和藩属国怎么可能平起平坐，"天朝"百姓怎能跟藩属国的民众享受相同的法律待遇呢？

对于这一司法歧视，英国东印度公司董事部多次指示其设在广州的特选委员会，要求他们在证据确凿时交出凶手，但在证据不足时，要向中方表明立场，拒绝交人。不过，当真的发生中英民众冲突，引发命案时，特选委员会抱着抗拒交凶的态度，抵制清朝的司法管辖权。

这么做当然会招致清廷的剧烈反弹，甚至演化为政治冲突。毕竟，清朝官府也有撒手锏——动辄断绝贸易。不过，这一招带来的副作用也很大。一旦断绝贸易，每年一二百万两银子的税收就无法流入粤海关的银库，那些靠山吃山的地方官也会失去丰厚的贪腐来源。因此，既然英国人抵制，中国官员就睁一只眼闭一只眼算了。更多的时候，是妥协代替强硬。

于是，在"休斯夫人"号事件之后，再没有任何英国人因命案而被处决，即便是其他西方国家的嫌犯，也大多以各种方式逃脱了大清刑律的制裁。到鸦片战争前夕，清朝对西方人的司法管辖已有名无实。

"休斯夫人"号事件，凸显了中英两国法律观念的差异，推动了英国人对清朝法律制度的持续攻讦。英国政商界不断强调《大清律例》是"恶法"，漠视国际法中的主权原则，给处理华洋冲突留下的执法空间，只剩下让英国法律来管辖和保护在华英国人一途。这就为英国政府谋求在华实施治外法权（领事裁判权）做了舆论造势。这种赤裸裸的殖民主义心态，一直延续到19世纪40年代，直至这一在华特权在鸦片战争之后的正式确立。

# 大清部费：中央衙门里的"潜规则"

同治七年（1868年），湘军和淮军合力镇压了捻军，绵延十几年的战乱终于平息。然而，曾国藩和李鸿章顾不上庆功，便又为另一件棘手的事伤透了脑筋。

这件事，就是报销军费。

按照朝廷的规矩，报销军费需要户部审核，皇帝签批。不过，如果户部认为，申请报销的账目不符合规

图2—18，西洋人画中的乾隆朝官场。"陋规"在清代官场屡见不鲜，"部费"只是其中之一。

定，就有权拒绝报销，退回重审。套用一句俗语，就是"说你行，你就行，不行也行；说不行，就不行，行也不行"。

军费不同于一般经费，它关系到军队能否吃饱饭，领到饷银，枪支弹药能否管够、管用。钱不到位，军队就有可能撂挑子，甚至一哄而散，仗就没法打了。因此，报销军费是个大事。

于是每次报销，曾国藩和李鸿章都要准备一笔专款，到中央各衙门四处打点，确保报销顺利，这笔专款就叫"部费"。它们的主要去向，并非户部尚书、

侍郎这样的高官，而是不起眼的小人物——书吏。这又是为什么呢？

## "部费"由来

什么是"部费"？嘉庆皇帝在一份谕旨里概括得最全：

"外省各官，遇有题升、调补、议叙、议处、报销各项并刑名案件，每向部中书吏贿嘱。书吏乘机舞弊，设法撞骗，是其常技。至运京饷、铜、颜料各项解员，尤受其累。自投文以至批回，稍不满欲，多方勒掯，任意需索，动至累百盈千，名曰部费。"

虽说中央部院里拍板决策的是尚书、侍郎，但具体办事的，还得是书吏。在高度集权的政治体制下，信息和资源占有严重不对称。相对于那些热衷"跑部"的各路官员和商人，书吏就拥有很强的话语权。倘若他们从中舞弊、坑蒙拐骗，甚至故意使坏，其他人真没辙，而且连尚书、侍郎都能被蒙蔽了。为了说上话，办成事，免不了要给书吏递"红包"。

本来可以按照正常途径办成的事，非要靠递送红包才能搞定，这当然是"陋规"，也就是官场"潜规则"。因此，早在清朝初年，朝廷就把它取缔了。可是，"部费"非但没有消失，反而以各种形式继续存在于中央各个衙门，尤以户部为甚。

户部掌管国家财政经济，是朝廷的财神爷，收取的部费也就最多。每当各省解款进京，核销赋税钱粮和军费开支时，都少不了向户部的书吏"孝敬"银两。那么，地方官跑一趟京城，到底要准备多少"部费"呢？

这要因事而定。如果是完纳钱粮，毕竟是给户部解送税银，就相对便宜点，每核销1000两银子，准备100多两"部费"即可；如果是核销军费，就要户部出银子，就相对贵些。要拿出核销军费的20%作为"部费"。乾隆年间，福康安率军远征西藏，平定廓尔喀叛乱，核销军费数千万两，户部竟然从中收受了200万两"部费"。就靠这一件专案，户部的书吏们就发了大财。

户部如此贪婪，其他部院也不甘示弱，纷纷亮出"核心竞争力"，以权谋私，大搞权钱交易。

工部管着全国大型工程的建设经费，"遇大兴作，书吏辄大获利"。乾隆后期到嘉庆道光年间，每年兴修防洪工程的费用多达数百万两，这就成了书吏们勒索"部费"的主要财源。

吏部和兵部没有财权，但"文武补官，必请命于部"。书吏根据官职肥瘦确定索要的"部费"额度。咸丰年间的吏部侍郎段光清，早年当知县时，由于不懂得"部费"的潜规则，虽然上级批准将他升为同知，但委任状愣是被吏部的书吏扣了下来，拖了很久。

刑部、礼部既没经费审批权，也没人事任免权，看似冷衙门。不过，只要大案迭出，刑部就有了暗箱操作的机会，送了"部费"，就能大事化小，从轻发落；没送"部费"，一切从严从快，绝不宽纵。只要一有国家级的仪式性活动，比如大婚、会试、庆典、国丧之类，礼部就会四处忙活，想从中谋个差使的人也会主动上门，孝敬"部费"。只不过，额度比户部、工部要小得多。

中央部院的"部费"，几乎到了无"部"不"费"，无事不"费"的状态。这些"部费"每年能有多少呢？根据晚清学者冯桂芬在《校邠庐抗议》里的说法，仅户部、工部、吏部和兵部，每年的"部费"就多达千万两之巨，相当于朝廷全年财政收入的1/4。

## 体制之困

按照清朝的律法，收取"部费"不算贪污，顶多定性为"陋规"，也就是灰色收入。它的出现，当然是吏治腐败的产物，但又无法完全归咎于吏治。在很大程度上，是由清代政治经济体制的四个特征决定的。

——朝大野小。咸丰以前，朝廷的财政收入和支出，是中央地方共灶吃饭，没有分开。地方奉旨收税，然后解送京城，由户部统一调拨和监督。财权集中，为的是巩固君主专制，防止地方尾大不掉，形成割据和山头。然而，地方财权小而事务多，为了办事，就不得不经常"跑部"，跟部院处理好关系。于是，大量的"驻京办"应运而生，总督、巡抚派自己的亲信家人常驻京城，奉送"部费"成了家常便饭。

——有权无薪。清代衙门里的书吏分成三类：一是"正役"，就是有正式编制，任期五年，届满辞退。二是"帮役"，就是编外帮忙的书吏，一般是行政主官自掏腰包雇来当帮手的。三是"白役"，"白役"更绝，只挂名，不上班。不管怎么样，朝廷都不给开薪水。书吏们当然不愿意白忙活，只好另辟蹊径，把手中的权力和资源变现，勒索上门求助的地方官，从而换取维持生计和改善生活的银两。况且，很多部院的书吏严重超编，部院为了养活这批人，只好对"部费"睁一只眼，闭一只眼。

——有才无职。清代的科举考试，考的是四书五经，跟部院里的业务工作相去甚远。录用的官员大多是政务官，缺乏类似算账、断案的专业训练和能力。况且他们干几年就调走了，不会久居一职。而书吏长期在同一衙门、同一岗位效力，"一切案牍，皆书吏主之"。在办事过程中，书吏的事权越来越大，对具体情况的了解也更清晰。这也使他们既能通过各种渠道收取"部费"，又能蒙蔽行政主官。

——官穷志短。清代官员不仅俸禄超低，而且百年不变。七品官一年的正俸只有45两银子，其购买力相当于今天不到2万元。这点收入根本无法满足官员的体面生活和交际需要。因此，"部费"并非书吏的独享专利，许多部院里的京官，也不得不放下儒家伦理道德的架子，转而跟书吏勾结分肥，增加收入，补贴生活。

体制如此，类似曾国藩、李鸿章这样的"牛人"也难以逃脱。几乎每次报销军费，这两位封疆大吏都要饱受户部折腾。虽然位极人臣，对户部的做法却无可奈何，只好也做出托关系、找门路的事来。

李鸿章得到的"部费"开价，是书吏要拿走1.3%的回扣。这次报销的军费多达3000万两，折算下来，"部费"得40万两，其购买力相当于今天的1.2

亿元。李鸿章跑这一趟，就让这位书吏摇身一变，成了富翁。

曾国藩得到的开价，是 8 万两银子。虽说这是经办书吏"几经让步"给出的"跳楼价"，但筹措起来也让曾国藩很焦虑。毕竟，这笔钱不能通过正式的财务程序划走，那怎么办呢？苦思冥想之后，他想出了一个万全之策：奏请朝廷对军费报销免于审计。出于对他们平定太平天国和捻军战功的考虑，慈禧太后就同意了。有了"免审计"的圣旨，曾国藩终于可以在军费里左右腾挪，总算把书吏索要的 8 万两银子凑齐了。

在"部费"面前，这两位清末"牛人"的"牛脾气"顿时消散，留下的，只是一张张白花花的银票。

## 穷官富吏的代价

《谏书稀庵笔记》里讲述了这样一个故事：京城有个叫红玉的歌妓，长相甜美，嗓音圆润，名噪一时。工部的官员们常来红玉家喝酒聚会，轮番表露出爱慕之情，还害上了相思病，但谁也花不起高额的赎身钱。不久，妓院里传来了有人豪掷两千两银子，替红玉赎身，纳为小妾的消息。究竟是谁如此阔绰？大家都很好奇。

这位大款名叫王维寅，他的真实身份，只是工部的一名书吏。

曾担任户部江南司资郎的晚清文学巨匠李慈铭，在《越缦堂日记补》里记载了这样几组数据：书吏约请的家庭教师，月薪 10 两；王公大臣约请的家庭教师，月薪四五两。看着地位远低于自己的书吏们过着锦衣玉食的生活，靠借债补贴家用的他，气不打一处来。

他一直在琢磨一个问题：这么多"部费"都是从哪儿来的？

答案当然是摊派。省级衙门向下属部门摊派，层层分解工作，落实责任，最后砸在了州县官的头上。而这些州县官根本不会自掏腰包，而是把这些银子通过加收"火耗"的形式，征收非税收入，当个二传手，把摊派加点成，砸到老百姓的头上。到头来，老百姓才是"部费"的最终"接盘侠"。

对于屡革不掉的"部费"，雍正帝曾采取了一些改革措施。

一是设立会考府，与六部平行，直接由皇帝负责，主掌审计。如果部院有审计不过关，需要驳回返工的事项，必须先送会考府审查。这样做，貌似消除了户部、工部等书吏利用封驳权、搁置权来要挟地方官馈送"部费"的机会，但对于真正来办事的地方督抚和州县官来说，恐怕除了要孝敬户部、工部外，还要再准备一份"部费"馈赠会考府。因此，这个以稽核为主要职责的部门，逐渐变得跟其他部院毫无二致，权威大大下降。

二是提高官员合法收入。朝廷实行的"耗羡归公"和"养廉银"制度，使地方官的合法收入大幅度增加，养廉银的额度相当于年俸的几十倍。中央部院没有"耗羡"，当然也就没了养廉银的财源。于是，朝廷通过推行恩俸制和双俸制，适当提高京官的薪酬待遇，让他们远离"部费"。然而，收受"部费"的主力——书吏，在这场改革中被忽略了，他们继续过着靠灰色收入度日的生活。

三是抓一批典型。雍正五年（1727年），朝廷传旨将收受部费的户部书吏孔昭处斩，并且将收受部费、"舞文弄法"的行为定为非法。乾隆五年（1740年），朝廷要求各部院衙门，"有辄敢指称部费、招摇撞骗、干犯国宪、非寻常犯赃可比者，发觉审实，即行处斩。为从知情、朋分银两之人，照例发往云贵、两广烟瘴少轻地方，严行管束"。虽然有法可依，但治理"部费"只靠抓典型，显然不是治本之策。

即便如雍正这般勤政，消除"部费"的改革措施也无一奏效。朝廷需要书吏来维持国家机器运转，但却没有为这些人准备哪怕一分钱皇粮。书吏们既没有薪水，也没有升迁的期待，无论是金钱，还是事业，都不理想。因此，他们唯一的念想，就是通过在部院的办事程序上设置路障，收取"买路钱"。这样的灰色地带和潜规则依旧延续，直至清朝灭亡。

# 阿美士德访华：一场未曾谋面的贸易较量

嘉庆二十一年（1816 年）七月初八，北京西郊圆明园外。

一阵喧嚣声打破了这里清晨的寂静。拖着辫子的大清官员，竟不顾体面，跟几个高鼻梁蓝眼睛的洋人推搡起来。

这伙洋人里为首的，竟是英国政府派往中国出访的特使阿美士德。

俗话说，两国相争，不斩来使。更何况清王朝标榜自己是礼仪之邦，没必要跟洋特使过不去啊？那么，眼前的这一幕究竟是怎么回事呢？

图 2—19，英国使团团长阿美士德勋爵。

## 光怪陆离的礼仪之争

阿美士德此次访华，跟二十多年前的马戛尔尼访华不同。他没有向大清皇帝祝寿的任务，只有谈判的使命。当然，得先见到嘉庆皇帝，这些事才可能办得下去。不过，要想见到嘉庆皇帝，似乎并不容易。

在大清君臣眼中，中国就是"中央之国"，乐于接受万邦来朝。不过，来访的各国特使不光是"客"，更是"臣"，进宫觐见时必须三跪九叩。这是规矩，没有例外。可是，打遍海上无敌手的英国，就不吃这一套。

由于中英记载不同，马戛尔尼来华时有没有磕头，成了历史悬案。不过，他向清廷提出的谈判条件确实悉数遭拒。不难想象，马戛尔尼在礼仪问题上的偏执，使他在乾隆心目中的印象分大减，最终导致使命未竟。

正是由于马戛尔尼的前车之鉴，英国外交大臣加索理弗在阿美士德启程前，特意下达了一道训令："你到达皇帝的朝廷后，尽快获得接见，并且依照该朝廷的全部仪式进行，但这不能有损你君王的荣誉或降低你的尊严，如此，就会危及你的使命的成功。"言外之意，只要无损国格人格，礼仪问题自己看着办。

对于礼仪问题，第二副使埃利斯表示，只要完成谈判任务，三跪九叩也在所不惜。而第一副使小斯当东坚决反对，认为这样做既牺牲国家尊严，对谈判也不会起实质性作用。阿美士德犹豫再三，决定采纳小斯当东的主张，拒绝三跪九叩。他为什么要做此选择呢？

阿美士德觉得，小斯当东二十年前就随马戛尔尼来过中国，其后长期担任英国东印度公司驻广州特选委员会主席，是个地道的"中国通"，相信他没有错。殊不知，小斯当东对华强硬，多次引发中英贸易冲突，早已上了清廷的"黑名单"。

## 圆明园外的磕头闹剧

对于阿美士德这次访华行程，嘉庆帝早有耳闻。经历过马戛尔尼访华的他，对阿美士德使团毫无兴趣，于是传旨沿途官府按惯例招待，不得铺张奢靡，注意监视使团动向。当看到小斯当东赫然列于使团名单时，嘉庆帝恍然大悟：这个使团绝非"仰慕中国德威"，"倾心向化"前来"朝贡"，而是另有目的。

既然来者不善，嘉庆帝甩出了撒手锏：使团必须三跪九叩，不然不予接见。这一招还真的打中了阿美士德的七寸。

阿美士德渴望见到嘉庆帝，但三跪九叩又是使团明确拒绝的礼节，这可怎么办呢？他很着急。接待大臣苏楞额和和世泰希望说服阿美士德乖乖地磕头，以便完美交差。因此，他们也很着急。苏楞额曾应阿美士德的提议，奏请朝廷变通，以单腿下跪取代三跪九叩，换来的却是一顿臭骂和革职问罪。

一面是三跪九叩必须执行，一面是洋特使毫不让步，苏楞额已经倒霉了，和世泰倍感焦虑。思前想后，他决定演一出生米煮成熟饭的闹剧。

和世泰上了一道奏折，谎称阿美士德同意三跪九叩，请求皇上召见，骗取了嘉庆帝的信任和传见谕旨。接着，他就陪着使团连夜赶路进京，直到次日清晨才抵达圆明园。他的如意算盘是，引导阿美士德等人入殿后，趁其疲惫之机，强行摁倒磕头，就算完事了。殊不知，到了园子门口，阿美士德自称熬了一宿，精疲力竭，且国书和礼品还没运来，无法觐见。他强调，即便见了皇上，他也拒绝三跪九叩。

和世泰急了，皇上就在园子里等着呢，怎么能说不进就不进呢？一旦谎言败露，那就是欺君大罪，吃不了兜着走。于是，他带着几个侍卫一拥而上，就想把阿美士德等人往园子里拽。一时间，圆明园门口陷入骚乱，就像篇首描述的那样。

阿美士德的反抗和喊叫，令和世泰很难堪。无奈之下，他只好奏报说，英使步行一夜，十分疲劳，不能快走，建议改期觐见。嘉庆帝同意了。

等到第二次传见时，和世泰只好又谎称阿美士德拉肚子，歇几天。嘉庆帝同意了。

第三次传见时，和世泰又推说阿美士德这回彻底病倒了，无法觐见。嘉庆帝说，那就换副使来吧。和世泰赶紧说，副使也病了，不能觐见，要等阿美士德病愈后一同觐见。

嘉庆帝再愚笨，这时也听出了真假：原来你们耍我啊！"中国为天下共主，岂有如此侮慢倨傲，甘心忍受之理。"于是，他传旨将和世泰革职拿问，英国使团既然不愿磕头，那就别见了，请回吧。

使团尚未入席，就被礼送出境了。三跪九叩犹如一堵墙，掐灭了中英两国这次官方碰撞的历史机遇。那么，阿美士德到底想在谈判桌上捞到什么好处呢？他为什么非要来中国，非要捞这些好处呢？

## 叩首背后的贸易暗战

整个 18 世纪，英国凭借强大的海上力量逐渐成为中国第一大贸易伙伴。1764 年，中英贸易总额为 289 万两，1797 年增至 1299 万两，到 1817 年，仅中国出口到英国的货值就高达 1849 万两。中英贸易仍持续快速发展，英国长期作为海路进口中国货物货值最多的西方国家，所占比重长期处于 70% 左右的水平。

然而，19 世纪初以来，英国商人在中国市场遇到了前所未有的挑战：

一是进出口结构畸形。在中英贸易格局中，中国以茶叶、瓷器、南京布为大宗出口物资，进口的主要是印度棉花、毛纺织品和白银。1817—1819 年，中国从英国进口的货值总共才 659 万两，勉强达到 1817 年中国向英国出口货值的 1/3。英商虽然通过大量使用汇票、贱卖毛纺织品等方式，减少白银支付量，但仍无法扭转对华贸易长期逆差的态势。

更糟糕的是，就在阿美士德访华前后几年，原本深受中国市场欢迎的印度棉花，变得卖不动了。这一方面是由于印度棉价上涨，另一方面是由于中国江南地区种植面积扩大，棉花品相更好以及由陆路运输改为海上运输后，运费大幅节约。拳头产品失去了价格和品质上的双重优势，这让英商很受伤。

二是港脚商人异军突起。1807 年，巴林洋行在广州开张。它的出现，打破了东印度公司对华贸易的垄断局面，这家洋行的出资人巴林，就是东印度公司的代理商，典型的港脚商人（个体户）。他吸收了东印度公司的很多职员成为股东，并通过英国国内的工业巨头向政界施加压力。经过多年努力，东印度公司对印度和中国的贸易垄断权被终结。此后，中国官府面对的英国商户，将不再是东印度公司独此一家，而是千人千面的个体户。

三是竞争者脱颖而出。自 1784 年中美首次贸易后，美国对华贸易发展迅速。1790—1794 年，美国进口中国货值 44 万两，占同期西方国家海路进口中国货物总值的 6%；到 1817—1819 年达到 571 万两，占 41.5%。美国对华贸易的增速远快于英国，势头咄咄逼人。

面对如此变局，英国决策层和商界显得很不适应，他们都把这些困难完全归咎于中国官府的"闭关政策"。为改善对华贸易条件，推动中国减少贸易壁垒，扩大开放市场，英方与清廷不断交涉，甚至发生了多次武装冲突。对于这些冲突，当时中方惯用的对策就是停止贸易。在清廷决策层看来，英国以贸易立国，但惹事不断，"天朝物产充盈"，贸易本就可有可无。因此，一旦中断贸易，英国人肯定损失更大，自然会妥协让步。这一对策在 19 世纪初的历次冲突中屡试不爽。

就在阿美士德启程的前一年（1815 年），以英国为首的反法同盟在滑铁卢彻底击败了拿破仑统治的法国，并举行了维也纳会议，在削弱法国实力的同时，也确立了英国的世界霸主地位。然而，长年累月的对法战争严重冲击了英国经济。政府举债、军费激增，催生了战后英国的经济危机。

为了化解这一困局，英国政府必须设法开辟新的海外市场。因此，当时的英国社会舆论对扩大对华贸易、开辟中国市场抱有强烈期待。中英之间经常性的贸易冲突以及清廷屡屡以停止贸易来反制，使英国政府和东印度公司损失惨重。缓和两国关系，稳定和扩展对华贸易，显得很有必要。阿美士德就是秉持这样的使命，来跟清廷商讨双边贸易问题的。

阿美士德领到的谈判任务有四项：一是确保两国贸易地位平等，使英商享受充分权利；二是确保两国贸易不被无故中断；三是中国官吏不得闯入英国东印度公司驻广州的商馆；四是商馆人员可与官府直接通信。然而，磕头这关没过，四项诉求也就没有机会呈给嘉庆皇帝了。

阿美士德并非一无所获。嘉庆帝为了展示"天朝胸怀"，还是允许使团沿大运河南下，经由中国陆路抵达广州、澳门。阿美士德使团借机搜集了大量中国的地理情报，为英国发动鸦片战争提供了许多军事地图。只是他最主要的任务没完成。

嘉庆帝也并非两手空空。未曾谋面就把"大不敬"的洋鬼子赶跑了；收了"贡品"，赐了"礼品"，找足了面子。把小斯当东这个眼中钉赶走了，他跟着阿美士德回到了英国，此后再也没来过中国。然而，他失去的是跟西方世界正面接触的历史性机遇。

"天朝"继续懵懵懂懂，好似睡狮，无视外部世界的巨变，更不求改革创新，而是毫无准备地坐等列强"先礼后兵"，打上门来。中国历史即将在这里拐弯……

# 律劳卑事件：一场误会引发的贸易战争

道光十四年八月（1834 年 9 月），广州珠江口。炮声隆隆，杀声震天，烽烟四起，战况激烈。

三艘英军战舰在珠江水道横冲直撞，摧毁了岸上多座炮台，吐着火舌冲进了黄埔港。然而，拦在它们面前的，是 12

图 2—20，两广总督吴熊光关于暂停英国贸易奏折（局部）。动辄暂停中英贸易，成了清朝广东官府跟英国东印度公司打贸易战的惯用手段之一，曾经屡试不爽。

艘自沉江中的大船，堵在它们背后的，则是从四面八方赶来合围的 28 艘清军战船和 1600 名将士。英舰貌似强悍，实则进退失据，陷入困境。

自清朝建立以来，英国一直是以其贸易伙伴的姿态，出现在中国东南沿海的。双方拉开架势，兵戎相见的情况，史上罕见。而导致这一困局的主角，正是一个叫律劳卑的英国人。因此，历史上把这起武装冲突称为"律劳卑事件"。

律劳卑是谁？这起事件究竟是怎么引发的？它会对中英两国的正常贸易和外交关系带来怎样的影响呢？

# 变局前夜

中英两国的贸易始于 1637 年。其后近两个世纪，英国用大量的白银，换取中国的茶叶、丝织品和瓷器。虽然英方的贸易逆差越来越大，但双方各取所需，总体相安无事。

18 世纪中叶以后，英国爆发工业革命，带动生产力成倍提升，工业家们对于开拓中国市场的渴求更加旺盛。而当时英国对华贸易长期由英国东印度公司垄断。中国奉行闭关政策，只留广州一口对外通商。垄断和保守的现状，与开放和进取需求不匹配，英国国内要求贸易改革的呼声此起彼伏。

增开通商口岸这档子事，决定权在中国。英国政府先后派出马戛尔尼使团和阿美士德使团，两次请清廷高抬贵手，都因觐见礼仪的纠结和天朝心态的傲慢而未成功。既然做中国的工作比较难，英国的工业家们就转而游说议会，先打破自己人的垄断再说。

1833 年，英国议会通过了《特许状法案》，结束了英国东印度公司长久以来在对华贸易上的垄断权。其实，早在一年前，两广总督李鸿宾就听说，东印度公司即将失去专营权。于是，他传谕大班，要求做好后续安排，派"晓事大班"总理贸易，取代东印度公司。不久，卢坤继任两广总督，也提出了同样的要求。

李鸿宾和卢坤生活在道光时期。皇帝曾有改革内政、振刷朝纲的雄心壮志。然而，即便是小修小补，都会引起既得利益者的拼死阻拦。渐渐地，这位人到中年的皇帝也就灰心了，能不惹事、维持稳定，就最好。李鸿宾和卢坤都是官场老油条，自然也懂得这一点：只要能维持中英贸易太平无事，不因东印度公司失去专营权而发生动荡、给皇上添堵，一切都 OK。

可是，英方却觉得，总督们的决策有些反常，是不是清廷对外贸易的态度有转变呢？此前，东印度公司经常跟清朝官府有贸易摩擦，而英国政府派出的使团，虽然没办成事，起码还是被礼送出境。所以，英方觉得，官员们去交涉，或许对扩大中英贸易更有利。根据这样的判断，英国人对对华贸易体制做出了新的调整。

12 月 9 日，英国国王签发枢密院令，宣布设立"英国驻华臣民和商务监督署"。为了做好工作衔接，避免清朝官民猜忌，这一新的贸易管理机构直接仿效东印度公司驻广州特选委员会的模式。监督署设立首席监督、第二监督、第三监督，基本与特选委员会里的大班、二班、三班的形式相对应。

12 月 31 日，英国外交大臣巴麦尊勋爵提名律劳卑为驻华商务首席监督，德庇时、罗拔臣为第二、第三监督。律劳卑的两位副手，都曾在东印度公司驻广州特选委员会担任大班，是对华贸易经验丰富的老手，而律劳卑本人，以前是苏格兰贵族、海军军官和养羊业主，对中国的情况一无所知。

也许，英国政府这么安排，是打算拆散东印度公司经营多年的对华贸易利益格局。然而，让律劳卑这个外行来领导内行，他能行吗？

## 不欢而散

道光十四年六月（1834 年 7 月），律劳卑抵达澳门，在宣布了对副手们的任命后，他离开澳门，抵达广州，由英商查顿陪同，入住设在岸上的英国商馆。

入住当天，即 7 月 25 日，他就派人前往城门，向两广总督卢坤投递一封说明来意的"公函"。其中写道，他持有英国国王的委任状，是英国驻华商务监督，德庇时、罗拔臣二人是副手；他获得英国政府授权，保护和促进英国对华贸易；请求面见两广总督。

这一天，注定成为律劳卑倒霉的开始，因为他触犯了清朝官府的三项规定：除外商与大班外，其他洋人未经许可不得进城；洋人信件一律由十三行代为转呈；外国官方向中国官府呈递信函，要用"禀帖"形式，以体现"天朝尊严"。

律劳卑未经批准，就入住广州；执意绕开十三行，直接向广东官府送信；信件的格式是"公函"而非"禀帖"，内文用"平行款式"，还自称是来自"大英国"的"正贵大臣"。这些做法不仅违反惯例，而且让清朝官府很为难。

谁也不想惹麻烦，因而谁也不敢收信。僵持良久，还是两广总督卢坤结束沉默。他连发谕令指出，律劳卑不领红照，擅自登岸，率递书函，违反旧例，勒令立即离开广州。他要求行商伍秉鉴立即落实，如果律劳卑不走，就砍行商的脑袋。

伍秉鉴已经年逾六旬，虽然家资千万，还是顶不住总督大人一句话。他只好在官府和商馆之间奔波斡旋。费了很大劲，总算是说动卢坤见律劳卑。可是，律劳卑觉得，自己没错，反倒是清朝官兵为了搜查他的随身物品，把行李箱弄坏了，让他很郁闷。更不爽的是，他听说自己的名字被翻译成"劳卑"，意思是辛劳卑微之人，觉得受到侮辱。于是，他拒绝了这场会见，也就关上了跟卢坤进行和平交涉的大门。

离开英国前，巴麦尊曾嘱咐他：跟中国人保持友善，致函两广总督的措辞不要强硬，尽量不向皇家海军求助，不干预英商的鸦片贸易。如今，他似乎早就忘了这一切。

## 剑拔弩张

律劳卑拒绝了总督大人送来的"胡萝卜"，等待他的只能是"大棒"了。面对清朝官府的离境谕令，律劳卑不为所动，继续赖在广州。卢坤见请不动他，就甩出了经济牌：停止中英贸易。这张牌清朝官府用了几十年，屡试不爽。断了贸易，就等于断了英商的财路，不用清朝官府动手，他们就会内乱。

以前，只要中方中断贸易，英方基本只能认输。可这次，卢坤的招数不灵了。律劳卑非但不为所动，反而一面向巴麦尊勋爵致信诉苦，请求英国出兵相助；一面雇人在广州到处张贴告示，指责卢坤丧心病狂，扬言停止贸易的受害者是全中国的老百姓。

卢坤非常生气，决定动真格的。9月2日，总督府传令：全面终止中英贸易，撤走所有中国佣工，严禁民众向英国人提供供给，派兵包围英国商馆。

律劳卑也生气了。他一面宣称，事态责任全在中方，一面让贸易专员秘书查理·义律率三艘军舰强行驶入珠江，向清廷示威。于是，就有了文章开篇的惨烈场景。

虽说两国有误会和分歧，但律劳卑端出军官思维，靠拳头说话，毫无疑问是侵略行径。而中国炮台开火射击，中国船舰四面合围，是维护国家主权的正义行动，没有争议。

律劳卑的蛮干，果然招致了一批英商的不满。他们做的是正经买卖，却因贸易中断和战端开启而蒙受损失，便归罪于律劳卑。卢坤也借机"分化瓦解"，向他们承诺：只要律劳卑离开广州，便可恢复贸易。于是，这些英商纷纷请律劳卑离境。

跟中国人闹僵，跟自己人翻脸，舰队被围，自己也被困守商馆。此时的律劳卑，处境很尴尬。为今之计，只有退让。9月14日，他发表声明，离开广州，并请伍秉鉴、查顿等人斡旋，给英舰解了围。三艘几天前还趾高气扬的英国战舰，在沿岸中国炮台的"夹道瞄准"下，灰头土脸地离开了珠江口。几天后，在清军水师的全程监视下，律劳卑走出商馆，登上舰船，离开广州，前往澳门。中断了一个月的中英贸易随即恢复。

华南的湿热天气，以及这两个月的不愉快，使律劳卑心力交瘁，染上了疟疾。他不听医生劝告，执意加班熬夜，睡眠不足，导致病情恶化，抵达澳门半个月后就病死了，年仅47岁。不过，律劳卑临死前，依旧执拗地认为，只有战争才能解决中英贸易纠纷。

## 误会放大

律劳卑事件，更像是一系列误会，越闹越大，最终引发了一场小规模战争。这件事让清朝的高官们相信，只要封锁商馆，断绝贸易，英商就成了孤立无援的人质，除了低头，别无选择。律劳卑的继任者德庇时也看到，没有做好军事准备，就向清朝的广州贸易体制发起挑战，无疑是愚蠢的。他致函巴麦尊，决定保持"绝对沉默的态度"，来维持现有的贸易利益，确保中英贸易畅通。相比于律劳卑，这无疑是一种妥协。

德庇时的"沉默政策"，并没有换来英商想得到的真金白银。东印度公司的贸易专营权被解除了，英商做中国生意看似更加自由，更少障碍，但跟广州十三行打交道，他们是分散的、弱小的，讨价还价能力和有效信用手段明显削弱。虽然此后几年，中英贸易额大幅攀升，但由于通货膨胀因素的影响，英商不得不付出更高的价格来购买中国货。

很多英商认为，既然英方已经在追求贸易自由化的道路上迈出了一步，中国方面也应该迈出这一步，取消广州贸易体制中的限制性要求。只有这样，才能改变英商的被动局面，进一步打开中国市场。可是，他们觉得，律劳卑事件使英国备受耻辱，和平交涉已无前途，或许只有打一仗，才能推动中国改变现行贸易格局。于是，主战的论调开始在伦敦的上空飘荡。

1836年6月15日，当年的贸易专员秘书查理·义律成为新的英国驻华商务监督。他奉行的是一套新的实用主义政策。清朝官府好面子，他就遵从规矩，俯首帖耳，呈递"禀帖"，以换取两广总督的认可，允许他进入广州，以确保中英贸易平稳。他知道，只要英国政府能从对华贸易中持续获得高额收益，就不会发生战争。

然而，一个新的隐患摆在了他的面前：这些收益中的很大部分，都来自罪恶的鸦片贸易。一旦鸦片贸易萎缩，英国政府迫于财政压力，就有可能满足商人们的诉求，发动对华战争。

就在这时，广州传来了新消息：钦差大臣林则徐走马上任，轰轰烈烈的禁烟运动即将开始，中英鸦片战争一触即发。

# 第三编
## 变法图强（晚清民国）

　　清同治十一年（1872 年）五月，李鸿章给朝廷上了一份题为《复议制造轮船未裁撤折》的奏折，其中讲到了这样几句话：

　　"臣窃惟欧洲诸国，百十年来，由印度而南洋，由南洋而中国，闯入边界腹地，凡前史所未载，亘古所未通，无不款关而求互市。我皇上如天之度，概与立约通商，以牢笼之，合地球东西南朔九万里之遥，胥聚于中国，此三千余年一大变局也。"

　　作为近代较早觉醒的一批人，李鸿章深深地感受到西方世界从海上带来的冲击，跟以前长城内外游牧文明与农耕文明的冲突完全不同。时代变了，游戏规则变了，玩法也要改变。正所谓"三千年未有之大变局"。

　　在很多人的最初印象中，晚清和民国史是一部百年屈辱史。正因如此，当1949 年中国共产党人喊出"中国人民从此站起来了！"的豪迈话语时，那种扬眉吐气的情感是难以言表的。

　　然而，晚清和民国的中国又不是一直在挨打。在这个变动的年代里，中华民族遭受过侵略和压迫，也有过抗争与求变。革命、改革和反侵略战争，成为这种"抗争求变"的主要形式。

　　以往，人们更重视革命，比如太平天国、辛亥革命、五四运动，更重视反侵略战争，比如鸦片战争、甲午战争、抗日战争。而那些渐进式的改革，时间跨度更长，节奏更加温和，反响相对平淡，效果也不怎么样。

给人们留下深刻印象的，则是那些争议颇多的运动式改革，比如洋务运动、戊戌变法、新生活运动。它们主要涉及经济社会领域，但离不开政治影响。而这些"大事"，早已被历史学家们翻来覆去研究了很多遍。虽然也有新的文献史料不断露面，但主要还是历史观、方法论的变化引领了对它们认识的深化。

事实上，夹杂在上述改革运动之中的，还有众多现象级、碎片级改革。短时段里，它们不成体系，但放到中长时段、宏观视野，它们又对中国历史乃至世界历史产生了微妙的影响。它们内容广泛，重点繁多，屡有创新，跟今天的生活联系紧密。我们从中挑选了一些，把它们分成了6大板块。

——财税改革。百年近代史上的政府，再不能挥金如土，而是时时受制于财政困境，开源节流成了各级官员必须重视的大问题。通常情况下，"节流"更艰难更痛苦，所以政府更倾向于"开源"。开征厘金、息借商款、以"昭信股票"的名义发行政府公债，都是政府"开源"的尝试。有的设计很好，执行面走了样，以致难以维系；有的阻碍内贸，却帮助地方官府挺过难关。同样的追求，不同的结局，或许正是历史演进的妙处。

——地产开发。同为消费型大都市，近代北京、上海和香港的房地产发展轨迹差异巨大。北京的房地产业，凸显政府主导，体现了全国性政治中心的特质；上海的房地产业，既有洋商领风气之先，也有华商中的"地产大王"，在癫狂与冷漠中看尽外滩风云；香港则在狭小的生存空间里演绎了别样的开发和营销案例，许多新思路在今天得到了房地产开发商的认同和推广。三条道路，三种玩法，引导三座城市迈入了不同方向。

——金融创新。晚清民国的金融领域，一方面因西方列强的资本输出和联合借债而备受控制，另一方面也在主动求变，不断创新。借助远东商业中心的地缘优势，上海的证券交易所辐射东亚，跟欧美橡胶期货价格的波动息息相关，从而推演出一场改变清王朝命运的"橡胶风潮"。民营银行家陈光甫，从官办银行的夹缝中寻找商机，靠"一元起存"，蚂蚁搬家，演绎了民族资本在金融领域的神话传奇。

——区域调整。近代中国区域经济结构的不平衡，既是软肋，也是契机。抗日根据地建设和宜昌大撤退，在厚植抗战支撑力的同时，也促进了西部开发，补齐区域结构短板。而大陆官员眼中的日据台湾，其经济开发的一些做法也被福建地方政府拿来参考。上海的租界、北京的香厂新市区和西郊新市区，开启了这两座特大城市发展的新篇章，为今天的城市新区建设提供了诸多借鉴。

——生活演变。近代社会的剧烈变动，也在改变着人们的生活方式。当清末广东民间的嗜赌风气与科举考试捆绑在一起，衍生出清末广东社会的种种乱象；而官府对其反复摇摆的态度，则是经济利益驱动的结果。无独有偶，民国初期北平人力车夫捣毁电车事件，表面看来是两种交通运输方式市场竞争白热化的表现，背后则蕴含了更多的政治意味，显然，即便是民生领域的微小创新，其面临的阻力也异常复杂，无法简单地盖棺论定。

——涉外新路。晚清时期，中国海关大权旁落长达半个世纪之久，而英国人赫德管理的中国海关，却成为晚清中国最清廉高效的衙门。作为英国人的赫德，既要为英国政府谋利，又必须为雇主清政府服务，如何处理两者的微妙关系，成为近代中国政府改革的一出奇葩。在"师夷长技以自强"的洋务运动中，军事采购是清政府的一项政绩，克虏伯公司一度成为中国最重要的火炮供应商。克虏伯在装备清军的同时，也在潜移默化中推动着中国军购改革。

如果纵向比较，晚清民国的经济改革，既有政府主导，也有民间倡议，后者的社会影响力和执行效果似乎更显著。这或许正是中国近代化历程走向进步的缩影之一。

如果横向比较，晚清民国的经济改革，大多是被动的、跟跑的、亦步亦趋的。显然，靠这样的改革来从根本上挽救旧中国、建设新中国，还远远不够。

这些改革片断，无论出发点如何，无论成效怎样，都在孕育着民族复兴的火种。它们等待的，只是连片点燃的火种。只要有星星之火，就会激发起近现代中国人的不竭勇气和伟大创造力，终呈燎原之势。历史正在见证这一切。

# 铜瓦厢：改写历史的洪灾记忆

清咸丰五年六月（1855 年 7 月），黄河下游普降大到暴雨，河水猛涨。

六月十九（8 月 1 日），河南开封附近的铜瓦厢大堤，再也抵挡不住汹涌洪水的反复冲刷，决口溃坝。仅仅一天时间，原本完好的堤坝，被冲出了七八十丈宽的口子。于是，黄河改道向北，直注直隶、山东境内，夺大清河入渤海。

正如已故清史专家李文海所述，铜瓦厢决口是"近代黄灾史上之重大事件"。

一方面，灾害波及范围

图 3—01，咸丰皇帝吉服作画像轴，现藏于北京故宫博物院。对于铜瓦厢改道给中国政治地理带来的深刻影响，咸丰帝心急如焚，但又无可奈何。

广，瞬时冲击力强，灾情十分严重。直隶、河南、山东有 40 多个州县受灾，县城沦为泽国，受灾人口近千万；另一方面，河道变迁后的几年，蝗、旱灾频仍，疫病不断、粮食歉收、饥荒时有发生。

自此，持续 700 多年的黄河夺淮入海成为历史。

# 救灾：缓不济急

这不是清廷第一次遭遇洪涝灾害了。统治这个水旱灾害频仍的帝国，清廷早已形成了一套成熟完备的救灾机制。

六月二十五日（也就是决口后的第六天），咸丰帝收到了首批灾情奏报，并于当日发布六道谕旨，部署防汛救灾工作。此后一年里，咸丰先后发布了40 多道救灾谕旨。由于"南岸难以问渡，文报四日不通"。水情奏报延误和滞后，使得官府报灾耽搁多日，救人的黄金 72 小时几乎浪费。

按照规范的程序，清廷先是派员勘灾，"确查黄水经由之处，将被水灾黎妥为抚恤，无令一夫失所"。灾情勘定后，清廷就要着手发赈。问题来了：由于镇压太平天国花钱太猛，眼下的户部只剩十几万两存银，形同破产。咸丰帝感慨"现在军务未竣，部库支绌，无从筹款"，并非借口。

既然户部没钱，清廷只能另外想辙。九月十三日，咸丰从内务府拨款 10 万两银子和 2.5 万串宝钞作为赈灾款。十月十三日和二十六日，咸丰又连续传旨，将途经山东运往京城的漕粮，截留 26 万石就近接济山东灾民。至于灾区的赋税，既然根本收不上来，干脆蠲免。

此外，清廷还要求受灾地区"设立捐局，无论银钱米面，及土方秸料皆准报捐，米面可备赈需，土秸可供工用，仍核计所捐之数奏请奖励并著遴委妥员，分路劝谕绅商捐办口粮，接济灾民"。对捐输额较大的绅商给予奖励，允许州县开仓放粮，捐铜铸钱。

清廷的赈灾持续了一年多，对于稳定灾区经济秩序还是起到了积极作用。翻阅受灾州县的雨雪粮价清单，在铜瓦厢决口后的一年里，受灾州县粮价基本平稳。在咸丰年间因战争需要而滥发纸钞，导致恶性通货膨胀的背景下，面对数百万嗷嗷待哺的灾民，能遏制粮价非理性上涨，殊属不易。

稍加留意就会发现，清廷把"重视"挂在嘴上，可拿出赈灾的真金白银却很有限。这说明，清廷财力不足，赈灾能力受到局限。这些银两和粮食，对于数百万灾民来说，仍旧缓不济急、杯水车薪。各地救灾，指不上朝廷，只能靠自己。

## 困顿：发捻起兵

最令咸丰帝担心的，不是灾区的饥荒和疫病，而是活跃在黄淮地区的太平军和捻军。铜瓦厢决口导致黄河北徙，使山东防御"发捻"的天然屏障尽失，太平军和捻军北上活动的战略空间扩大。

接到决口奏报的当天，咸丰帝就派左副都御史王履谦"于河口现有之兵体察情形，分布屯扎，严密扼守……勿令南路奸匪乘隙偷渡"。十五天后，他又传旨，要求河南巡抚英桂迅速取缔豫北的"联庄会"，避其联络抗洪一线的河工和灾民。要求直隶总督桂良派重兵驻守黄河北岸兰仪渡口。

按照朝廷训令，英桂统率三省军队，迅速镇压了"联庄会"。进入河南活动的捻军首领张洛行，也被清军多次击败。

防范虽严，百密一疏。咸丰五年十二月，已经履新安徽巡抚的王履谦奏报：安徽一带的捻军重返河南，围攻归德（今河南商丘）。咸丰帝担心捻军由此东连山东灾民，造成严重后果，只好加派援军，加紧追剿。

此时，太平军正忙于西征，在长江中下游跟湘军激战，无暇北顾。捻军组织涣散，派系复杂，互不统属，加之遭遇地方团练的围追堵截，也没能借机向北拓展地盘。这些恐怕是清廷最想听到的消息。

"发捻之祸"让咸丰帝伤透了脑筋。心急如焚的情绪和对守土官员的失望，在他的《感事》诗里展现得淋漓尽致：

"大江南北乱离中，岂是妖氛气力充？守土居然皆走鹿，斯民能不赋哀鸿？

九重自揣殚思虑，三载何曾奏事功？麟阁至今犹汉代，丹青何以绘群公？"

根治"发捻"，有赖区域防务的调整。同治二年（1863年）九月，清廷终于采纳僧格林沁建议，将"新黄河以南地方，归以南各州县管理；以北地方，归以北各州县管理"。行政区划的调整，使州县的防务责任更加明确。

其后，清军用了五年时间，才将捻军彻底镇压，恢复了华北地区的政治局势。然而，为此付出的军费却高达3200万两银子，相当于当时清廷一年的土地税收入。

## 善后：疏堵之争

决口来临，为避免下游民众长期遭殃，清代官府的常规做法，是在大水退去后逐步堵塞决口，重修堤坝。然而，铜瓦厢决口后，清廷却决定"暂行缓堵"，这是怎么回事呢？

铜瓦厢改道发生在清廷财力匮乏、战事频仍的尴尬时期。当时清廷的治国重点是缓解恶性通胀和镇压太平天国，维护国家统一和经济稳定。黄河改道虽然会影响这个目标的实现，但毕竟不是心腹之患。危难关头，鱼和熊掌不能兼顾，咸丰帝只得做出取舍。

决口已过，灾情解除，决口仍在，黄河依旧向北流去。对于是否将黄河徙归故道，朝中大臣进行了长达30年的争论。

最初，随行勘灾的前山东巡抚张亮基，在实地调研的基础上提出了"治河三策"。一是"顺河筑堰"，二是"堵塞支流"，三是"遇湾切滩"。既然咸丰帝要求"力求搏节"，那就少花钱、多办事，顺势而为，减少对黄河河道的人为干预。因而得到朝廷首肯，迅速推广。到咸丰十年（1860年），通过州县官府"劝民筑埝，逐年补救"，灾区农业生产基本恢复。

"治河三策"，只是清廷财力匮乏情况下的"补苴之术"。通过"拦得一边漫水，则一方之耕凿可安；断得一股分支，则一路之室家可保"。这并非任由黄水四处漫流的卸责之举，而是尊重治水规律、总结治水经验的应急之举。

既然是临时措施，总要有结束和"转正"之日。"疏堵之争"的关键，还是离不开地方利益的分野。山东巡抚丁宝桢和江苏巡抚李鸿章，为这个问题争得面红耳赤。其实，都是不想让黄河流经自家门口，带来洪涝隐患。然而，长时间的争论却带来了严重的社会后果。

铜瓦厢改道后，由于清廷国力不逮，导致黄河治理长期处于乏人问津的状态。各地乡绅只好自筹资金，各自修建"民埝"，也就是老百姓自行修建的土堤坝。然而，这些"民埝"没有统一的建造标准，质量参差不齐，很难防御大洪灾。官府的拨款也被截留、挪用，使得"民埝"的维护费用更难以保障。

铜瓦厢改道后，运河江苏段失去了黄河这一重要水源，很快就干涸和淤积，无法行船，导致漕运中断。为解决京城百万军民的吃饭问题，咸丰帝终于把道光年间试行的"漕粮海运"全面落实。于是，漕运作为一个行业消失了，带来的不光是上万人的失业，还有运输方式的革命性变革。

光绪十年（1884年），铜瓦厢决口终于合龙。然而，这次黄河没再回归故道，而是沿着新河道经山东注入大海。此后黄河水灾少了，季节性断流的天数居然多了，令人唏嘘。

# 开征厘金：从"江湖救急"到改写历史

图 3—02，通城等县战图，现藏于北京故宫博物院。图中描绘了太平天国与清军在湖北通城等地激战的场景。

大清咸丰三年（1853年），太平天国席卷江南。战乱不止，山河破碎。

朝廷为了支撑这场战争，把多年来积存的家底儿快耗光了。咸丰刚上台时，国库还有存银 800 万两。这才刚过两年多，只剩 29 万两了。

别说打仗，连军人的薪水都发不起了。

形势危如累卵，十万火急。

朝廷只好削减俸禄、卖官鬻爵、发行纸钞。谁都知道，这么做没有"节操"，但走投无路的咸丰只好默许。然而，这些办法能凑够军饷，把这场仗打下去吗？

# 起意危难之际

削减俸禄，官兵们就朘削百姓，加以弥补。卖官鬻爵，卖出去的多是空衔，只有顶戴而已；想要实缺，得等好几年，虽然价钱上打了折，但"投资效益"也打了折。发行纸钞，又没有足够的金银作为准备金，结果发行太多，导致恶性通货膨胀，金融市场一团混乱。

军饷不管够，朝廷着急，战区地方官更着急。眼看朝廷靠不住，地方官只好自力更生想辙筹饷。他们最擅长的就是让绅商和官员捐资助饷。标榜"自愿"，实际上却是上门劝捐，甚至带兵勒捐。许多绅商慑于官府权势，只好散财免灾。一些官员先被削减俸禄，继而几番"捐纳"，再加上战祸洗劫，家产几乎荡尽，做官竟成了赔本买卖。

既然是"捐"，起码形式上要遵从"自愿"，不能强迫摊派。就算带兵去抢，捐来的银子数量也未必够用，而且吃了上顿没下顿。可是，军饷开支是个常数，有增无减，客观上需要一个既能强制征收，又能保持稳定的新财源。那么，这样的新财源究竟在哪儿呢？

就在咸丰三年（1853 年），刑部侍郎雷以针奉旨到扬州的江北大营帮办军务。这里是清军包围太平天国首都天京的重要战略据点，驻扎几万清军。雷以针的任务，就是为养活这些人找钱。这些天，他跟其他战区的地方官一样急得抓耳挠腮。

幕僚钱江的主意，让他眼前一亮。

钱江发现，扬州位于长江下游，是南北商贸往来要冲，就打起了商人的主意。他建议，在水陆要冲设置关卡，对过往货物按货值多少强行派捐；在扬州城内派人巡视，对开店商人按销售额强行派捐。由于捐率都是 1%，即 1 厘，因而前者称为"行厘"，后者称为"坐厘"，两者统称"厘捐"。

这是典型的"雁过拔毛"，让官府去干"此山是我开，此树是我栽，要想此路过，留下买路财"的土匪勾当。

跟缴纳其他名目的捐税一样，缴纳"厘捐"也能得到盖着官府大红印章的文书，证明捐得了某某功名。不过，这只是无法兑现的空头支票而已，但官府强制，不得不捐，连名义上的"自愿"也没了。

钱江的建议，并非凭空琢磨出的。早在道光十三年（1833年），湖北光华县（今老河口市）为治水修堤，筹措款项，"饬令各行等，抽收厘金，以为未雨绸缪之计"，抽取比例是千分之一。看样子，摊派"厘金"的做法，外地早就开始用了。

听了钱江的建议，雷以针决定一试。他派人设立机构，向扬州附近乡镇的米行强行派厘。最初的标准是每石米捐50文。半年间，竟收了2万串钱（每串1000文）。雷以针见收成不错，马上向朝廷上奏表功，称赞这种做法既不扰民，又不累商，"细水长流，源源不竭，于军需实有裨益"。他还把这一做法推广到扬州附近各个州县，并建议江苏巡抚、江南河道总督也来学习借鉴，在各自辖区"一律劝办"。

## 尝试全国推行

咸丰看到这份奏折后，觉得"厘捐"跟其他类型的捐纳没有什么区别。因此，他在谕旨里只是表示，既然雷以针说这一招很有效，那就继续施行吧。至于江苏巡抚、江南河道总督是否照办，可以视情酌定。

这份表态模糊的谕旨，却被雷以针解读为朝廷充分肯定。于是，他拿着这把"尚方宝剑"，大张旗鼓地在泰州设立分局，把厘捐的征收范围从大米扩大到各类粮食、禽畜、油盐酱醋、糖茶布匹、锅碗瓢盆、纸张药材、丝绸白酒、钱庄票号……总之，所有的商品、所有的店铺都要缴纳厘捐，概莫能外。

江苏巡抚、江南河道总督见雷以针尝到了甜头，也起而效仿，在各自防区征收厘捐。只一年工夫，捐局就遍布大江南北。

江北大营有好几位帮办军务大臣，雷以针是管后勤的，钦差大臣胜保是管打仗的。胜保对征收厘捐的法子大加夸赞，奏请在全国推行。他还提出了三点建议：军事主官征收，地方官协同配合；公正绅商经手，避免胥吏侵贪；就近征收，随征随解。

胜保这么提，主要为满足一己之需。眼下，他被调到北方，防堵太平天国的北伐军。由于战绩不佳，获罪贬官，而且军饷不济，整日苦恼。如果朝廷批准这三条建议，他就能自行征收厘捐，摆脱地方官掣肘；让内行人操作，减少中间环节克扣；收了就用，不上交朝廷，也不让户部插手。这样一来，不仅方便了自己，而且形成了一套新的税收渠道，有别于清王朝既有的国家财政体系。

可惜，咸丰没有看出这点，户部也没搞明白怎么回事，尤其是不清楚征收厘捐的收益到底有多大。朝廷最后决定，让各省督抚试试看。

这道谕旨，把征收厘捐的权力下放给了各省督抚，而不是军事主官。胜保的小算盘没打成，可是，谕旨里并没有写明征收方法和标准。也许，咸丰只关心弄到银子补充军饷，至于银子怎么弄来，他已经无心过问；也许，户部根本就没看好厘捐的前景，毫无顶层设计。

湘军的大本营湖南率先效仿。咸丰五年（1855 年），湖南巡抚骆秉章在长沙开设总局，由本省盐法道员为总办，本地士绅为会办，绕开州县的官僚体系，采取官督商办的方式，将厘捐收入直接送到藩库，也就是省级财政。紧接着，曾国藩在江西、胡林翼在湖北也开始仿行，湘军的筹饷困难迅速缓解。到光绪十二年（1886 年），全国各省均已推行厘捐。

此时，"厘捐"就不再是一种临时性的捐纳，而变成了新的税种，被称为"厘金"。

由于朝廷的懵懂与放任，各省只需向户部按季度上报厘金的收支情况。至于谁征谁用、怎么征怎么用，户部一无所知。

# 改写大清历史

大清的财政体制，长期遵循"量入为出"和"收支两条线"原则。前者是每年的收支项目大体固定，收支相抵，所剩无几，基本处于"紧平衡"状态；后者是一切财政收入统归中央，地方用度几乎全靠中央下拨。

显然，这样的财政体制缺乏弹性。如果遇到天灾人祸，或者物价上涨，需要大笔额外支出的话，地方就会捉襟见肘。

咸丰上台之初，中央财政枯竭，无力向地方拨付军费；面对日益浩大的战争开销，各省督抚手中没钱，都很着急。厘金的出现，对于督抚来说无异于救命。

上海捐厘总局负责人吴煦的档案显示，仅上海每年的厘金收入就超过100万两。根据骆秉章的幕僚郭嵩焘的说法，湖南每年的厘金收入多达140万两，湖北则超过200万两。即便是这些，还是督抚们有意压低上报数据的结果。根据经济史专家彭泽益的估算，清廷为镇压太平天国花去了1.8亿两银子。当时的户部穷得叮当响，一下子根本拿不出这么多钱。厘金成了筹钱的重要途径之一。

镇压太平天国的十几年里，各地一共收了多少厘金呢？根据历史学家罗玉东在《中国厘金史》里的估计，总计1.1亿两，年均1000万两。没有厘金，打赢这场战争显然不可能。

有了这么稳定的输血源，地方财政再也不用发愁了。当然，督抚们不愿将其交给朝廷。于是，厘金就成了督抚们"画地为牢"的自留地，成了不受朝廷节制的大财源。即便没了战争，不需要那么多军饷开销了，厘金也照旧征收。

曾国藩等人靠镇压太平天国起家，"将在外君命有所不受"，渐渐养成了自行其是、不听调遣的习惯。对于朝廷的法度，他们阳奉阴违，不仅把持了厘金，而且敢于截留本由中央财政管理的地丁钱粮。这样一来，地方督抚钱包鼓了，腰杆硬了，中央财政却断了进钱的来路，对地方的号令渐渐失效。于是，地方山头林立，督抚们发言权日增，有坐大之势，其中相当一部分的底气，就是靠丰厚的厘金收入。而中央财政相形见绌，晚清政经格局即将巨变。

1912年初，正是作为清廷直隶总督的袁世凯，逼迫宣统退位，结束了清王朝的统治。

## 利弊兼而有之

厘金的征税对象是商品和商铺，可以归入商业税范畴。众所周知，商业的附加值远高于农业，但在明清两朝，农业税却是主要税种，甚至层层加派，到了农民无法承受的地步，而商业税的额度很小，几乎处于免税状态。造成这种现象的原因，主要是明朝以来“重农抑商”思想的发展，商业在社会经济中的重要性被漠视。而这么做带来的后果也是很严重的：国家无法从商业利润中获利，为了确保财政收入，只好更加“重农抑商”，导致商业税收大量流失，商业资本备受排挤；然而，获利的商人并未因免税而获得好处，他们成了各级官员搜刮和摊派的对象，不胜其扰，不堪其苦，有些商人为了自保，干脆与官府勾结，私分商业利益，形成行业垄断，比如广州十三行、扬州盐商等。

厘金的出现，客观上弥补了商业税收的不足。随着征税总额的不断增加，清王朝的财税结构逐渐发生了新变化。税收主体由农业税逐渐转为商业税，带动晚清财政收入实现了翻番。财政结构的变化，使商业因素在中国经济中的比重持续加大，推动中国经济结构的缓慢转型。

虽然有这样那样的积极影响，但厘金并非善税，而是恶税。

它是靠榨取商人来填补军饷，是对商业发展的盘剥。地方掌控征税权，滥设厘金局，征厘名目繁多，令人目不暇接。按照课征品种，分为百货厘、盐厘、洋药厘、土药厘四类；按照课征环节，包括出产地、通过地和销售地三种厘金。每走几里、几十里便遇关卡，层层盘剥，商旅寸步难行，运输成本直线上升。

　　由于面向生活日用品征税，使贫者恒贫，负担反而更重。各省自定税率，但都高于最初的1%，一般是4%，多的能到20%，再加上重复征收，令商人望而却步，使商业规模无法扩大，全国市场难以形成。考虑到外国列强凭不平等条约取得免征厘金的特权后，厘金对中国民族资本发展带来的危害，就更加显而易见了。

　　20世纪20年代末，南京国民政府完成对全国的形式统一，需要加强政治、经济领域的中央集权，削平地方山头，裁撤厘金就成了首当其冲的事情。1931年1月，国民政府终于废除厘金，改征统税，纳入中央财税体系。这是政府自我修正财税体制、减轻商家税负、维护市场秩序的积极举措。厘金的历史戛然而止。

　　厘金活了70多年。它用自身的兴衰经历告诉我们：培育全国性市场走向成熟，既要放开市场这只"看不见的手"，让市场决定资源配置，又要管好政府这只"看得见的手"，简政放权，努力削除阻碍市场经济发展的体制性障碍。

　　裁撤厘金，非但没有削弱财政，反而促进了经济增长和税收增加。到1936年，中国经济总量和财政收入双双创出新高，达到了1949年前的峰值，国民政府还实现了收支平衡，略有盈余，这在民国财政史上绝无仅有。

# 息借商款: 晚清债券的试水之旅

2014年10月14日, 英国政府宣布成功发行了首支人民币主权债券, 规模30亿元人民币, 期限3年。这是中国首次走出国门, 在西方国家发行人民币主权债券, 凸显了人民币日益增长的全球吸引力, 对推动人民币国际化和成为国际储备货币将产生示范效应。

无独有偶, 120年前的

图3—03, 清末新政期间, 户部银行发行的兑换券。1908年, 户部改为度支部, 户部银行更名大清银行, 是含有商股的官办银行, 具有代理国库、承铸货币、发行纸币的职能。

中国, 在债券领域也经历了"第一次"的突破, 那就是"息借商款"。这项清末财经领域的新政, 开启了中国第一次发行国内公债的进程。

## 海防吃紧, 另辟财路

光绪二十年 (1894年), 甲午中日战争爆发。

日本蓄谋已久，气势汹汹，中国却出了状况：这年恰逢慈禧太后六十大寿，清廷将更多资金投入庆典筹备，对于这场突如其来的战争，清廷只寄希望于列强调停。战争准备不足，等到炮声打响，才慌忙筹钱。户部和海军衙门费了很多周折，才筹了500多万两银子的军饷，但只维持了一个月就花光了。

八月初九日（9月8日），户部在《酌拟息借商款章程折》中指出，"海防吃紧，需饷浩繁"。谁都知道，打仗打的是银子，没银子寸步难行。可是，去哪继续筹钱呢？

户部提出，"伏查近年以来，帑藏偶有不敷，往往息借洋款，多论镑价，折耗实多"。所谓"多论镑价"，就是借款以英镑为单位，折算成银两，还款时仍需折成英镑。当时英镑进入升值周期，会给清廷带来高额汇兑损失。

既然借外债太亏，那就不如"以息借洋款之法，施诸中国商人，但使诚信允孚，自亦乐于从事"。户部认为，"中华之大，富商巨贾，岂无急公好义之人"。与其找洋人举债，不如找自己人借钱。民间资金充裕，只要国家讲诚信，这些商人自然会出钱。

以前，清廷国库缺钱时，一般采用捐输，或拿出官缺、监生等头衔，任由商民认捐，或强迫摊派，让富户捐款报效。然而，这次户部换了思路，提出六条建议：

——预定还期。规定此次不是报效，而是借钱，有借有还。以6个月为一期，第一期还利不还本，第二期起本利并还，到第五期还清本息。

——酌给利息。规定月息7‰，一年按12个月计，遇闰月也计入。

——颁发印票。每100两银子颁发一张印票，写明商铺字号、本息数目、交兑日期，盖户部大印。每期期满，还本还利，都会在票上注明。本息还清，印票销毁。此外，再给五期小票，每还一期就撤一票，并在户部登记。

——定准平色。无论借款还款，都使用库平足色纹银。一出一入，平色划一。

——拨抵款项。为免去验看银两成色的周折，直接将京城所借商款100万两划归银号，转交内务府支领，抵作户部银库应拨内务府的银两。另从户部银库则将应发内务府的款项提出，用于战争需要。

——严防弊端。户部将选派专人办理，不假胥吏之手，以求杜绝舞弊；禁止收取其他费用，以及向商人摊派。遇有胥吏招摇、勒索商人的举报，即严惩不贷。

户部还建议，息借商款首先在京城举办，然后向全国推广。对借款较多的商人给予奖励，其中集资 1 万两可"虚衔封典"，集资 100 万两可"请赐匾额"。所有借款以地丁银和关税作为担保，以展示国家诚信，吸纳各方资金。

这六项建议里，有意回避了集资总额的规定。毕竟，战端开启后，军费就是个上不封顶的天文数字，户部当然希望筹款多多益善。

面对财政枯竭、军费亏空的严峻局面，清廷非常着急。户部此议一出，朝廷二话没说，当即批准。六条建议变成了户部六条章程，从而将近代中国首款国内公债推上了前台。

# 开辟清末财经改革新思路

在农业社会，欠债始终不被看作好事，不值得夸耀和推广。战国末期周赧王债台高筑的典故，就是在讽刺借债度日的生活方式。清王朝治下的中国，皇帝拥有至高无上的权力，臣民只有纳粮当差的义务，绝无向官府放债且要求官府限期偿还的理由和先例。因此，政府向民间募集公债，在中国历史上是新事物。不管怎么说，息借商款都是个创举。

鸦片战争之后，虽然受西学东渐影响，中国的社会经济发生巨变，但对于西方国家早已司空见惯的公债概念，清廷仍然毫无了解。只是到了甲午战败，迫于偿付赔款的巨大压力，清廷才开始向西方列强举借外债，但对于募集国内公债，依然讳莫如深。

息借商款颁行之前，安徽巡抚陈六舟曾上书建议，"令民称贷公家，春借秋还"，即由官府向民间借贷，明确偿还期。清廷不仅拒绝了这一建议，还把陈六舟降职为浙江学政。

随着西学东渐的影响加深，一些有见识的士大夫对西方国家的公债有所了解，为缓解清廷财政困难开出了药方——效法西方，向民间借债。

中国曾出现过早期的国内公债雏形。无论是清朝地方官府在镇压太平天国期间发行的"印票"，还是左宗棠西征新疆期间以乾泰公司名义发行的"债票"，都带有国内公债的特点。

不过，"印票"和"债票"在发行时，都只规定还本付息和偿还担保的内容，没有更多说明，没有严格章程，没有面向社会公开发售，只是依靠熟人推荐和散客投资定向发售。因此，"印票"和"债票"都不属于近代意义的公债。跟它们相比，息借商款有三个明显特征：

一是权威性。息借商款以中央政府的名义制定章程，具有相当的法律约束；而这种以法律条文形式颁布的章程，公布了债券发行的各项条件。

二是完整性。息借商款的章程涉及预定偿还期、偿付利率、颁发印票、定准平色、拨抵款项、严防弊端、偿还担保等方面内容，要素基本完整，具有相当价值。

三是正规性。凡是参与借款的商人，都拿到了中央政府颁发的正式债权凭证，即"印票"和小票，其集资的相关权益是得到官方承认和保护。

这三个明显特征使息借商款跳出了捐输、报效等传统筹款方式，成为中央政府通过法制渠道开展财政创新，丰富收入类型，克服民间集资随意性、强迫性的探索，是清王朝动员社会闲散资金，缓解财政困难的尝试。此后，发行公债成为历届中央政府筹措资金的重要措施。

息借商款不仅在集资过程上有创新，在集资目的和使用效果上也有积极意义。

清廷发行息借商款，主要是为筹措甲午战争的军费，具有抵御外侮的特质，这符合中华民族的整体利益，因而具有爱国公债的色彩。正是集资目的和用途的正当性，使这项工作的进展比较顺利。京城各大银号、票号和商行纷纷表示，"食毛践土，具有天良，朝廷现有要需，敢不竭力设措"。

息借商款的筹款效率很高。《光绪朝东华录》记载，仅八个月时间，筹款总额就达到 1102 万两，相当于当年财政收入的 13.6%（1894 年清廷财政收入 8103 万两），大大超出了清廷事先的预期。

需要强调的是，战争的开销是巨大的，光靠这些银子显然是不够的，清廷还得广辟财源，甚至举借外债。不过，能够筹到这笔钱，还是在一定程度上缓解了清廷战时的财政困难，维持了战争，正如户部所说，"洵于军兴用款不无少补"。

息借商款虽然开创了清末财经改革的新思路，但还是没能挽回中国在甲午战争中战败的结局。更令人遗憾的是，在很多地方的实施过程中，息借商款变成了强迫摊派，商民经济负担陡然加重，扰乱了市场秩序，对民族资本的健康发展产生了负面影响。

## "不走心"的创新

无论是户部的章程，还是清廷的谕旨，都提到"严防弊端"，禁止侵商扰民。然而在晚清社会，这样的禁令难以真正实现。息借商款在很多地方变成了对商人、士绅的强迫捐输，对老百姓的变相勒索。

江西的地方章程就是在户部六条章程的基础上多有增删，给许多州县巧立名目，向商民开征各种杂费提供了便利。有些州县甚至威逼恐吓，大刑伺候。浙江、江苏、湖北等省趁机搭车，加征烟酒酱缸捐、铺户房捐、漕米捐等名目的捐税，可谓"捐借不分""借捐并举"。实际上就是滥施摊派。

本来，清廷规定息借商款采取自愿原则。然而，地方官府在执行政策时，为追求政绩、从中敛财，多是强制发债，逼迫绅商认借。每户按照财产多寡强制摊派。由于财产估价是由胥吏操办，不少富户就向胥吏行贿，使其把自家财产的估价做低，以减少甚至逃避摊派。造成"贫富颠倒"，中产者反而认借更多，负担更重，不仅激化了社会矛盾，而且不利于民族工商业的发展。

客观来讲，这些弊端并非息借商款本身的制度设计造成。正如户部所说，"非由立法之未周，实因奉行之不善"。晚清官府的吏治腐败，使息借商款的推行在地方走了样，对普通百姓造成了扰害。对此，户部除了请旨严禁，无可奈何。息借商款虽是近代化的国内商业公债，但由于公债市场没有建成，只好由政府强制发行，以便短期内筹集更多资金，这种急功近利的做法也是导致实施走样的重要原因。

在息借商款的过程中，士绅阶层是怨气最重的群体。他们是借款的主要对象，在朝野都有发言权。他们原本对息借商款抱有期待，踊跃认借，却不堪法外加征的税负。印票面额过大（每张100两），一般小康之家没这么多闲钱，加上不少官府强制认借，让这些人损失惨重。由于缺乏成熟的债券市场，获得的印票无法实现二次交易和快速变现，使这些债权人在资金上陷于被动，只能听任官府摆布。

甲午战争的结束和《马关条约》的签署，使息借商款的理由不复存在。光绪二十一年（1895年）四月，户部停止了息借商款，理由有二：一是集资已有一定规模，无需再借；二是官府从民间筹银过多，导致银价上涨，妨碍民生。然而前述弊端，才是叫停借款的更重要因素。

随着规定期限的渐次到来，清廷陆续偿还本息，但有些省份到期应还的款项却没有回到商民账上，而是被地方官挪用了。湖广总督张之洞就将60多万两到期本息挪作苏纶纱厂、苏经丝厂的创始资本，以此与西方列强开展商业竞争。康有为对此加以谴责，认为其违背了债权人意愿。然而，这些到期本息的债权人主要是苏州典商。官府把他们的高利贷资本强制转化为产业资本，客观上为民族工商业发展提供了原始积累，这或许是不幸中的万幸。

# 昭信股票：一次变了味的近代公债

甲午战争，清廷战败，被迫签署《马关条约》，背上了白银 2 亿两赔款和 3000 万两"赎辽费"的重负。当时的中国"于战败之后，库空如洗，欲增益赋税，以弥补战事之损失，则又以财政及一切制度之不完全，势有所不可"。财政入不敷出，赔款催得又紧，该如何是好？

图 3—04，1895 年春，北京北海太液池内，光绪皇帝坐在冰橇上尽享娱乐时光。殊不知，甲午战争令清末财政几近枯竭，不得不寻求发行公债缓解困难。

自己没钱，只能借钱。可是，找谁借呢？

## 内债优先，昭信肇起

当下的燃眉之急，是"从速筹款"，尽快偿清赔款，维护朝廷"体面"。清廷认为，"举借外债，遂为惟一之解决途径"，从而走上了向西方列强借款的不归路。分别向俄法两国和英德两国借款，款项巨大，利息高昂。此后每年都要拿出 1500 万两银子还本付息，成为晚清财政的沉重负担。不光如此，由于两次借款均以海关税收为担保，不仅为列强对华资本输出提供了便利，而且使中国的外贸主权进一步沦丧，形成恶性循环。

清廷的一些有识之士意识到，举借外债无异于饮鸩止渴，不是根本出路。光绪二十四年正月初九（1898 年 1 月 30 日），一个名叫黄思永的官员呈送了《请特造股票筹借华款疏》，提出了三点主张。

第一，举借外债，隐患丛生。他说："时事孔棘，库藏空虚，舍借款无以应急，舍外洋不得巨款。前已种种吃亏，近闻各国争欲抵借，其言愈甘，其患愈伏。"

第二，虽然战时的"息借商款"弊端不少，但不能因噎废食。向国民发行内债可行。

第三，举借内债的方式是发行股票。"每百两为一股，每股分期收缴，还以十年或二十年为度，每年本利共还若干，预定准数，随股票另给票据，十年则十张，平时准其转售，临期准抵交项。"

黄思永在朝中只是詹事府右春坊右中允。詹事府在清朝只是翰林院的辅佐机构，黄思永的职务是负责纂修皇家实录的，级别正六品，相当于今天的副厅级。然而，一个写实录的小官，怎么会提出举借内债的观点呢？

首先是源于个人的观察分析。黄思永认为，当时的民间财富有外流势头。"在外洋与在通商口岸之华民，依傍洋人，买票借款者甚多，不能自用，乃以资人；且搢绅之私财，寄顿于外国洋行，或托洋商营运者，不知凡几。"他相信，民间财富巨大，在"忠君爱国"的旗号下，用股票筹集资金问题不大。

其次是源于西方公债思想的影响。洋务派人士对西方的公债制度早有耳闻。左宗棠曾嘱咐替他筹集军饷的红顶商人胡雪岩，最好向华商借款，做到"楚弓楚得，利益归之中华，而取携又较便也"。郑观应在《盛世危言》里，专门辟出一节，介绍西方列强发行国内公债，既可集中民间财力办大事，减轻财政负担，又能增加普通民众的话语权和经济收益。无论是左宗棠，还是郑观应，都主张内债优先。黄思永对内债的了解，离不开这两位大人物的科普。

黄思永的主张很有建设性，给正在为筹款焦头烂额的户部提供了新思路。奏疏批转到户部后，很快就得到了答复："息借华款为补救万一之谋"。户部不仅对黄思永的主张予以支持，而且奏请朝廷"印造部票一百万张，名曰昭信股票，颁发中外"，取"以昭大信"之意，以取信于民。两个月后，户部制定的《昭信股票详细章程》获批颁布。

那么，这份章程里都讲了什么呢？

## 匆匆出炉，发行不畅

《昭信股票详细章程》共有 17 条，讲了五方面问题：

第一，数额和面额。发行一百两、五百两和一千两三种面额的股票，总筹款额 1 亿两。以盐税和地丁银为担保。

第二，还款和利息。二十年还清，年息 5%。利息比"息借商款"的月息 7% 要低得多。每年二月以现银方式付息一次。

第三，管理机构。户部设昭信局，选派专员任职；各省布政使司设昭信分局。

第四，财产属性。昭信股票准许抵押售卖，官员认购不受升迁调转影响。

第五，奖惩措施。户部对认购较多者给予奖励，严禁地方借机勒索，违者一经查实，从重治罪。

跟甲午战争期间的"息借商款"相比，昭信股票更具有近代公债的特点。然而，在当时的社会环境里，昭信股票的发行仍然难以"脱俗"。

按说，官府和认购者作为股票发行的双方，是债务和债权关系。而当时很多人不这么看。黄思永就曾建议，"先按官之品级，缺之肥瘠，家道之厚薄，酌定借款之多少，查照官册分派，渐及民间"。虽然户部没有采取这种强制摊派的做法，但许多王公大臣主动要求免领债票，情愿将所缴银两作为给朝廷的报效。

恭亲王奕䜣带头"报效"库平银2万两。有王爷带头，其他官僚跟着认缴。以江苏为例，两江总督刘坤一认缴2万两，漕运总督松椿、江苏巡抚奎俊各认缴1万两，江宁将军丰绅认缴1500两，然后逐级减少。全省大小官员认缴了60多万两。江苏还动员两淮盐场的商人认缴了100万两。

对于得来全不费工夫的"捐款"，清廷自然乐意笑纳，表扬大臣们"深明大义，公而忘私"，堂而皇之地给予奖励。于是，昭信股票从发行之初，就成了变相的捐输。

昭信股票的发行，并没有像黄思永想象的那样，"似乎四万万之众，不难借一二万万之款"。认购似乎并不踊跃。发行工作持续了半年，直至戊戌变法时停止，募集资金仅1000多万两，还不到预计发行总额的1/5，对于缓解财政困难，特别是偿还赔款的作用不大。无奈之下，清廷不得不以厘金为抵押，向英德两国第二次借款。要知道，多省军饷出自厘金，一旦被抽去还外债，军费就没了着落，真可谓"拆东墙补西墙"。

如果说昭信股票没起什么作用，那也有点冤枉它。募来的银子属于清廷的计划外收入，在赈灾、拨补厘金、修建卢汉铁路、购买枪械等方面发挥了作用。只不过，这些都不是昭信股票最初设计的去处。

那么，以缓解财政困难、偿还战争赔款为主要目的而发行的昭信股票，为什么会遇冷呢？

## 问题复杂，死结难解

昭信股票从发行之始，就遇到三个死结，不仅无法解开，而且越系越紧，导致发行失败。

第一个死结，是顶层设计之困。昭信股票发行前，在顶层设计上就留有许多问题，最明显的疏漏是发行面额的设计。张仲礼在《中国绅士的收入》一书中估算，19世纪后期中国的中等收入者约为150万户，户均年收入（含现金和实物）450 两银子。普通百姓 3.7 亿人，年人均收入 5.7 两银子。这种收入水平与昭信股票发行的每股面额（100 两—1000 两），形成了鲜明反差。就算有心尝试这一新鲜事物，投资门槛和持有成本过高，一般人很难买得起。特别是在民族资本原始积累不充分的情况下，社会上根本无力承购如此规模的公债。

即便有人出得起钱，但除了那些报效拍马的官员外，很多斥资买入昭信股票的公众，还是相信朝廷的信用，追求稳定的收益。然而，当时清廷的财政连年亏空，偿还外债压力巨大，昭信股票的集资目的主要是偿还赔款和外债，没有任何投资收益，怎么可能拿得出钱来回报投资者呢？

第二个死结，是投资渠道之困。19 世纪西方国家的国内公债，虽然以国家信用和部分税收为担保，但发行都不由政府部门出面，而由专业金融机构出面。19 世纪末，中国具有近代色彩的金融业基本都被西方列强的大银行垄断，汇丰、道胜、德华、东方汇理等外资银行成为西方列强对华资本输出的主要金融平台。相比之下，中国传统的钱庄、票号，虽然业务范围已超出了高利贷，但比起近代银行仍有诸多局限。因此，钱庄、票号即便"汇通天下"，也无法承担起国家公债的发行职能。

就在昭信股票发行前一年，也就是光绪二十三年（1897 年），中国人开设的第一家银行——中国通商银行成立。然而，连户部都觉得，"若通商官银行，惟上海一处开设，其余省会口岸，现时尚未设立，未便以通行之案，仅令一处承领"。一个没有分支机构的小型银行，即便够近代化，也很难承担起发行全国性国债的功能。因此，户部和各省只能内设专门机构，拨派专员，承担发债的具体工作。不仅发行渠道受限，发行的专业性和公开透明程度也被广为质疑。当时的中国，虽然有些企业开始发行股票，但没有规范的证券交易所，导致昭信股票即便发行，也很难作为"有价证券"在市面流通，帮助投资者在二级市场获利。

发行渠道窄，交易渠道窄，投资变现难，使昭信股票失去了作为国债应有的吸引力。

　　第三个死结，是利益主体之困。昭信股票发行过程中，最受伤的莫过于普通民众和中小商人。他们本来就买不起这种大面额的国债，对购买国债也没什么积极性。然而，有些地方官府为了完成征缴任务，或从中牟取私利，就"拘集商民，勒令认捐"，强制摊派，激起不满。就在发行昭信股票同年，清廷还决定加征"铺税药牙"，给普通商人增添了新负担。陕西巡抚魏光焘奏称："商民财力有限，若同时并举，诚恐顾此失彼，难期有济，请暂为展缓。"

　　连地方官都看不下去的摊派，显然已是捂不住的大事了。这样做的后果，是驱使中国更多的富民投靠洋教，寻求保护，导致洋教势力恶性膨胀，为此后盲目排外思潮的愈演愈烈，以及义和团运动的爆发埋下了伏笔。就在发行昭信股票之后几个月，四川就爆发了余栋臣起义，席卷川东。余栋臣打出的旗号是"但诛洋人，非叛国家"。提出"事必有成，则日本兵费二百兆之赔偿，本年昭信股票六千万之派款，朝廷厚爱，一切免矣"。

　　一些主张招抚的官员，看到余栋臣的诉求，就提出由法国传教士认购昭信股票。虽然这只是个空头支票，但得到了余栋臣的积极回应。至此，昭信股票从一个具有经济意义的国内公债，转化为官府消弭农民起义的工具，以及平衡各派势力诉求的砝码。虚无缥缈，不伦不类，这也从另一个侧面说明它的失败。

# 清末橡胶风潮：大清股市的狂热与梦魇

    大清宣统二年（1910年），农历新年刚过，春寒料峭的天气，丝毫没有阻挡股民的热情。在不断上涨的股价面前，长袍马褂的土财主、西装革履的洋买办、一身短打的贩夫，乃至破衣烂衫的乞丐，一时间实现了平等。在外滩的各大外资银行和证券交易所门前，人潮涌动。大家挥舞着银票，争先恐后买股票。人丛中，只要谁喊出点儿爆炸性新闻，没准就会引发一场踩踏事件。一夜暴富的鲜活例子，将越来越多的人卷入了这场狂热的投机游戏之中。而游戏的主角，则是一款名叫"橡皮"的新事物。如今，它换了个名字，叫作"橡胶"。

## 一路飙涨

    20世纪早期，在第二次工业革命的浪潮中，橡胶作为新材料在制造业

图3—05，上海徐家汇教堂，始建于1904年。上海既是清末远东金融和涉外商务交往中心，又是清末橡胶危机的重灾区。

领域得到广泛应用。尤其是汽车、三轮车、人力车的轮子，套上橡胶做的轮胎后，告别了颠簸，行驶更稳当。随着这些工业品的产销量越来越大，西方工业国家对橡胶的进口需求骤增。1908年，英美两国分别进口了价值84万英镑和5700万美元的橡胶，次年就分别增至141万英镑和7000万美元。

受生产周期、土壤、气候等因素影响，橡胶的生产规模短期内难以迅速扩张，导致橡胶在国际市场上供不应求，价格暴涨。1908年，伦敦市场上的橡胶每磅2先令，次年就猛涨到10先令，1910年4月甚至达到12先令5便士。而开采成本只有1.6先令。如此暴利，使橡胶股票价格也水涨船高。一家橡胶公司发行的股票，就从每股10英镑的发行价迅速涨到180英镑。

许多企业家见有利可图，纷纷投资橡胶产业，使适合橡树生长的东南亚地区，在1910年初短短几个月间，新成立了122家橡胶公司。其中1/3把总部设在上海。这是为什么呢？

上海是远东金融中心和航运中心，金融市场和交通区位优势，吸引了至少40家外国橡胶公司前来招募股份、发售股票，甚至把总部设在上海。它们都在上海的报刊上大做广告，把自己吹得天花乱坠，展示盈利预期，让投资者深信不疑，然后找一家驻沪外资银行开户，聘请商界大佬充当董事，为的就是包装门面，炒作自己。

这些外在的动力，改变了很多橡胶企业的命运，也改变了上海股民的命运。1903年，英国人麦边在上海组建"兰格志拓殖公司"。兰格志是个橡胶产地的地名。麦边吹嘘其经营范围涵盖橡胶种植园、勘探开采石油、采伐木材等多种业务，以此向市场招股募资。然而，实际情况是，这家公司五六年都没什么业务，遑论业绩，显然只是个皮包公司。

直到1909年，人们看到国际市场上橡胶公司纷纷获利，便开始集体炒作，推高了上海橡胶股票的交易量和股价。1909年4月4日，兰格志的股价是每股78两银子，到5月16日竟涨到了116两，一个半月时间涨了49%。更夸张的是，地傍橡树公司的股价从1910年2月19日的每股25两，增加到4月6日的50两；柯罗麻公司的股价从1910年2月16日的17.5两，增加到3月

17 日的 36 两，短期内实现了股价翻倍。

橡胶股票的暴涨，最直接的后果就是激发了人们的投机贪欲。然而，并非所有投资者都能有的放矢，见好就收。

## 谁在裸泳

参与炒股热潮的人们，既有华人和外国人，也有公馆里每天闲着打牌的太太小姐。其中一些人投入了全部积蓄，外加变卖衣服、首饰所得的银两，有些人甚至贷款买股，为的就是赚银子。根据日本东亚同文会的统计，全球橡胶股票的投资额约为 6000 万两，来自中国人的投资就占了 70%—80%。其中，3000 万两投在了上海，1400 万两投到了伦敦，加起来顶得上大清半年的财政收入。

"牛市"里赚大钱的，永远不是散户，而是机构大户。许多洋行买办和钱庄老板闻腥而动，冲进股市，批量购入橡胶股票，越涨越买，成了机构投资的急先锋。

陈逸卿是正元钱庄庄主，兼任茂和洋行、新旗昌洋行和利华银行的买办；戴嘉宝是兆康钱庄庄主，兼任德商裕兴洋行买办；陆达生是谦余钱庄庄主，兼任陆元利丝栈主人。这三位是上海钱庄业的一线明星，深得外资银行和洋行的支持。为投资橡胶股票，这三家钱庄投入了 600 万两银子，还从外资银行举债 100 万两。他们发财没忘了生意伙伴，把森源、会大、晋大、协丰、元丰等 5 家钱庄也拉进了这个局。

这些钱庄的玩法大致分为两类：一是向散户提供贷款，散户把买来的橡胶股票作为抵押，换取新的贷款去买新股票；二是钱庄自己直接参与炒股，如果钱不够，就向外资银行贷款。总之，不惜一切代价，全仓吃进橡胶股票。

有些钱庄规模很小，从来没运转过如此多的资金。像森源钱庄，资本金只有 1 万两，却被陈逸卿调走了 21.88 万两庄票。一旦股价暴跌，非但血本无归，还会背上永远还不清的巨债。可以说，这些钱庄砸进了几乎全部家底，把自己的命运跟橡胶股票牢牢地捆在了一起。

市场依旧繁荣，毫无危机征兆。汇丰银行推出的一家发行新股的橡胶公司，开闸申购 1 个小时，原定的新股发行指标全部用完。一共 10 万两银子的股票，竟然吸纳了 160 万两认购资金。为了买到原始股，托关系走后门的情况屡见不鲜。

兰格志公司的股价还在上涨，到 1910 年已经突破 1000 两大关，高位接盘者络绎不绝。兰格志也不含糊，携手外资银行联合坐庄，先是用银行贷款支付高额红利，随后银行宣布接受用兰格志的股票办理抵押贷款。这些翻云覆雨的做法，进一步炒高了股价。

因为橡胶股票的暴涨，各路资金，无论国有还是民间，都通过钱庄票号齐聚上海。这些股民怀揣着同样的发财梦，感受着投机的全球化洗礼。然而，他们忽略了一个重要事实：投资对象的可靠性。

这些如雨后春笋般上市的橡胶公司，不乏拥有数千英亩和百万两市值的大公司，但整个上海，这样的公司只有 8 家。更多的都只是中小公司。有些公司干脆就在东南亚跑马圈地，甚至连橡树苗都还没种，就加价转卖橡树园，收取现金或股票。骗子公司比比皆是，防不胜防。股民们只是醉心于"买买买"，以为买到即赚到，根本不去认真了解这些公司的真实经营业绩。而这些中小公司为了吸纳更多资金，不惜将百两面额的股票拆分成每股 10 两，甚至 5 两，并允许认购者分期付款。这些发展现状和操作手法，毫无规矩，远不如西方股票市场管理规范。

橡胶风潮中，谁在裸泳，只有退潮了才能看得更清楚。而这场退潮，来得太急了。

## 全面崩盘

这场世纪之初的"大牛市"，不是"改革牛"，不是"政策牛"，不是"创业牛"，也不是"超跌反弹"，而只是一场外部因素推动下的全民炒作。一旦外部环境逆转，这股炒作风便会烟消云散。逆转的时刻迅即到来。

1907—1908 年，美国爆发经济危机，橡胶消费能力锐减。国际市场的橡胶价格一度疲软。美国出状况，客观上提高了中国在橡胶领域的市场份额和国际地位。但美国的这个状况，使西方工业国家开始采取限制橡胶消费、以图平抑价格的政策。这样一来，量价同跌的行情在所难免。

1910 年 7 月以后，伦敦市场的橡胶交易价格暴跌。驻沪外资银行发现不对劲，马上宣布停止接受抵押贷款，并开始追索以前为别人炒股而做出的抵押款。消息一出，还没等中国人回过神来，上海的橡胶股票就开始狂跌。大家吓得争先恐后抛售橡胶股票。这些做法只能提升橡胶股票的下跌速度，甚至多次触及跌停。交易所也曾被迫停止了橡胶股票交易。于是，握有大量橡胶股票的正元、谦元、兆元等三家钱庄，经济损失多达数百万两。这三家大钱庄首先倒闭，陈逸卿走投无路，跳楼自杀。他们拉入伙的 5 家中小型钱庄也遭到牵连。

消息面的情报，虽然有时是假的，但多数情况下，官府还是当回事的。听说多家钱庄面临生死难题，上海道员蔡乃煌连夜赶往南京，向两江总督张人骏提议，向外资银行借钱来稳定局势，转移注意力。几天后，按照朝廷指示，张人骏同意由江海关为上海的各大钱庄向各国在华银行借款 350 万两，用于周转市面，缓和危机。

为了挽救这些惨遭"深套"的钱庄，蔡乃煌等人紧急磋商，并请列强在华的 9 家银行合并重组，增强竞争实力。然而，这些钱庄已被蛀空，套得太深，难以自拔，只能等死。而那些放贷的外资银行，由于贷款量相对有限，一时收不回来，也不影响大局。

对于突如其来的打击，当地官员采取了对策：向风雨飘摇中的钱庄注资。款项来自海关税收，总计近 200 万两。原计划拨给"庚子赔款"项目向西方列强代表还本付息，如今被彻底截留，江湖救急，十分无奈。

然而，屋漏偏逢连夜雨。度支部侍郎陈邦瑞跟蔡乃煌有些私怨，指使参奏蔡乃煌，罪名是妄议市面恐慌，恫吓政府，不顾颜面，退赔庚款。蔡乃煌被参劾后即宣布辞职。

上海橡胶风潮为患外滩，牵动全国。由于股票定价权缺失、金融管理缺位、不作为或乱作为等情况，加上中国境内没有中资证券交易所，导致清末中国股市处处受制于外人，社会也呈现萧条景象，毫无复苏迹象。它给钱庄票号带来的经济损失和社会冲击前所未有。这种传统汇兑方式，以及无法适应20世纪企业的信贷需求，逐渐让位给银行。

1911年，为了敛财还债，清廷急急忙忙地宣布"商办铁路国有"，并将经营权和筑路权卖给西方国家的铁路公司建设运营，从而招致这些商办铁路的股东们，即大量散户投资者的不满，他们揭竿而起，发动保路运动，从而成为辛亥革命武昌起义的间接诱因。

一个世纪前的混乱、无序和无助，始终萦绕在投资者的头顶，时刻发出善意的警示："股市有风险，入市需谨慎"。即便在号称闭着眼睛都能赚钱的大牛市里，这句话同样有效。

# 资本的博弈：陈光甫及其金融贡献

1911 年，辛亥革命爆发。南方各省烽烟不断，清王朝土崩瓦解。

江苏巡抚程德全派人挑落衙门房顶的瓦片，以表"革命须有破坏"，而后剪了辫子，摇身成为新政权的江苏省都督。可是，改弦更张，到处用钱，筹款成了最要紧的事。程德全把这份重任交给了幕僚陈光甫（1881—1976 年）。

图 3—06，陈光甫的出国护照。

曾是旧式钱庄老板之子，曾是华资报关行的学徒工，曾是外资邮局的职员，曾是汉阳兵工厂的译员，曾在湖广总督端方的协调下赴美留学，供职南洋劝业会。扎实的金融知识，熟稔的外语造诣，多年的人脉积累，丰富的职场阅历，让陈光甫具备了管好钱袋子的潜质。

于是，他临危受命，金融寻路。

# 职业经理人的尝试

江苏银行的前身是裕苏官银局，与生俱来的血统，使它的风格像极了洋务派官办企业。给官府当工具，甚至是钱袋子，这不符合现代企业制度，也不可能让企业搞活和上升。

背着筹款大任，陈光甫当然希望银行有点自主权。于是，30岁的他借助美国学来的金融理论，掀起了一波不大不小的改革。

苏州是省府，也是商埠，但金融业不发达，游资有限，吸纳难度大。陈光甫便来个乾坤大挪移，把银行总部搬到上海，充分利用远东金融中心区位优势，扩大业务范畴。

离省府远了，有些事就不便听省府号令了，比如纸币发行。于是，陈光甫主动放弃了这项特权。准备将江苏银行从政策性银行改组为纯商业银行，并规避挤兑风险。脱掉官袍后的江苏银行，省府要随意提现金，就没那么容易了。

跳出官方束缚后，陈光甫便左右开弓，推广储蓄作为主营业务，创办货物抵押贷款业务，聘请会计师，每半年清查账目，对外公开，增强银行社会信誉。这些举措都是要把江苏银行打造为市场经济导向和客户利益至上的商业实体。

然而，"单飞"的步子迈得太快，一反官办银局的旧习，超出了省府的容忍极限。毕竟，在官府的金融体制里，官办银行的经理还是要听命于省府的。二次革命失败，北洋政府接管江苏省府，要求江苏银行向都督府和省财政厅抄报银行储户名单，陈光甫从职业操守出发拒绝了。于是，他只当了不到两年经理，就被迫下台了。

陈光甫在江苏银行失手，绝不意味着他从此沉沦。拒交储户名单，虽然丢了职位，却赢得了商界好感。此前积累的人脉关系，给他东山再起帮了大忙。

早期当译员的日子里，陈光甫结识了在汉口日本正金银行当买办的景维行。景买办对这个勤奋踏实的年轻人颇为欣赏，索性将其招为女婿。如今，陈光甫正值事业低谷期，是岳父大人慷慨斥资，加上曾任信义洋行买办的庄得之等人出手帮助，让他很快就找到了新方向，实现了"触底反弹"。

1915 年 6 月 3 日，他在上海另立山头，成立"上海商业储蓄银行"（简称"上银"）。庄得之被第一届董事会推举为总董事（即董事长），陈光甫就任总经理。此后，这家银行便是庄、陈二人说了算。陈光甫负责操办具体业务，也就由此获得了自主性极强的实权。看得出来，这就是一家名副其实的私人商业银行。

## "一元起存"造就金融神话

上银创办之初，第一次世界大战激战正酣。按道理说，欧洲列强忙着打仗，顾不得排挤中资企业。就这几年，中国的民族资本迎来了"春天"般难得的发展机遇。可是，上海金融业却非如此。

20 世纪初的上海滩，租界里的外资银行有 19 家，资本雄厚，可以自由发行纸币，承接中国海关关税收入业务，间接控制进出口贸易。中国国有银行设在上海的总行、分行等机构也有 11 家之多，其中盐业银行拥有资本最多，达 195 万元，中华商业储蓄银行资本最少，也有 25 万元。即便是落伍的钱庄票号，由于历史悠久，实力也不容小觑。跟它们比起来，开办资本号称 10 万、实收 5 万的上银，只能被金融界戏称为"小小银行"了。

然而，就是这样一个行业雏鹰，很快就打开了局面。1916 年，上银的资本扩张到 30 万元。五年后更达到 250 万元，存款余额 1300 万元，分别排在同期商业银行的第五和第四位。即便是第一次世界大战结束，列强卷土重来，继续倾销商品、输入资本，结束民族资本"春天"的那段岁月，上银依旧稳步发展。到 1937 年，资本额和存款余额分别达到 500 万元和 1.8 亿元，分支机构增至 80 多处，遍及全国各地大中城市。员工也从初创时的 7 人增至 2000 多人。无论从资金实力，还是经营规模，上银都已跻身近代中国商业银行的第一梯队。

陈光甫不是安徒生，却在 22 年间写成了金融神话。由于资本有限，他决定避实就虚，不走寻常路，"惟有由服务方面与之竞争，庶几可以我之长，制彼之短"，"以本身最优良之服务，吸收储蓄存款，善加营运，博取微利"。也就是以"服务"取胜。按照"服务社会，辅助工商实业，抵制国际经济侵略"的行训，他把营业重心放在中下阶层，推广小额储蓄。

当时，大多数银行和钱庄宁愿做高大上的公司储蓄、政府储蓄，也不愿承接小额储蓄，认为其资源占用多，吸储成本高。然而，陈光甫看到了小额储蓄虽然单笔量少，但中低收入者占比较多，市场广阔，便提出"人争近利，我图远功，人嫌细微，我宁繁琐"的经营方针，规定储蓄存款 1 元即可开户。上银还特意制作了储蓄盒赠送给顾客，鼓励人们把节约的零钱投进去，攒够 1 元即可存进上银。

"一元起存"最初是饱受同行讪笑的。有家钱庄为了埋汰陈光甫，就派人带 100 大洋，到上银柜台，要求建 100 个户，开 100 个存折。陈光甫非但没有生气，反而叮嘱柜员热情接待，悉心照顾，一张张填完办妥。消息传出，轰动沪上，钱庄此举倒是给上银做了免费广告。许多劳苦群众听说有这样的业务，深感上银讲诚信，纷纷涌来存钱。

为吸纳社会闲散资金，陈光甫还设立储蓄专部，组织"储蓄协赞会"，开创活期、定期、零存整取、整存零取等储蓄方式，办理婴儿储蓄、学生储蓄、教育储蓄、节俭储蓄、养老储蓄等，开办代收学费、代发工资等衍生业务，面向不同群体和行业，做到分类服务，按需服务。到 1936 年年底，小额储蓄为上银带来了 15.7 万储户和 3800 万元存款余额，位居全国商业银行之首。

上银的成功，也使先前不屑于接受小额储蓄的银行起而效仿，从而逐渐演变成银行业通行的主要业务之一。不过，上银没有故步自封，在别的领域依旧创新无止境。

——打破只以"银两"记账的旧规，采用银圆、银两分别记账，客户存取，悉听尊便，减少了汇兑成本，省去了额外麻烦。

——结束贷款抵押物只限不动产的旧规，将货物纳入抵押物范围，提高了贷款发放率。

——开展国外汇兑、农村贷款，创办中国旅行社，发行旅行支票，解决差旅期间携带银圆不便的问题。

——推广"微笑服务"，鼓励职工深造，提供优厚薪酬，以及实施行员特别储金和行员认股等措施，调动员工主动性和积极性。

——优先向中资企业放贷，助力民族工业发展。专设南通分行，支持张謇大生集团；联合华商银行组成银团，帮助荣氏兄弟的申新纱厂放款偿债，渡过难关，积累了良好口碑。

快人一步，成为上银在 20 世纪前期长期领跑中国金融业界的重要原因。

## "专业主义"支持中国抗战

金融商战的成功，并不能抹去陈光甫在江苏银行的失败记忆。一朝被蛇咬，十年怕井绳。他一直竭力与政治保持距离。然而，身在政局动荡的旧中国，想要投资兴业、扩大金融版图，怎能脱离掉政治旋涡呢？

陈光甫在政坛的发迹，首先得益于 1927 年的两次"正确押宝"。

他和虞洽卿为首的江浙财团为蒋介石的北伐军筹集了巨额军费。"四一二"政变后，他拒绝执行武汉国民政府的停兑令。这两件事，让他深受蒋介石信赖。随即，他开始在南京国民政府履职，曾任中央银行理事、中国银行常务董事、交通银行董事、贸易调整委员会主任和国民政府委员等职。有了这些职位的庇护，在 30 年代"国进民退"的背景下，上银才能够在官僚资本的轮番重压后苟活下来。

坐上管理层大位之后，陈光甫却显示出与一般政客不同的禀赋来。他吃饭的家伙，并非"官大一级压死人"，而是"专业主义"。正是这个"专业主义"，让他至少两次走上了中国金融改革的风口浪尖。

1935 年，国民政府推行币制改革，发行法币取代市面上流通的银圆。为了确保法币币值稳定，国民政府筹划以白银兑换美元，增加外汇储备。陈光甫奉命赴美磋商，多方斡旋，奔走协调，推动中美在翌年签订"白银协定"。中方保持币制独立，美方同意收购 7500 万盎司白银，另接受 5000 万盎司作 2000 万美元贷款的担保，从而确保了法币币值稳定，有助于维持抗战初期中国的公共财政。

"白银协定"的成功，不仅让国民政府对他刮目相看，也为他赢得了美国高层的信任。正是在美方的提名下，陈光甫出任中美、中英外汇平准基金会的主任委员，以商人身份参与双边和多边金融合作。

抗战爆发后，日寇咄咄逼人，英法自顾不暇，蒋介石为摆脱孤立无援的境地，只好向美国寻求外援。蒋介石再度选派陈光甫走出国门，赴美谈判。

尽管孔祥熙仗着在美人脉，对谈判乐观，还甩过来 3 亿美元的贷款任务，陈光甫却不这么想。在他看来，"美国孤立主义及姑息分子活跃……战局正急，未来变化未可预测，我财政当局对牵涉借款之种种问题一时未能拟具明确方案"。自己的在美口碑和类似摩根索这样的大佬力挺，都不足以说服美国国会和商界改变绥靖路线，向中国放贷。

于是，以政府名义向美国寻求政治贷款，在当时形势下几乎不可能。

陈光甫并未空手赴美。出发前，他曾对国内可做贷款抵押的各种产品，特别是资源品进行了详细研究，选定桐油和锡分别成为两笔贷款的抵押品。要知道，桐油和锡是美急需军用物资，又是中国出口量较大的资源品，既能挡住反对者的拦阻，又能争取到较多贷款。这样的思路，跟他在上银推行的货物抵押贷款，在经营理念的如出一辙。把这一办法运用于双边贷款谈判，不仅有现实雏形，还节约了大量时间。

桐油贷款和华锡贷款，不但为国民政府争取到 4500 万美元现金流，还为 1940—1941 年美国政府主动提供钨砂和金属矿砂两笔贷款共 7500 万美元创造了先例，积累了良好信用。在这场以大国为后盾的资本博弈中，陈光甫取得了完胜。

新中国成立后，上银导入公私合营机制，中国大陆民营银行历史戛然而止。陈光甫在香港重新注册了"上海商业银行有限公司"，十几年后在台湾复业。可是，直至去世，他也没再回到那个续写神话的梦幻之都——上海。

# 癫狂与冷漠：晚清上海楼市风云

图3—07，徐润号称"晚清上海地产大王"。

1882年初春，乍暖还寒。而上海滩已经陷入了集体"发热"。

2月4日，《申报》刊登了上海知县莫祥芝贴出的告示："沿江一带滩地曾于咸丰八年奉委勘丈，至今20余年，有无续涨必须复丈，并分别追缴租息地价，造册请求升科。"

莫知县是要对这幅地块重新丈量和估值，追缴地租地价及其利息。为什么要这么做呢？因为20多年来，地价涨了。如果没怎么涨，官府又何必搭这工夫呢？

土地是房产的实体基础，地价是房价最重要的刚性成本。地价涨，房价没理由不涨。因此，地价的飙涨，就点燃了晚清上海楼市的激情。那么，这二三十年间，上海的楼市上演了怎样的剧情呢？房地产价格会一直飙下去吗？到底该怎么收场呢？

# 是什么让楼市疯狂

就在莫知县的告示贴出三天后，《申报》又发了一篇报道说，新闸至静安寺一带邻近马路的地价，原先每亩仅 100 多两，到 1882 年前后，"加至四五倍不止，虽马路远者先不过百两，今亦加至五倍，而且争相购买，不惜重价"。

不管是否临街，上海繁华区域的地价涨了五倍，仍有人争先恐后，追涨投钱。考虑到当时工人月薪只有二三两银子，买下市值 500 两的一亩地，起码要 20 年不吃不喝，更别说盖房子了。在按揭贷款制度尚不成熟的情况下，产业工人的置业梦，暂时被浇灭了。

在这二三十年里，上海究竟发生了什么？

1842 年，中英签署《南京条约》，将上海辟为通商口岸。此后，英美法等国在此划定了租界。一开始，这里偏僻荒凉，毫无人气。直到 1853 年才发生巨变。

这年，上海县城被小刀会起义军占领。一时间，市面大乱，许多难民冲进租界躲避战乱。其后一年，租界人口从 500 激增至 2 万。八年后，太平天国李秀成攻打上海，逼近县城，逃难的人流把租界人口瞬间推高到 50 万之众。

相对于县城，租界受洋人"保护"，社会相对稳定。人多了，自然会带来商机。在这些难民里，富人投资消费挥金如土，穷人本身就是廉价劳动力。这些都化为生产要素，投入到上海滩的大熔炉里，为这里的繁荣作出了贡献。

不过，无论财产多寡、生活贫富，背井离乡来逃难，总要找个住处。如果在租界找到了工作，生活有了着落，就更需要稳定居所了。于是，刚性需求瞬间爆发，规模庞大。无论是洋人管理的租界，还是知县管理的华界，一时都消化不良。

据统计，1860 年前后，华界有 7 万多华人，但房子只有 8740 套，一套房平均住 8 个人。租界人更多，房更少，情况更糟。上海的住房缺口太大，短期内无法改善。

需求旺盛，供给不足，推动上海楼市走向癫狂。而高房价带来的，则是这个城市嫌贫爱富的冷漠。

## 开发与炒作并行

供给不足，就从供给侧做文章。

有些胆大的外国商人，就开始盖房子，不管是盖豪宅租给富人，还是盖板房租给穷人，租金收益都能达到30%—40%。租界当局也想从中分羹，所以干脆松绑政策，放宽对商人圈地建房的限制。

作为东亚首屈一指的贸易中心、航运中心，上海的虹吸能力越来越强。各路游资纷纷涌入这片"冒险家的乐园"。加上刚需支撑、政策宽松，使上海的房地产交易日益频繁，房价也随之水涨船高。尤其是租界，引入了西方市政管理体制，居住环境更舒适安全，于是，许多人都把在租界置业作为毕生奋斗的目标，以及衡量事业是否成功的标志。这就进一步刺激了租界房地产价格的上涨。

一片片棚户区拆掉了，有特色的石库门里弄拔地而起。此情此景，开心的不光是房产商和官府以及喜迁新居的住客，还有房产投资者。有的频繁进出，有的长线囤房,20多年间，获利颇丰。其中最有名的，当属"地产大王"徐润。

这个曾经的宝顺洋行学徒工，早年听从洋行大班的建议，26岁就开始合伙买房。后来跳槽单干，靠着洋行积累的人脉关系，创办了多家公司，涉足茶叶、保险、航运、采矿等行业，实现了"屌丝逆袭"，成了不折不扣的多栖商人。做实业积累的雄厚资金，被他一笔笔拿去投资买房。

事实证明，这个判断是正确的。到1883年，他在上海先后投资223万两银子，拥有土地3200多亩，建成的各类房屋多达2000多间，总市值达到了350万两，相当于当时全国财政收入的5%，比购进时涨了57%；租金年收入12.3万两，出租收益率6%，虽然比高利贷低，但更加稳健和可持续。徐润也因此被称为"地产大王"。

今天上海的愚园路，就得名于徐润的一座宅院的名字。不过，在房地产投资领域，徐润一点都不愚。他背景深厚，操盘轮船招商局等洋务派官办企业，扭亏为盈，深得李鸿章青睐；他眼光前卫，只买宅地，靠跟洋人打交道，提前获悉租界新的规划消息，低价抢购交通要道两侧土地，做好布局，逢高减仓，转手获利，实际上就是倒卖牟利。

房地产是重资产，需要占用大笔资金，流动性差，变现慢。如果全部自掏腰包，资金使用效率就会降低。徐润曾打算将自己的所有房产打包纳入宝源祥房产公司，估值 400 万两，分为 40 万股，招股融资，吸纳社会资金，但效果不佳。

徐润坚信："上海自泰西互市，百业振兴，万商咸集，富庶甲于东南，地价日益翔贵，以今视昔，利逾百倍。"对上海楼市看好的坚定信心，使他放弃了稀释股份的打算，转而主要依靠以下三种融资渠道。

一是向 22 家钱庄申请抵押贷款，借一笔，开发一批，再用新开发的项目做抵押，继续新一轮借贷，这就是加杠杆和滚动开发。

二是将自己持有的公司股票拿出一部分作抵押获取贷款，相当于把他经营的实业绑在了楼市的战车上。

三是挪用上下游产业欠款和客户预付款，跑步冲进楼市，这相当于挪用公款。

通过这三个渠道，徐润募集了 252 万两银子，相当于其房产市值的 70%。不过，这些钱都不是大风刮来的，是负债，要还的。从这个意义上，他已经成了房奴。只不过，在房价飞涨的日子里，这样的生活很"惬意"。殊不知，绞索已经拉紧，风险随时爆发。

# 危机时刻的"急跌"与闹剧

1883 年，中法战争爆发。法国舰队封锁了上海港，扬言开炮，战端一触即发。

霎时间，上海外贸停滞，导致银根紧张。钱庄票号收不回贷款，难以维系，只好破产；企业贷款没有及时结算，无法按期偿还，导致资金链断裂。再贵的房子，一旦被炮火摧毁，也会一文不值。于是，人们竞相撤离，百业凋零，没人再当接盘侠。上海楼市顷刻间冷却下来。危机时刻，现金为王，许多房产投资者只好低价卖房，维系现金流，争取止损。

眼巴巴看着房价下跌，徐润束手无策。他手头持有的只是房和债，没多少现金。就在这个节骨眼儿上，他挪用公款炒房的事被举报。李鸿章派盛宣怀南下查办。盛宣怀落井下石，迫使徐润离开了轮船招商局，还要把挪用的公款迅速赔补到位。

徐润落难，无人搭救。他真的感受到了世态炎凉。走投无路，只好低价卖股卖房，亏了至少 90 万两银子。

法国人终究没有炮击上海。两年后，战争结束，上海又恢复了往日的喧嚣，楼市复苏，继续上涨。而徐润已经清空了全部在沪房产，转战天津楼市。跟在上海不同的是，他再也不用杠杆，而是全用自有资金，甚至变卖金银首饰投资，稳扎稳打，收益不少。而他当年低价卖掉的上海房产，则被盛宣怀抄了底，捡了大便宜。

这轮持续二三十年之久的楼市牛市，是供需失衡的必然结果。政策、杠杆、刚需、炒作，都曾推波助澜。也许，只有海水退去，才能看出究竟谁在裸泳。

# 香港楼市的"地产革命"

石硖尾，香港九龙深水埗附近的一个村子。

成片的铁皮房和木屋依山而建，杂乱无章。没有街灯没有电，毫无过节的气氛。偷电换来些许光明，聊以慰藉漫漫长夜，但这让电线负荷过重，火险隐患频出。

1953 年圣诞前夜，有人点灯不慎烧着棉胎。火借风势，迅速蔓延，烈焰迅速

图 3—08，1953 年石硖尾大火，推动港英政府设法改善深水埗地区的住房条件，从而为香港房地产业发展提供了新契机。

吞噬了民房。人们纷纷夺门而逃，哭喊一片。大火足足烧了六个小时，一万多间木屋付之一炬，5.8 万人无家可归。火灾之猛，损失之大，香港史上罕见。

这件事反映了第二次世界大战结束后，香港楼市的严酷事实：一面是房子供应短缺，房价太贵，许多人买不起；一面是更多的人居住条件恶劣，急需改善住房。市场条件下的供需矛盾，考验着港府的治理能力和香港地产商的"业界良心"。

于是，一场香港楼市的"地产革命"悄然打响。

# 唐楼、房荒、包租婆：战后香港的住房状况

第二次世界大战严重挫伤了香港经济。根据 1946 年统计，战争摧毁的房屋多达 8700 栋，部分损毁的也超过 10300 栋，有 16 万人需要重新安置。

战后重建推动了经济复苏，促使外来人口加速膨胀；而重建又无法一蹴而就，满足人们对住房的迫切渴求。供求失衡，一方面导致"房荒"，成了世人瞩目的社会病；另一方面使存量房租价跳涨，四年内翻了五倍。很多人租不起成套住宅，只好压缩居住面积，全家挤在一起。类似"唐楼"这样的房子就应运而生。

唐楼几乎都是在 1935 年以前兴建的旧房，建造在宽 4—4.5 米，长 12—13.5 米的地块上，有 3—5 层高。多数唐楼都是整层包租。租户再把这层楼用木板和铁丝网隔成若干小房间，转租给别人。这个二传手就称为"二房东"，或称为"包租公"或"包租婆"。

包租婆转租一般不贴广告，而是将房源信息口耳相传。房客没有租单，自付水电费，入住前还要预付钥匙费。虽然港府有规定，转租只能赚 20% 的纯利，否则一经控告，轻则罚款，重则取消包租权，但包租婆们自有办法应付。她们对外声称房子是暂借给别人的，随时可能收回自住，使房客控告无由；房客入住后，她们会逐月提高租金，增加小隔间，挑战房客的忍受极限。

住在唐楼的房客，不但要忍受包租婆的刁难，居住条件本身也毫无舒适感。不仅采光和通风奇差，而且每层楼只有一个公用的厕所和厨房，卫生很难保证，火险隐患严重。更糟糕的是，这样的唐楼相当拥挤。湾仔一栋古老的三层木结构唐楼，竟然挤下 90 人之多，不少居民只能睡 6 层的"碌架床"，条件十分恶劣。

即便是这样的条件，依然有许多人住不起。1956 年，有 35% 的私房人均居住面积低于 15 平方英尺（每平方英尺约合 0.09 平方米），甚至有 25 万人居无定所，不得不在郊区搭建木屋、铁皮屋，甚至露宿街头。

"住得起"和"住得好",成为当时香港居民在住房问题上的两大追求。

## 分层出售、分期付款:房屋营销方式的革命

就在房租加速上涨的同时,香港的房屋售价却增长乏力。这是怎么回事呢?

当时的新建楼宇,必须整栋购买,这就需要一次性投入大笔资金。只有少数富人买得起,寻常百姓乏人问津。买房者寥寥无几,房屋售价就缺乏增长动力。

富人们买这样的房子,并非为了住,而是为了收租。由于需求量大,八九年的租金收入即可回本。但对租户而言,租金压力越来越大,这样的房子即便盖得再多,也无助于解决"住得起"和"住得好"两大难题。破解"房荒"遥遥无期,何谈发展房地产业?

就在这个节骨眼儿上,有两个头脑灵活的华人房地产商率先推陈出新。

1948年,位于九龙尖沙咀北的山林道46号至48号,正在出售两栋5层高的新楼。跟其他滞销的楼盘不同,这里竟创造了三天售罄的奇迹。开发这个楼盘的鸿星营造有限公司老板吴多泰得意洋洋。他的成功秘诀是什么呢?

吴多泰改变了整栋出售的传统做法,在律师行帮助下拿到了港府田土厅的批文,决定分层出售,规定各层业主分享地权,并制作分层房契给业主,保证其居住、买卖、按揭的权利。这样,土地权益划分清晰、业主买房门槛降低,这种售楼方式很快就在香港推广开来。

他开发的这两栋楼,每层都有三房两厅、两间浴室,工人房和厨房也一应俱全。这也成了未来香港中高档住宅内部功能分区的标配。

1954年,位于九龙油麻地公众四方街的一个超大型社区,100多栋楼,600多个居住单位,还未竣工便一扫而空。开发这片社区的立信置业有限公司,老板就是大名鼎鼎的霍英东。

　　"分层出售"仍无法满足工薪阶层的期待。当时新楼每层约 1000 平方英尺，总价约 2 万港元，而普通打工仔月薪不过 200 港元，短时期内很难凑出这么多钱来买房。霍英东认为，只有让更多普通市民买得起房，愿意买房，房地产生意才能做大。于是，他在"分层售楼"的基础上，首创"分期付款"的销售方式。

　　霍英东制作了一份《九龙油麻地公众四方街新楼分层出售说明书》。这是香港房地产界第一份楼书，用 20 页篇幅详细说明了楼宇的地理位置、建筑材料、分层价格、订购方法，配有沙盘图和楼宇的透视图、平面图和剖析图等。明确了首付 50%，以后每期交 10%，直至第六期项目竣工交房时付清尾款。购房者的经济压力大幅减轻。

　　漂亮的楼书和灵活的销售策略，吸引了很多人前来洽购。买家交首付时，楼宇刚开工，好比植物处在开花阶段，尚未结果，于是这些楼宇称为"楼花"。分期付款就俗称"卖楼花"或"卖期房"。

　　后来，首付比例逐渐降到总楼价的 10%—30%，银行将中长期按揭贷款引入楼市，这些使普通市民买房的资金门槛大大降低。香港楼市的成交量迅速拉升，楼价开始飞涨；吴多泰、霍英东大受其利，迅速做大，成为香港华人房地产商的奇葩；他们创立的分层、分期售楼制度，逐渐成为房地产业界通行的销售策略，在地产界不啻掀起一场革命。

## 徙置大厦和廉租房：基本公共住房的革命

　　房屋销售策略的革命性变革，刺激了中等收入阶层的购房需求。然而，石硖尾大火所反映的住房短缺、拥挤和居住条件恶劣的问题，依然没有得到缓解。横亘在低收入阶层面前的最大障碍，就是高企的房屋租售价格。他们的住房梦，开发商帮不了，只能寄希望于港府施援。

　　1954 年，8 栋六层高楼先后竣工，1.9 万多人迁出木屋区，搬进新居。它们名曰"徙置大厦"，是港府用政府公帑兴建的廉租住房。每栋楼有 384 间房，每间 11.2 平方米，每栋楼设有两条食水管和 6 个公厕。港府将每间房的月租金定为 14 港元，远低于市场价。

港府发现，斥资兴建徙置大厦，不仅有效缓解了低收入者居住困难，而且比紧急赈灾更有经济效益。仅石硖尾大火后一天内支出的紧急赈灾费，就足够兴建一所容纳 2000 多人的徙置大厦。正如港府徙置事务处首任署长所说："对我们的要求，主要的并不是改进这一违法社会阶层的居住条件……我们的任务是设计一种快速见效而又切实可行的方法，以至少并非昂贵得令人却步的代价，根据全社会的利益，去消除那些环境最为恶劣的木屋区给我们造成的火灾危险，以及对公共卫生和公共秩序的威胁。"

1954 年的成功尝试，推动港府一面"冻结"木屋区，拆除旧屋，禁建新屋，一面加快兴建新的徙置大厦。1954—1964 年间，港府在石硖尾、大坑东、红磡、黄大仙、佐敦谷、观塘等地先后建成 240 栋徙置大厦，为近 50 万居民提供了固定居所。

徙置大厦的兴建，其初衷是安置在火灾中失去家园的灾民，以及木屋区的拆迁户，因而建造标准很低。虽然比木屋有一定改善，但人均使用面积仅 2.2 平方米，且屋里没有装修、厨卫均为公用，居住条件仍然简陋。

就在徙置大厦推出的同时，港府决定大规模兴建廉租住房。1954 年 4 月，港府组建"屋宇建设委员会"，推动廉租住房建设。与徙置大厦用于安置灾民和木屋拆迁户不同，廉租住房着眼长远，旨在改善低收入阶层的居住条件，缓解类似租住唐楼那样的住房紧张状况。"屋宇建设委员会"相对独立，在政府半价拨地和低息贷款支持下，通过商业经营实现自负盈亏。

1957 年 11 月竣工的北角邨大厦，是该委员会兴建的首个廉租住房项目。港督葛量洪亲自主持楼宇启用仪式。这座大厦楼高 11 层，备有电梯，每个住户单位都有独立的厨卫设施、阳台和功能分区，人均面积达到 3.9 平方米，通风采光较之唐楼要好得多。大厦里有休憩场地、社区大堂和商店，大厦附近有巴士总站、渡轮码头。交通和物业配套比徙置大厦明显优越。当然，盖这样的大厦也是造价不菲，每平方米接近 3 万港元。

此后，屋宇建设委员会又先后建成 8 个廉租住房项目，其中，兴建于 1966—1971 年间的华富邨规模最大，最有特点。其位于港岛西南薄扶林与香港仔之间的一个海角，三面环海，远离市区，由 25 栋 8—24 层的大厦组成，共有 9259 个拥有独立厨卫和阳台的居住单位，按人均 3.25 平方米计，可容纳 6.5 万人入住。与北角邨不同的是，华富邨的社区内涵盖商业、文教等各种配套设施，并有交通网络与市区相连，形成相对独立、自给自足的市镇式社区。

经过多年建设，香港出现了慈云山、秀茂坪、黄大仙等一批拥有 10 万居民的大型徙置社区，为更多低收入者提供了住所。不过，由于居民庞杂，这些区域常会曝出黑社会抢地盘、打群架、非法赌博、偷窥、卫生条件恶劣等问题，一度被称为"红番区"。

虽然问题丛生，但不管怎样，徙置大厦和廉租屋邨的大量建设，对于遏制木屋扩散、缓解部分低收入者住房困难、遏制香港楼市的房价上涨速度，确实发挥了积极作用，也给香港在二十世纪七八十年代全面推进"十年建屋计划"和改进完善"公屋政策"提供了经验、奠定了基础，不啻为香港楼市的另一场地产革命。

# 廉租房的故事：民国时代的平民住宅

图3—09，北平天桥平民住宅残迹，位于北京自然博物馆南侧，拍摄于2009年，现已拆除。

1948年圣诞之夜，北平天桥的一处平房。

外边寒风刺骨，屋里也生气全无。在这里住了十年的七旬老妪耿高氏悄然逝去。老人尸骨未寒，管理员蒋耀南就送来了腾房通知单，要求仍在此房居住的中年妇女张张氏即刻搬走。

张张氏当然很不高兴：老太太卧病在床多年，是我照料送终，凭什么不能让我接管这间房？这年头物价房价这么高，把我赶走，让我住哪儿？我住得起哪儿？"屡经驱逐，张张氏一味抗拒"，甚至惊动了警察。

这究竟是一个什么性质的房子？为什么蒋耀南执意赶走张张氏？房子腾出来之后打算怎么处置呢？

这还要从20世纪30年代的城市化浪潮说起。

# 京城居，大不易

工业化和战乱，使大批人口涌入城市。不少新移民谋生乏术，处于社会底层，只能在城市的边缘角落搭建成片的简陋灰棚，聊以度日。棚户区房屋狭小，质量糟糕，人口拥挤，隐患丛生，可谓"有碍观瞻、有碍卫生、有碍消防、有碍治安"。更多的市民苦于收入太少，买不起房子，只能租房。

20世纪30—40年代，北平城区共有住房119万间（包括厨房、厕所），居民则从138万（1930年）增至168万（1947年），平均每人不到一间。据当时学者王子建《中国劳工生活程度》一文的资料，北京城市手工业艺人平均每家住1.04间，每间房住4.16人，住房的拥挤程度甚至超过了上海、天津。

房屋短缺带来的"房荒"，使房主得以肆意加租。因无钱交租被赶到大街上无家可归，最后不得不自杀的新闻，报刊上比比皆是。虽然政府曾发布限价政令，可根本无力抑制房价的上涨。因此，当时学者给出两个平衡各方利益的设想：房子不够住，一是靠民间力量自发实现房租平民化，二是靠官方力量进行投资或补贴，建设保障性住房。

20世纪30年代，中国地政学院学者王慰祖提出，组织住宅建筑合作社和"平民公寓"。前者是推行合作建房，增大住房供应量；后者是发掘现有房屋的居住潜力，增大单栋住宅容量和改善住宅装修设备。

就拿"平民公寓"来说，造一座石库门住宅，三层楼，月租80元；如果把每层各切出四个小房间，一楼的厢房改造为浴室和厕所，配备浴缸和抽水便桶，天井改造为每层的公共厨房。算起来，虽然造价多了1060元，但得到了12个小房间。倘若每间房月租10元，房主顶多一年就可以收回投资，房客也可以出更少的钱来满足居住的基本需求，甚至用得上浴缸。这不仅是一个双赢模式，而且避免了二房东从中获利。

说得容易，做起来难。在当时的知识和信息条件下，并非每个房主都有这样的投资眼光，显然，"平民公寓"模式行不通。于是，政府盖房给穷人住，就成了解决矛盾的唯一选择。

就在学者们为此绞尽脑汁之际，国民政府开始了盖房的尝试。

## 从棚户搬迁到平民住宅

1934 年春，六朝古都南京。

这座国民政府的政治中心，正在进行一场规模浩大的棚户住宅改善运动，旨在将中心城区的棚户房屋全部拆除，棚户居民悉数迁往郊区，集中建房，集中居住。这样，既改良了城市面貌，又减少了公共安全隐患。几年来，因首都地位的确立而暴涨的南京房价，令广大低收入市民望尘莫及。把棚户区迁到地价相对较低的城郊，也有助于市民减少居住开支。

就在南京新民门外四所村开建新棚户住宅区，安置下关惠民河一带棚户居民之际，时任行政院长的汪精卫提出"建筑首都贫民住宅区计划案"，在国民党中央政治会议上通过。于是，一项庞大的首都住房保障计划出炉："将全市棚户逐年迁移，每年五千户，共分七期迁毕，并于新辟棚户住宅区，建筑道路、沟渠、教育、卫生等种种设备，以期改良贫民生活。"

在南京市政府的积极运作下，共有九个地块，约 3720 亩纳入"新棚户住宅区"的建设计划。这些地块都位于城外近郊。1935 年，石门槛、四所村两个地块开始施工，可以迁入三千多户棚户居民。每户住房长 5.5 米，宽 4 米，合 22 平方米；每个棚户住宅，隔为前后两间，大部分有前后门，檐口高 2.6 米，四周是泥墙或竹笆墙，全部泥地面，用皮槁木搭架屋，架上盖芦席及茅草。平均每户建安费 40 元，其中政府补贴 10 元，剩余由住户负担，产权归棚户居民所有。道路、水沟、厕所、水井、学校等公共设施，由政府统一按计划建设。

中国地政学院学者陈岳麟曾亲赴金川门外"新棚户住宅区"调研，发现该地区"仍旧是一个污秽不堪的所在"。1934 年，四所村迁入千余家棚户居民，周边配套设施尚好；而旁边五所村新迁入千余户，却迟迟不配备水井、厕所，

"满潴污水污泥，臭气四溢，住民无不以为苦"。陈岳麟不免感叹："市府对于新棚户区的公共建设方面、管理方面，似乎太忽略了。"

更糟的是，"新棚户住宅区"建设进度缓慢，不仅无法完成每期安置5000户的指标，也难以满足1934—1935年新增的6800多个棚户家庭的居住需求。一些棚户居民，既受制于政府禁令，不得进城搭建棚屋居住，又无力负担普通瓦房的高昂房租，生活尤为艰难。

在陈璧君（汪精卫的夫人，时任国民党中央委员）等人的倡议下，南京市政府逐渐改变思路，兴建"平民住宅"，产权归政府所有，廉价租给低收入者居住。这些住宅大多位于城门内外，介乎城区与郊区之间，总计七处，888套，每宅（间）租金为每月1.8—2.6元。

据陈岳麟实地调查，和平门、止马营和七里街三处"平民住宅"兴建较迟，房屋质量略好。"每户有正屋二间，檐高二尺四，两端用十寸砖墙双面粉饰，分户及前后墙皆用五寸砖墙，杉木隔间板，全部青砖平铺地面，杉木柱帖。杉木桁条及格椽，木格窗，加板木松门，屋面用芦席青洋瓦铺盖。普通约十户连成一列，行列之间有宽约三四尺的甬道。水井、厕所、垃圾箱等公共卫生设备，亦相当完全"。不仅保证了住户的采光、取暖、汲水，而且宅与宅之间修建甬道，拉开距离，减少相互干扰和病菌传染。

这种政府直接投资、大包大揽式的保障性廉租住宅，被时人认为是解决低收入阶层安居的最佳途径。蒋介石也捐资12万元，以期"平民住宅"惠及更多低收入者，从而推动他所倡导的"新生活运动"。

其实，20世纪上半叶的西方国家，在住房问题上也留下了鲜明的政府烙印。

1901年，荷兰颁布《住房法》，明确规定政府应为公共住房建设提供补贴和制定建筑规范，"提供充足住房"甚至作为政府的责任被写入宪法。

1919年，英国颁布《阿迪逊法》，强调解决住房问题属于公共事务，政府应对公共住房建设提供支持。

1937年出台的美国联邦政府《住房法案》，授权地方政府成立公共住房委员会，负责低收入家庭的公共住房建设，居住者只需要支付较低的房租。罗斯福曾说过，一个居者有其屋的国家不可战胜。

显然，国民政府"平民住宅"政策的出台，绝非孤立和偶然。

"平民住宅"的思路，实际上是政府利用其一部分公共资源，为低收入者寻求住房保障的新模式。由于采取低价租赁的形式，确保了这些房屋的流动性和利用效率，最大限度地满足低收入者的居住需求。这一模式很快就得到了国民政府的认可，并迅速推广到汉口、青岛、北平等城市。

## 从尝试到模范：北平天桥平民住宅

1937 年的北平，煤价、粮价暴涨，多年来稳中回落的物价总体水平开始飙升。战争的阴云从两年前的华北事变起，就笼罩在这座古城上空。北平的第一个"平民住宅"就在这样的政治背景下开始兴建。

自从 1928 年丧失首都地位以后，这座古城赖以维持的市民消费一蹶不振，经济形势每况愈下，财政收入一落千丈，失业率居高不下，平均每天至少有两家商铺倒闭，货币流通量不足，消费指数逐年下降。正所谓"黄包车比坐车人多，车夫比车多"。1928—1937 年，北平几乎是全国居住成本最低的大城市。

然而，每间 2 元左右的月租，占人口大多数的低收入者依旧无力承担。特别是"九·一八"事变后，北平渐成抗日前线，难民大量涌入，导致破旧肮脏的棚户区遍及城市的各个角落，而以龙须沟为代表的南城和城厢最多。

北平知识界一直呼吁市政当局向南京学习，建设"平民住宅"。1933 年12 月，市政府社会局公布"新北平建设计划"，明确提出"按现代市之组织，有建筑平民住所之规定。本市即将指定为模范市，自应从速筹建平民住所若干处"。

1936 年 10 月，二十九军军长兼冀察政务委员会委员长宋哲元，以冀察绥靖主任公署名义，拨专款 3 万元，责成北平市市长秦德纯"选择相当地点，建设平民住宅，俾贫苦无依者，得免流离失所，而便栖止"。天桥南大街忠恕里迤南的 22.3 亩空地，就被选来营建这所平民住宅。

房屋设计充分参照了南京、青岛的"平民住宅"样式。宋哲元对图纸亲自审阅，确定图纸定稿，并进行了承建商的招标。西安门外大街的兴华木厂中标，全部工款共计 29064 元，需建住房 140 间，厕所 28 间以及院墙、街门等工程。住房为简板瓦顶、硬山搁檩、灰仰棚、焦碴地，厕所为灰顶平房。全部住房分为 14 排，北面 8 排，南面 6 排。每排末端有 2 个厕所。1937 年 5 月 3 日，市政府与木厂签署合同，工期为 90 天。7 月 24 日，历时 83 天的天桥平民住宅建成告竣，比合同规定竣工日期提前了一周。

"平民住宅"的兴建，在北平实属首创，因而引起了北平各大媒体的关注。据《世界日报》报道，"该房建于天桥德树里临时商场南，一顺北房十四层（排）……四壁方砖对缝，一律灰色，齐整异常。两层中间各建前后门，拟漆以绿色，中为土地院落。在此十四层中有成单间者六层，一起双间者五层，一连三间者三层，每层皆以十间计。每间十尺见方，房顶及四壁皆以白灰砌成，屋门窗棂及门拟涂以白漆，但屋外则欲涂红漆，每房间中欲各建一砖坑。每间欲求地基坚固起见，故拟以洋灰铺筑，每间后壁有一方窗，空气流通，光线充足"。

其建筑格局一反北平传统四合院的围合型、内敛型风格，而是排列型、开放型风格，这一方面提高了用地效率、便利了采光通风，另一方面却削弱了单体房屋的私密性，增加了邻里纠纷发生的可能性。

就在天桥平民住宅竣工前，"卢沟桥"事变发生，北平战事吃紧，市政府进入战争状态，无暇旁顾。直到 8 月 23 日，以张自忠的名义签发的《市政府元字第 210 号指令》送达工务局，其中明确写道："经派查，应准验收，除令社会局接管外，仰即知照，此令。"这份指令既是国民党北平市政府关于建设平民住宅的最后一份文件，大约也是张自忠以代理北平市长名义签发的最后一份文件。

1937 年 8 月 30 日，工务局正式将天桥平民住宅移交社会局接收管理。10月，《北平市平民住宅管理规则》和《北平市平民住宅征租办法》出台。这是国内各大城市对平民住宅进行立法管理的首例。这处平民住宅，不仅设有专门的管理员负责"招租、收租及维持秩序、清洁等事项"，并清查住户姓名、人口、籍贯、年岁、职业及确定承租、退租日期，而且规定了承租人的义务，诸如禁止赌博、吸毒、嫖娼，不准私相授受、转租倒租，迁居要提前登记备案等。每间 0.6 元的月租金，不仅低于同期忠恕里地区的房租价格，而且创下了国内大城市"平民住宅"租价的最低值。

140 间平民住宅，对于数十万无房贫民而言，无异于杯水车薪。然而，比起南京、汉口的平民住宅，天桥平民住宅的进步意义，在于市政当局的政策思路，开始从整饬市容转向住宅保障。选址位于北平的商业繁华区，周边的菜市场、平民浴池先后竣工，便于住户日常生活和做小买卖谋生。制定规章、设立平民住宅事务所、安排专人管理，使之在很长一段时间内社会秩序比较稳定，鲜有管理员乱摊派和二房东转租牟利的现象。住宅建设招标，既节约开支，又便于监控质量。

事实证明，虽然北平沦陷后，天桥平民住宅被日军盘踞一年多，破坏较大，但房屋质量较好，一直有人居住。因此，当时的报刊舆论对天桥平民住宅给出了"裨益贫民，定非浅鲜"的高度评价。

与此相比，1942 年日伪当局在东直门俄国教堂以南，马杓胡同以西，大约 1800 平方米地块上兴建的 240 间平民住宅，居住密度较大，建筑质量很差，竣工不到半年，即出现多起房顶渗漏、地面塌陷的事故。现已几乎全部拆除。

## 从模范到衰落：天桥平民住宅的缺陷

当然，天桥平民住宅有两个显著缺陷。一是居住资格，二是房屋短缺。

《北平市平民住宅管理规则》曾颁布了三次，只有 1946 年模糊地提到"本所房屋之承租人以平民为限"。对于"平民"身份的认可，既没有收入标准，也没有财产标准；多少人口可以租一间，多少人口可以租两间，没有明确的说法；申请承租程序也没有明文规定。

1939年11月，平民住宅事务所提供的住户清册中显示，天桥平民住宅的租客，以警察、生意人、店铺雇员、乐队雇员、电车公司雇员以及自由职业者为主，其中鲜见赤贫者。显然，大多数居民应属中低收入阶层。每间房平均居住2.1人，有的一家8口人合住一间。

抗战胜利后，国家重建，平民住宅的管理秩序非但没有得以改善，反而更加混乱。一些住户长期占用多间房屋，一些需房甚急的低收入者申请无门，无房可住，即便写信给市长也无济于事。抗战胜利后，国统区物价暴涨不止，即便是平民住宅的房租，也开始暴涨。天桥平民住宅的每间月租增至1947年7月的2万元；东直门平民住宅1947年也增至每间每月3200元。无力支付房租的住户只能以拒绝迁出和不断申诉来拖延时间。这就不难理解管理员蒋耀南为何执意撵走张氏了。

尽管平民住宅有许多不足之处，但它开启了政府出资保障居民廉价享受居住权利的尝试。然而，由于其所建住宅体量有限，它只能发挥示范性的保障功能，难以惠及数以万计急需住房保障的低收入者。1947年的"北平市都市计划"，曾将与天桥平民住宅（位于外五区）相邻的外四区地块也划为平民居住区，进行重点建设，"以改善天桥一带之贫民窟"；并在"外城东南部手工业区迤北地带建设平民住宅"，在"城区内各处平民集居地点建设新式平民住宅"。然而，直至北平和平解放前，这些计划无一付诸实施。

只有天桥平民住宅，在北京自然博物馆的旁边沉睡了半个多世纪，直至前几年天坛公园西墙外区域棚户区改造，才被彻底拆除。或许，只有上了年纪的北京人还会依稀记得它的过去。

# 香厂新市区：北京"南城开发"的先声

1919年6月11日傍晚，北京香厂的新世界商场门前，突然飘下无数的传单，如雪片般洋洋洒洒。路人纷纷跑来捡起，更有人朝楼顶望去，只见一个中年人站在楼顶花园，怀抱大把传单，正在奋力散发。

很快，哨声由远及近，身着黑皮的警察赶到了。中年人没有反抗，束手就擒，在围观人群的众目睽睽下，被带离商场，押上了警车。

图3—10，香厂新市区泰安里，建于1915—1918年间，建筑风格仿造上海的二层里弄式住宅，由6幢平面格局和立体造型基本相同的二层楼房组成，通过一条小巷分为两排。2009年被列为西城区文物保护单位。2018年拍摄。

人群渐渐散去，地上还躺着几张中年人撒下的传单。有路人从旁路过，好奇地低头瞄了一眼。传单的标题是《北京市民宣言》。其中反映的呼声，正是声援前不久爆发的五四运动，要求巴黎和会中国代表拒绝在侵犯中国主权的

《凡尔赛和约》上签字。

这个中年人的入狱，引起了全城范围内更大的示威浪潮。北洋政府终于顶不住了，很快就将他释放。北京大学的许多师生自发到监狱门口迎接，所有人都为他的号召力而来。他就是陈独秀——五四运动的旗手。这件事，成了五四运动高潮期的一个小插曲。

问题是，陈独秀为什么选在香厂新世界商场播撒传单呢？

因为这里人流量足够密集，宣传效果足够好。倘若为了自身安全，选择一个杳无人烟的地方，警察当然不会来，传单也没几个人看得到，发传单也就失去了意义。

那么，香厂在哪儿？

## 香厂在哪

提到香厂，不管是初到北京的外地人，还是在北京扎根生活二三十年的新移民，恐怕都不大熟悉。如今，这里只有几条狭窄的街道，一片破旧的老楼。友谊医院就算是这片区域最有名的单位了。不过，民国初年，香厂可是赫赫有名。

香厂地区位于外城的珠市口南侧。虽说清朝的北京南城，人口稠密，拥挤不堪，但对照乾隆年间绘制的《京城全图》发现，香厂以南直至先农坛北墙是一片空白。直到民国初年，才有记载曰"东岳庙以北，有永安桥。桥亦明代旧物，现在犹存。再东为万明寺，现改为万明路。东西横亘为香厂，现改为香厂路"。

为什么住户稀少呢？一个很重要的原因，就是"名为香厂，其实是恶臭逼人"。从虎坊桥引出，直通龙须沟的排水明沟，虽然起到了城市排涝的功能，但清淤不及时，垃圾堆积如山，"夏日暑气熏蒸，行人掩鼻而过"。于是，香厂俨然成了都市里罕见的无人区。

一张白纸，固然基础薄弱，但空地多、起点多、地价便宜，又占据南城的核心位置，有利于整体规划，降低拆迁成本，集中连片开发。于是，北洋政府内务总长朱启钤（1872—1964 年）决定将其作为建设"新市区"的试验场。

## 配套并举

1914 年，北洋政府成立了京都市政公所。不同于清朝的顺天府衙，这是当时全国首家专业性的市政管理机构。成立之初，它最重要的工作，就是组织香厂新市区建设。作为中央部委首长的朱启钤兼任一把手（督办），提高了这家机构的规格和协调能力。

跟现在的城市新区先卖房，聚人气，滚动开发，逐步跟进配套不同，朱启钤的思路是同步规划、同步改造、同步配套，道路建设、房屋建设、公共设施建设同时并举。

在他的组织下，香厂路、保吉路、华严路等区域内部道路得到扩建，形成微循环的路网；香厂连接其他街区的道路也得到了翻修和扩建，交通变得四通八达。

对于这些路边空地，市政公所以投标招租的方式分别作价，平均每亩1000 元。中标人一次付清款项，即可拿到 30 年土地使用权。由于政府鼓励，价格低廉，尽管只是荒地，但承租者依然踊跃倾囊，纷纷"建筑铺面楼房，投资营业"。

地块租下来以后，恶意囤地和私搭乱建的行为都是不允许的。市政公所要求"凡有建筑，规定年限，限制程式，以示美观"，对房屋质量、外观、工期等都做出严格规定。如无法按期完工，会有警察前来催促；长期不开工的，地块将被收回。

对于香厂地区的原有住户，虽然数量不多，但市政公所没有强拆，也没有无偿征用，而是根据《北京房地收用暂行章程》规定，按照地价等级和建筑物评估标准，给予适当经济补偿，一定程度上体现了对居民物权的尊重，减少了拆迁阻力。

除了修路和盖房，市政公所还在香厂地区增加了公共配套。比如近代北京首批交通警察岗亭、街灯灯杆就设在香厂；比如香厂仁民路在1914年开设了一家仁民医院，拥有103间房屋，在当时算是规模可观。1915年9月，毗邻香厂的先农坛举行国货展览会，千余种北京本地产品琳琅满目，展现了当时提倡国货、实业救国的社会追求，也提升了香厂的知名度。

修路、盖房、建医院、办展览会，其实都是在搭台子，新市区真正唱戏的主角，还得是创造就业机会，拓展居住空间，逐渐聚拢人气，形成生活氛围。小商业自发聚合和政府驱赶，是以往旧时代引导人口流向的通行做法，但前者分散和低端，效率较低，后者强扭的瓜不甜。于是，朱启钤将商场作为带动区域发展的新标杆。

无论是欧美，还是亚洲，商场还是城市里的新鲜事物。朱启钤的理念，就是不捡过时货，要做就做最好的。在他的多方运作下，这座早在宣统年间就开始筹建的新世界商场，由英商通和洋行设计，著名建筑师麦楷（L. Meyarra）绘制图样，在香厂地区拔地而起。

它占地8亩，共分四层，囊括了花园、戏园、茶楼、饭馆、球房等娱乐消费场所，配有两部升降机，类似今天的Shopping Mall。新世界建成后轰动一时，游人如织，特别是其引入的台球、电影等西方娱乐项目，开风气之先，令消费者耳目一新。

香厂新世界的出现，对中国传统的商业业态格局造成很大影响。明清时代大都市的街道上，店铺林立，但互不统属，缺少规划，很难形成有特色、成气候的商业中心区。像西单、王府井、前门等北京传统商业街，发展了几百年才逐渐成型。香厂新世界将餐饮、娱乐、购物、观赏等功能融为一体，有助于集中释放消费欲望，形成规模和辐射效应，带动周边茶馆、饭庄、百货店、汽车行的兴盛，迅速搭建起北京南城有号召力的商圈。甚至当时有人认为，"香厂新世界居然并驾于上海"。

# 昙花一现

香厂新市区的独特之处，是充分吸收了 19 世纪后期欧洲大国在城建规划方面的经验，实现宜居宜业，避免重走别人的弯路，演变成新的贫民窟或睡城。这样的前瞻规划，使它成为北京城区新的商业核心区。时人描绘香厂新市区"两傍（旁）商店林立，多为新式建筑，可谓北京最新式之商埠。该路一带饭庄极多，其次是化妆品公司、绸缎店，最近又新辟落子馆矣。此项新布置未可谓非北京最近之进化"。

然而，香厂的繁荣好景不长。1928 年北洋政府倒台，北京更名为北平，不再是首都，市政公所也被北平特别市政府取代。城市降格，导致工商业萧条。由于股东意见不合，加之顾客减少，新世界商场的生意越发难做，陷于停业。至 20 世纪 30 年代中叶，竟破败到沦为乞丐遮风避雨之所。1935 年，市政府在这座破败不堪的大楼里开设暖厂，收容无家可归的饥民，管顿稀粥，给住一宿。

"草鞋、稀粥、草铺上瑟缩的身影，稀粥边吮啜的紫唇"，以及早已"被风雨所剥蚀"的门窗，便是新世界商场衰败的真实写照。

没了引领者的香厂新市区，便像断了线的风筝，任其飘荡，越发凋零。

直至 1936 年，才有商人斥资租借新世界的地皮，重建商场，推销商品。就在人们误以为新世界即将重整旗鼓，引领香厂新市区走出低谷之际，全面抗战的爆发改变了一切。所有的努力戛然而止，香厂新市区的试验宣告结束。

此后近一百年，北京城依旧是"北富南穷"。2009 年，北京市政府宣布"城南振兴计划"，南城才迎来了跨越式发展的又一春。

2017 年，中共中央、国务院批复同意《北京城市总体规划（2016 年—2035 年）》，其中明确提到将启动新一轮"南城行动计划"，北京南城发展前景看好。

巧的是，一年以后，我有幸搬到了香厂路社区落户和居住，继续见证这座曾经的新市区，在新时代的沧桑巨变。

# 西郊新街市：未完待续的"副中心"

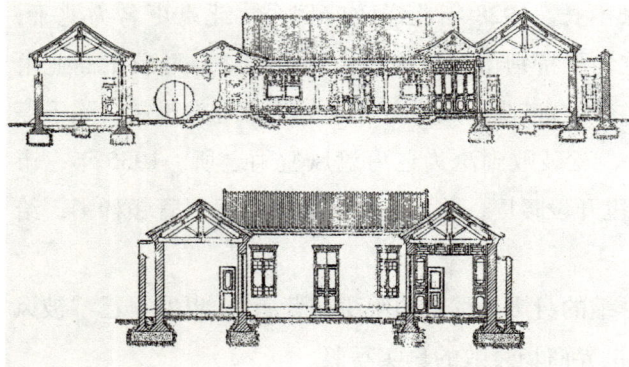

图3—11，改良三合院、四合院剖面图。民国时期北京的这种院落加入了诸多现代化生活设施，诸如抽水马桶、电灯、车库、电话等，但还是无法满足日侨在北京的居住需求。

1949年，北平和平解放。党和军队的各大机关，开始陆续进驻这座更名北京、即将成为共和国首都的历史文化名城。新中国成立伊始，百废待兴，进京的各大机关，大多利用今天二环内现成的院落房屋，改建成办公场所和宿舍。不过，一些军队机关却舍近求远，主动搬到北京西郊的万寿路、永定路。难道这些看似荒凉的郊区，也有现成的房屋和院子吗？

虽然离北京的旧城区不算太远，但很多人不清楚，在公主坟以西，曾有一片初具规模的新城区，房屋鳞次栉比，院落整齐划一，街道纹理清晰，配套依稀健全。这就是20世纪30—40年代新建的西郊"新街市"。如果能够成型，它将成为近代北京最早的"城市副中心"，改变北京市民的生活轨迹。

## "新街市"缘起

1937年盛夏，卢沟桥事变爆发，全民族抗战拉开了帷幕。不久，北平沦陷。

日寇铁蹄在踏入北平之初，照搬在伪"满洲国"的做法，迁入大量日本侨民，以期加强殖民统治，巩固侵略成果。1937年全市日侨不过5300多人，到1942年增至11万人。解决日侨住房，是日伪当局亟待解决的难题。

最初，日侨大多租住中国人的民宅。可是，由于民族矛盾尖锐和生活习惯差异，使日侨与中国人的房屋纠纷有增无减。日伪当局颇为头疼。连年战争和年久失修，使北平旧城住宅大多破败不堪，而旧城的中国居民众多，居住拥挤，不少四合院卫生条件较差，无法保证居住的私密性，让日侨很不适应。

安全和生活上的顾虑，使日伪当局不愿把有限的资金投放到旧城改造上，而倾向于另辟新城，将中日居民隔离开来。因此，在1940年日伪当局制定的北平"都市计划"中，就提出"对旧城区完全不顾，纯注重于建设租界性质的郊外新区域"。

按照这份计划，日伪当局将打造两个新区。"西郊树立宏大计划，俾可容纳枢要机关及与此相适应之住宅、商店，更于城外东南面地区及通县南部，以工厂为主。"而在旧城东西两侧城墙分别到东郊、西郊，设置绿化带，配套住宅和商业。日伪当局还在东西城墙凿开豁口，打通长安街，作为"东西新市区之联络干路，而贯通两端之新辟城门"。

东郊"新街市"定位为工业区，西郊"新街市"由于迁入了部分机关，且商业、住宅配套齐全，更像是今天的"城市副中心"。

## 民国版"副中心"

西郊"新街市"的范围，西至八宝山，南至京汉铁路，北至西郊机场，总占地面积 65 平方公里。既规划了住宅区、商业区、祭祀区、医院、高尔夫球场、公园等，又按照北京内城格局规划了棋盘式道路。

1939 年 7 月，日伪当局成立伪"建设总署北京市西郊新市街建设办事处"。其后，机构几经变更，但西郊"新街市"建设工程一直没停。直至 1945 年一期工程完工，占地 15 平方公里，建成房屋 581 栋，建筑面积 6.7 万平方米。其中，住宅 445 栋，建筑面积 3.4 万平方米，容纳 1059 户居住。这些住宅大多作为"华北交通公司""邮政总局""华北运输公司"等日伪机构，以及日本北京居留民团等社团组织的宿舍。

可见，西郊"新街市"并非自发形成，而是政府手笔。因此，它接纳的居民只有千余户，且基本是日伪机构的员工，多数日本侨民没有机会住进来，只能继续在旧城区找房。

日伪当局大规模建设西郊"新街市"，正值太平洋战争期间，日本动员占领区的一切资源扩大侵略，无暇对民用设施投资修缮。导致北平旧城民宅年久失修，即便是"新街市"的新建住宅，质量也很差。1946 年国民政府接收时，西郊"新街市"已有多所房屋坍塌。

抛开政治因素，单从市政规划和管理角度看，"新街市"的兴建对优化北京城市机构，改善人居环境还是有积极意义的。它体现了摆脱旧城束缚，另起炉灶发展的思路，在一定程度上发挥了疏解旧城区部分功能的作用。正如 1946 年 11 月，国民政府内政部聘请的荷兰城市规划专家柏德扬博士在北平的演讲中所说，"西郊不能视之为郊区，而作为卫星城市，赋以自力生存之方……须使人民能居住、能工作、能憩游、又必令此种集中地各部分间之交通，保能畅利是也"。

## "新街市"的缺陷和无解

1912—1920 年，巴黎市政府在距离市区 16 公里范围内建了 28 座小镇，只配备居民区和起码的生活设施，就业、社交等日常生产生活仍要仰赖主城区。这就是西方大都市第一代卫星城的功能形态。

1945 年，国民政府接收的西郊"新街市"跟这类卫星城如出一辙：没有成片的工业区，居民只能到旧城区上班，或沿长安街穿城而过，到十几公里外东郊"新街市"的工业区上班。西郊"新街市"不免沦为"睡城"，导致北平市区潮汐式的早晚交通高峰。因此，对"副中心"的调整优化势在必行。

1947 年 5 月 29 日，由市长挂帅，有关部门和社团参加的"北平市都市计划委员会"成立。8 月，北平市工务局编印《北平市都市计划设计资料第一集》，"建设新市区，发展近郊村镇为卫星市，开发产业，建筑住宅，使北平为自给自足之都市"被作为都市计划的四项基本方针之一。

北平都市计划委员会设想，"建设西郊新市区为一能自立之近郊市，利用已有建筑道路设施，疏散城区人口，解决市民居住问题。于其北部为文化教育区，南郊丰台附近设小工业区。新市区周围绕以绿带，与城区隔离，设备高速铁路，紧密联系之。保留空地以备将来之发展，改原来方格形道路系统为圆形辐射式"。

这样，西郊"新街市"的功能就将由隔离中日居民，转变为疏解旧城人口和资源，逐步实现职住同区。这一新设想与当时西方城市规划理论中最先进的"有机疏散"学说不谋而合，共同推动西郊"新街市"从旧城"逐渐离散"，形成第二代卫星城的功能形态。

然而，由于当时国民政府忙于内战，多数资源被华北"剿总"调用，优化西郊"新街市"的新计划被束之高阁，没能实现。

2016 年 5 月 27 日，中共中央政治局召开会议，研究部署规划建设北京城市副中心，迈出了调整北京空间布局，治理大城市病，推动京津冀协同发展，探索人口经济密集地区优化开发模式的新步伐。

2017 年 9 月 29 日，中共中央、国务院批复同意《北京城市总体规划（2016年—2035 年）》，对于促进首都全面协调可持续发展具有重要意义。其中提出

"坚持世界眼光、国际标准、中国特色、高点定位"，高水平规划建设北京城市副中心，为带动中心城区功能和人口疏解明确了方向和道路。

搁置了八十年的"新街市"，将以新的面貌和方位，续写北京历史新的篇章。

# 宜昌 1938：中国的敦刻尔克大撤退

宜昌，湖北西部的一座不起眼的城市。就在 1938 年秋冬时节，成了举国关注的焦点。

抗战爆发以来，国民政府及其军队节节败退。上海、南京和武汉先后沦陷，数以万计的人员物资，都把撤退的目标瞄准了重庆——国民政府的战时陪都。

图 3—12，宜昌大撤退场景。

撤往大后方，长江三峡是必经之地。所有从下游运来的人员和物资，在进入三峡前，都得在宜昌码头换乘吃水浅的大马力小船，才能通过水情复杂的三峡航道。于是，宜昌码头再无宁日，物资拥塞，人声鼎沸。更关键的是，还有 40 天，三峡就要进入枯水期，船只无法通行。时间不多了。

这不是一次无序的大逃跑，而是一次有组织的大撤退，是一次事关国家前途命运的生死竞速。整个行动的指挥中枢，就是民生公司宜昌分公司位于怀远路的办公楼。楼下重兵把守，戒备森严，楼上通宵达旦，一刻不停。

历史上，把这次宜昌大撤退，称为"中国的敦刻尔克大撤退"。

## 前所未有的挑战

对于民生公司老板卢作孚来说，他遇到了公司成立以来前所未有的挑战：

需要运输的，不是普通的物资，而是从沿海大城市搬运来的战略物资、军工设备，多达13万吨，方圆几里的码头空地被堆得水泄不通。能否安全运出交战区，送到大后方，尽快恢复生产，关系到对日作战还能撑多久。

需要带走的，不是普通的旅客，而是超过3万名军政官员、技术工人和普通难民，还包括1万多名儿童。他们需要有饭吃、有活路，在新的工作岗位上发挥能量，支撑危局。有数以万计的大批伤残军人，他们需要尽快救治，保住性命，尽早康复，重返战场，成为支撑抗战的生力军。

除了要把这些人员物资安全转移到后方，还要从重庆向前方运送大批出川抗日的川军将士。这种交叉运送，增加了运输成本和难度。

任务艰巨，时间紧迫。那么，宜昌的水上运力够用吗？

民生公司是当时中国最大的民营内河航运公司。老板卢作孚苦心经营多年，鼎盛时期拥有116艘大小船只。然而，三峡航道狭窄、浅滩多，自下游向上游，需要逆水前行，这就需要大马力小船。这样的船，民生公司只有24艘，单船载货量只有200—600吨，将上述物资和人员全部运到重庆，需要一年时间。而国外航运公司不仅类似船只稀少，而且标榜"中立"，拒绝搭载军用物资。关键时刻，只能靠中国人自己的船。船少人多的矛盾，一开始就非常突出。

即便这硕果仅存的24艘大马力小船，也险些不保。

1937年南京陷落后，自忖海空军薄弱的国民政府，为扼守长江中游，就采取沉船塞江的消极防御策略，阻塞航道，阻敌西犯。民生公司也接到了国民政府军政部指令，要求征调仅存的船只到长江田家镇段凿沉。对此，卢作孚坚决反对。

很快，卢作孚利用其担任国民政府交通部常务次长的身份发表声明，强调当前水运紧张，请军政部冷静考虑封锁航道不用沉船的办法。他提议，招商局、民生公司的船只全部调往宜昌，紧急运送撤退的企业设备，承担疏散人口和运送出川抗日军队的任务。以此为由，他说服了国民党最高当局取消了沉船决定，转而建造多艘钢筋水泥船沉江，从而既保住了这 24 艘船，又迟滞了日本海军的溯江西犯，为宜昌大撤退争取了时间。

更糟糕的是，宜昌码头水浅滩多，轮船难以贴岸停靠，只能在江心抛锚，上下客货必须用木划驳船转载接送，再加上日本飞机反复轰炸造成的破坏，降低了装卸效率，使本就捉襟见肘的运力又打了折扣。

民生公司面临的困难，大家很清楚。所以，码头上各单位争相抢运，甚至直接武力夺占。民生公司有 7 艘船，甚至被重庆行营拉去"打军差"。每艘船从宜昌跑一趟重庆，必须捎带一批弹药到万县。1938 年 1 月，民生公司的"民勤"轮抵达宜昌，尚未卸货，警官学校的学员便全副武装，强行登船，要求直接装货。为了搞到一张船票，不少人上门请客、托人、送礼、交涉。军人气势汹汹，甚至动辄掏枪威胁，拳脚相加。

运力缺口、时间缺口、管理缺口，给大撤退的组织造成了更多困扰。天时、地利、人和，卢作孚毫无优势。他该怎么办呢？

## 当机立断的决策

40 天时间，运走如此多的人员物资，这是一个看起来不可能完成的任务。作为撤退行动的总指挥，兼有官商双重身份的卢作孚，必须制定一个切实可行的工作目标，以及为之服务的有效措施。过高或过低的目标，都可能导致决策失误，结果不堪设想。

最佳目标，当然是把滞留宜昌的人员物资全部送到千里之外的重庆。从时间、水位、运力、装卸能力来看，这都不可能实现。

最坏后果，40天抢运黄金期，在混乱中没能运走多少人员物资，导致宜昌陷落时，大多数人员物资落入敌手。这将是满盘皆输的结局，必须竭力避免。

最现实的目标，就是全部运走。保证40天内所有物资人员离开宜昌。不一定都抵达重庆，但可以分散开来，化整为零，尽可能向上游运动，甚至暂避三峡的崇山峻岭之中。总之，以不落入敌手为目的。这也是卢作孚对所有人做出的承诺。

实现这个最现实的目标，就必须挖掘潜力、自立创新，优化流程、提高效率，加快运转、全速撤离。卢作孚和民生公司的员工们，在内外交困的情况下，愣是改写了历史。他们是怎么做到的呢？

临危受命，指挥部署。1938年10月23日白天，卢作孚领受命令，随即飞抵宜昌，直奔码头，紧急调研，连夜沙盘推演，拿出了大撤退的全套运送方案，并在次日早上8点带到了公司例会。他抽调业务骨干加强领导力量，把40多名川江著名船长和领航员调到宜昌，参加抢运。组织公司高管上船监督，确保运输安全。卢作孚自己对所有船只的位置和运输情况了如指掌。由于昼夜不歇，极度辛劳，他的脉搏一度骤停。

排除干扰，分清主次。卢作孚下令，停止请客应酬，只保留工作往来。这么做，就是要节省时间，避免任何走后门的做法对他环环相扣的撤退方案造成任何干扰。然后，把宜昌码头堆积如山的货物，按照轻重缓急加以区别。公营厂矿的重要器材配合成套，优先装到轮船上启运。不重要的器材或交由木船运输，或在40天后另行安排运输，或就地抛弃。

挖掘增量，盘活存量。民生公司从民间征集了800艘木船，再加上自行建造的1200艘木船，加起来有2000艘。这些木船轻薄短小，机动灵活，可将码头上的货物化整为零，蚂蚁搬家。民生公司出台《非常时期客运救济办法》，将船上卧铺票改为座票，每个卧铺安排5人乘坐，客运运力大幅增加。三峡航道无法夜航，民生公司就白天航行，晚上装卸。白天先把货物装到驳船上，傍晚待轮船抵达宜昌码头，驳船立即拖到轮船旁边，打开舱盖和门窗，只要轮船抛锚，立即装货。充分利用夜晚，把宝贵的 40 个白天全部用于航运。

自主创新，快速装卸。宜昌码头设施简陋，仓库不足，缺乏大型机械。1938 年 6 月起，民生公司在宜昌五龙增加了一处码头，在大公桥至九码头的岸边修建了滑坡，放置绞车、铁管流筒，用于上下轮驳靠岸装卸超重、超长物资。三斗坪、青滩、巴东等处码头还设立了转运站，增加趸船。公司员工还自行研制了 30 多吨的起重吊杆，对于吊拉超重物资起到了关键作用。公司还临时招募了 3000 名装卸工人。每到夜幕降临，船上岸上灯火通明，工人们抬着机器，喊着号子，和着汽笛声、起重机声，演奏了一支悲壮的交响曲。

三段接力，分段运输。如果采取全段运输，一艘船从头到尾，中间不换船的话，虽然环节少、时间短、速度快，一步到位，但往返耗时 6 天，无法将宜昌码头的人员物资快速运走。于是，民生公司采用其 1936 年在长江枯水期总结的"三段航行"经验，将宜昌到重庆段按照水情状况分成宜昌到三斗坪、三斗坪到万县、万县到重庆三段。不同的船在适合自身吃水情况的航段内循环运送。既缩短了航程，又确保每天都有 6—7 艘空船返回宜昌，确保运力。当然，至于那些重要而不易装卸的笨重设备，直接从宜昌运往重庆，但返回时绝不放空，而是满载出川抗日的士兵回到宜昌。

优惠定价，民生第一。作为航运企业，民生公司在运力短缺的非常时期，完全可以将船票坐地起价，发国难财。即便涨个 10 倍，仍会有大量难民倾其所有，去换取这张保命符。然而，卢作孚选择了大幅优惠。公教人员优先登船且享受半价，难民儿童免费乘坐。他甚至要求每艘船离开宜昌必须带走 50 名孤儿，否则不许在宜昌和重庆靠岸。至于货物，军工器材每吨 30—37 元，其他公物每吨 40 多元，民间器材每吨 60—80 元，远低于外商报价的每吨 300—400 元。显然，卢作孚没有把大撤退当作生意，而是视为一项光荣的使命。

# 艰苦卓绝的壮举

1938 年 10 月，宜昌大撤退拉开帷幕。在这场豪气冲天的壮举背后，有着许多鲜为人知的故事。

民生公司动员的 2000 艘木船，大的载重 120 吨，小的载重不过 20 吨。静水无风时，日行 50 里；顺风时张帆航行，时速 50 里；到了三峡的急流险滩，船只逆水而上，只能由纤夫拉纤，方可前行。有些险滩，虽有一二百名纤夫奋力拉拽，每小时也只能前进两三丈，两三个小时才能拉过一滩。长江巫峡段两侧皆为悬崖峭壁，纤夫无法上岸，只能扎水等风，有时甚至要等五六天。遇到雾天、涨水、黄昏、夜晚，都无法行船，只能等白天水位稳定后才能行船。即便如此，宜昌到重庆段随处可见在浅滩搁浅和撞翻的船只。

这些木船都不是独自在战斗，而是 4—7 艘为一组。每遇险滩，纤夫和乘客都要下船，在岸上拉纤。遇到有些难走的险滩，几艘船的纤夫就得凑在一起，一船一船单独拉拽。这样，木船速度就大大落后于轮船，溯江西行要30—40 天，顺江而下要 10—15 天。

大撤退期间，人们对于信息的需求非常旺盛，宜昌的邮局、电报局高度忙碌。当时电报局发报用莫尔斯机，设备落后，人手不够，待发电文严重积压。后来，电报局的工作人员就在每天航空邮班即将封班前，拿着大捆待发的电报，作为航空快递邮件寄走。这样总比长时间排队等候，效率要高得多。当然，这些事发报人并不知情。卢作孚深知电报局已无力招架，便鼓励员工自行研制无线电台，以了解长江水文环境变化，掌握船只运输情况。1938 年，已在船上和岸上装备了 10 台。电报收发量也是逐月激增。

在大撤退过程中，民生公司涌现出一大批英雄人物。杜嗣祥（1881—1958年）就是其中一员。杜嗣祥有多年驾船、拉船经验，对长江三峡的险滩变化、水位深浅了如指掌，航行经验丰富。他驾驶民勤轮，为在抢运军工设备期间躲避日本飞机袭击，就冒险驾船夜行川江航线，凭技术和经验顺利越过险滩，打破了"自古三峡不夜航"的神话。

到 1940 年 8 月中旬，杜嗣祥驾船运输军火到巴东，卸货后在秭归被日本飞机发现。他稳操舵轮，将船靠岸，指挥船员迅速撤离到山沟隐蔽。虽然敌机将民勤轮击沉，但一个月后他又率船工们自制土绞车，将民勤轮打捞出水，拖到重庆修好后继续航行运输，为抗战尽力。

1938 年 12 月，江水低落，喧闹的宜昌码头完全安静下来了。卢作孚离开公司，独自在码头巡视良久。曾经堆积如山、堵塞道路的物资设备运走了 2/3（近 10 万吨）。曾经群情汹汹的难民潮不见了，3 万多人坐进了民生公司的船舱，踏上了前往大后方的通途。这样的运输量堪比 1936 年全年。宜昌大撤退书写了历史传奇！为此，国民政府特别授予卢作孚一等一级奖章。

当 1940 年日军攻陷宜昌时，得到的只是一座空城。日本军界完全没有估计到宜昌撤退能奇迹般的完成。在日本军界日后的战略检讨中，一直认为没有在占领武汉后迅速强取宜昌，是一个重大失误。这从另一个侧面，也反证了大撤退的战略价值。

在这场举世瞩目的大撤退中，民生公司付出了沉重代价。16 艘轮船被日寇击沉，116 名员工献出了生命，61 名员工受伤致残。但是，他们做出的成绩是巨大的。从宜昌抢运出的单位，既有金陵兵工厂这样的大型军工企业，也有大成纺织厂等民用企业，还有机关学校、科研院所、珍贵文物等。600 多家工厂，数以万计的抢运入川的专家、技术工人，以及十多万吨物资设备，很快就在西南和西北建立了一批新工业区，构成了抗战时期中国大后方的工业命脉，保存了中国的主要经济实力、政治实体、工业命脉、教育传承和文化、商业事业的精华，为前线将士源源不断地提供武器和给养，为抗战的最后胜利提供了有力保证。

宜昌大撤退，绝不只是民生公司服务抗战的终点。整个 1938 年，民生公司抢运到前线的作战部队有 30 多万人，运送弹药 4600 多吨。1937 年 8 月 14 日至 1944 年 11 月 15 日，民生公司在重庆、万县、宜昌等地运送抗日将士 270 万人，西迁人员 35 万人，抢运军工器材 1.9 万吨，航空油料 3.9 万吨，其他辎重 30.9 万吨。

　　有时候，今天的撤退是为了明天的胜利。有时候，能保住有生力量的撤退，就是胜利。对于世界反法西斯战争而言，宜昌大撤退的意义，不亚于敦刻尔克大撤退。

# 洋人赫德与大清海关改革

1914年5月25日，上海外滩。交通堵塞，人头攒动。各国商团云集，水兵列队，驻沪领事和各界大佬纷纷露面。一场隆重的铜像揭幕仪式即将举行。

鼓乐声中，领事团首席领事乐斯劳揭开幕布，只见这尊9英尺高的铜像微微额首，身体前倾，左腿略弓，大衣敞开。铜像的主人，就是英国人罗伯特·赫德。一百年来，他的言行虽然备受争议，但他所致力的海关改革，确实推动了这个古老帝国走向近代。

图3—13，清末第二任海关总税务司赫德。

## 接手烂摊子

康熙年间，清廷在东南沿海分别设立了粤海关、闽海关、浙海关、江海关四关，履行征收关税、管理船舶的职责。这就是大清海关的由来。即便是鸦片战争之后，清廷被迫接受"值百抽五"的协定关税，损失了关税主权，但依旧独立自主地掌控着海关的管理权。

1853 年 9 月，小刀会起义者占领上海县城，设在上海松江的江海关被迫关张。英美商人趁乱拒交关税。眼看海关失控，在洋人的诱迫下，江海关监督吴建彰只好邀请洋人"帮办税务"。就这样，英美法三国派员组成海关管理委员会，取代江海关来征收关税、稽查走私。

其实，清廷本来对海关就不重视，关税收入在财政总盘子里的比重很小。反正收的都是洋人的钱，收回来之后再当作战争赔款付出去，对朝廷也没什么损失。干脆就聘洋人管得了。于是，这样的做法逐渐推广到各个通商口岸。第二次鸦片战争后，清廷干脆聘请英国人李泰国为大清海关总税务司，管理全国海关事务。

赫德来华，就赶上了这样的新局面。他干过领馆翻译、贸易官员，汉语娴熟流利，为人沉着圆通，熟悉官场礼节，能跟中国士大夫打成一片，深受恭亲王奕䜣、大学士文祥等清廷高层赏识。1863 年，28 岁的赫德取代因干涉中国内政而辞职的李泰国，被聘为大清海关第二任总税务司，接手这个东亚最庞大的海关管理体系。

长期以来，大清海关的运作虽然独立自主，但积弊丛生。行政管理松弛涣散、人事任免贿赂成风，关税征收标准不一，关政不修、人员杂乱。一言以蔽之：不讲规矩。

这样的状态，显然担不起维护国家贸易主权和经济利益的重任。面对第二次鸦片战争之后中国面临的"三千年未有之大变局"，大清海关到了非改不可的地步。赫德接手的，就是这样的烂摊子。

## 创新海关管理

赫德上任之时，总税务司署所辖海关多达 14 处，遍及所有通商口岸，雇佣洋员 400 人，华籍员工上千人。怎样才能让这个庞大的机构有效运作呢？赫德开出的药方是立规矩。

——改变混乱，从垂直管理做起。

先前，大清海关没有中央领导机构，各地海关各行其是，接受多头领导。京城的内务府、所在地的督抚，甚至海关监督的家奴，都能插手海关事务，从中分肥。

赫德参照英国海关的做法，建立了新的总税务司制度。总税务司署作为中央级海关领导机构，将各地的海关行政和人事任免集中于手中，对各地海关实行垂直统一领导。

相对于此前的多头管理，垂直管理的好处是显而易见的：结构简单、命令统一、决策迅速、责任明确、指挥集中、工作灵活、纪律严明、秩序井然，人事、财务、统计、审计制度也得到了规范，改变了大清海关以前"徒具监管之名，向无稽查之责"的状态。这种垂直管理的做法在海关系统一直沿用至今。

——分类记账，优化会计制度。

长期以来，大清海关的会计账目只有一本总账，类别不清、账目混乱。

1865 年起，赫德主持了会计制度改革，全部收支总账分为 A、B、C、D 四个账户。A 是海关经费支出账，B 是海关罚没收入账，C 是船钞收入及用于航务设施的提成账，D 是其他规费收入和开支账。结余必须存入指定账户，非经总税务司署点头，各海关不得截留。这样，关税收入更清晰，克扣之风有收敛，故而这一制度沿用到 20 世纪 30 年代。

——摸清家底，推进数据统计。

清前期，中国对外贸易的规模很大，但究竟有多大？清廷一无所知。大清海关从未做过全国性的贸易统计，也就拿不出促进外贸的针对性举措。

赫德主持总税务司署后，很重视数据统计。1873 年，总税务司署成立贸易造册处，专门负责编印各口岸贸易季报和年报，编写贸易报告，涉及财政、经济、货币、金融等方面情况，尤其是关于大宗商品进出口的数据，统计详细，资料翔实，既是总税务司署外贸决策的重要依据，也是今天研究晚清海关的基础文献。

——加强巡视，稽查各地海关。

赫德在总税务司署专设稽查账目税务司，"总管辖海关之会计，并审查各地海关之会计，至少每年到各地巡视一次，副税务司驻留北京总司署负责审查各关报表"。有权随时检查各地海关财务状况，一旦发现重大违规现象，有权先接管该关业务，再请示总税务司署定夺。由于巡视频繁，稽查严格，在赫德任职的半个世纪里，海关违规的情况寥寥无几。

——依法缉私，遏制走私偷漏。

赫德曾在一封书信中记述，宝文洋行购买 4000 匹布，谎报为 2000 匹，海关要没收货物，洋行却借口申报时"笔误"，拒绝交出；魏尔塞洋行从英国运来 9 个箱子，发票上写明"螺丝钉与书籍"，经海关查验，其实是枪支用的铜帽。早在嘉庆、道光年间，有些海关官员就跟外商勾结，包庇鸦片贸易，从中获利。

为了遏制日益泛滥的走私行为，赫德主持制定了《会讯船货入官章程》，使缉私惩罚做到有章可循，尽可能做到有效威慑和防患未然。

经济学家杨小凯曾说，赫德的改革"不但使中国海关迅速现代化，而且使海关成为最有效率、最少贪污的清朝官僚机构。他保证了条约制度对关税率的限制，因而促进了自由贸易及公平税收，他也保证了用有效率的管理和制度为清朝政府提供了大量税收"。

立规矩，讲制度，使按章办事的观念深入人心，大清海关对清廷的经济贡献日益显著。1861 年，关税收入 496 万多两银子，1887 年达到 2050 万两，到 19 世纪末更超过 3000 万两。在国库空虚、开销浩大的那段岁月里，越来越成为清廷财政的主心骨。

## 不拘一格管人才

清前期，监督大人是各个海关的一把手，通常为满族大臣，非亲即贵。在任期间，既替皇帝敛财，把海外奢侈品源源不断地送往京城，又勾结本省官员大捞油水，中饱私囊。监督们常让家奴操持公务。这些人既没有编制，也没人考核，刁难商民之事屡见不鲜。有监督大人及其家奴带头，其他海关官员更是有恃无恐，征收关税时上下其手，吃拿卡要，稍不如意，要么多收点，要么干脆把船只晾在港外，任其生意搅黄。

海关官场的这些怪现象说明，规矩固然重要，但人的因素更重要。没有合适的人执行，再好的规矩也白搭。

赫德到任后，对大清海关一塌糊涂的人事管理动了手术。1867 年，总税务司署颁布《中国海关管理章程》，这是近代中国首个系统完备的人力资源管理制度。

有了它，海关员工不再随意招聘，而是理性规划，凡进必考，即便是递条子打招呼，也要参加考试，考不好照样落榜。赫德曾说，"不够格的一个也不要，就是总税务司的儿子也不例外"。有了它，日常监督有章可循，不仅定期考核，而且业绩跟级别、待遇挂钩。这样，海关的内耗明显减少，高学历员工越来越多，工作效率显著提升。

清前期海关的种种乱象，跟海关官员的薪酬偏低有直接关系。海关监督"税务繁多，需人料理，各口遥远，差查滋费，且有南北往回盘缠杂项，而会城酬谢，难以一概省减"。无论是日常业务，还是下属薪水，皆需自掏腰包。每年区区几千两银子的养廉银，根本不够用。监督大人尚且钱紧，其他官员的手头更不富裕。于是，朝廷对海关官员巧立名目征收陋规，往往视而不见。

赫德深知，海关是肥缺，虽说高薪不见得养廉，但与职务重要性、工作难度和业绩水平相匹配的薪酬，是刺激员工做好工作、洁身自好的关键。他把海关员工的薪酬分为基本薪酬、刺激性薪酬和福利津贴三部分。以外班关员为例，最低等级的钤子手（即验货员），年薪有 600 两，与七品知县相当；最高等级的超等验估，年薪可达 2400 两，与五品知府相当。可谓待遇优厚。

海关员工的优厚待遇，不光体现在年薪上，更体现在良好的附加福利上。只要奉公守法，不出差错，就可每两三年加薪或提级一次。大家抱着可预期的加薪和提级希望，当然乐于为海关长期服务。此外，赫德还推行退休制度，首创养老储备金机制。退休时一次性领取相当于十年薪酬的退休金，因此，服务期越长，在职薪酬越高，退休金就越多。

这样的待遇，在清廷各衙门里绝无仅有。海关员工毫无后顾之忧，可以安心工作。

世界上没有无缘无故的爱。享受了高福利，就得接受更严格的约束。赫德最反感的就是贪腐。在他看来，"一个做事不可靠的雇员，实际上是一个累赘"。闽海关的一位外班关员，午夜交班后提着一条鲜鱼兴冲冲地回家，被查岗的外籍长官撞见。长官立即将他拦下，盘问鲜鱼的来历。原来，这条鱼是报关人员馈赠。最后，一条鱼砸了这位关员的金饭碗，他被开除了，而且永不叙用。这样的事例，在同时期的其他衙门是不可想象的。赫德在任的几十年间，大清海关爆出的贪腐案不超过5起。

待遇优厚，会让海关员工权衡利弊，从而"不想贪"；惩贪手段强硬，几乎露头就打，使试法者望而却步，从而"不敢贪"；海关报税制度的业务流程复杂，无法独自完成，使有贪念的海关员工无机可乘，从而"不能贪"。

堂堂大清海关，由洋人担任掌门人近半个世纪，无疑是民族耻辱。赫德既是清廷雇员，又是英国人，既遵循职业操守，又仍以英国利益为重，既协助清廷办洋务，又时常干涉中国内政。不过，在他的擘划下，海关从曾经腐败混乱的重灾区，变得越来越有近代范儿。尽管他在外滩的铜像在1942年毁于战火，但赫德的影响犹存。北京、上海、香港都曾有过以赫德命名的马路。

可惜，一花独放不是春。以赫德一己之力，赚再多的银两，也无法填补清帝国的千疮百孔。在他去世之后没多久，辛亥革命爆发，清王朝黯然结束。

# 晚清军购中的克虏伯元素

洋务运动，特别是其间中国近代化军队陆续组建之后，清政府进行了大规模海外军购。德国克虏伯公司是主要供货商之一。随着双方合作的扩大，晚清中国的国防建设融入了众多的克虏伯元素。克虏伯公司对于晚清军购，乃至中国军事近代化产生了深远影响。

图3—14，济远号后主炮。济远号是德国伏尔铿船厂生产的防护巡洋舰，1885年入列北洋舰队。其后主炮为150毫米口径克虏伯炮，露天炮座，现存于辽宁旅顺万忠墓纪念馆。

## 买买买也有"坑"

火烧圆明园的惨痛记忆，令晚清统治集团越发意识到"数千年未有之大变局"的迫近。《北京条约》签署后，中国与欧美列强进入大体"粗安"的"合作"时期。以"师夷长技以自强"为口号的洋务运动，便在列强的帮助下迅速展开，军事改革是其中最重要的部分。

"坚船利炮"给洋务派官员留下了深刻印象，使其深感"购买外洋船炮为今日救时第一要务"。正如李鸿章所言，"中国欲自强，则莫如习外国利器，欲学外国利器，则莫如觅制器之器"。购买西方船炮等军事装备，以及引进相关的制造技术，成了重中之重。

清廷最初的军购很乱。大帅们毫无经验，只要外国驻华使领引荐，只要比旧军队的鸟枪、抬枪先进，就下本儿去买。结果，有段时间湘军、淮军的枪炮装备制式各异，维护起来很麻烦。

后来，赫德出任海关总税务司，把以前腐败透顶的中国海关治理得井井有条。可能是李鸿章觉得这个洋雇员还挺靠谱，便经常请他帮忙牵线搭桥，引进了一大批英制枪炮兵舰。可是，不清楚是赫德有私心，还是他在武器领域是纯粹外行，总之，他搞来的大多是英国人的淘汰货、样子货，花了不少钱，买回来就技术落伍，用起来不顺手，性价比太低。

李鸿章很郁闷，便有意识地减少了对英国武器的采购。这时，清廷已经逐渐向欧洲各国派出公使，通过他们的深入了解，发现德国似乎更靠谱。

## 德国武器更靠谱

普法战争中，德国军队表现优异，打败了欧洲陆军强国——法国；德军的武器装备后来居上，技术精良、质量过硬；受聘在华工作的德国人大多忠于职守。这些都给洋务派高官留下了良好印象。更可贵的是，德国没有侵略过中国。因此，19世纪70年代以后，德国逐渐取代英国，成为清廷军购主要对象。其中，克虏伯公司生产的火炮，是德国对华军售的主力。

1811年，弗雷德里希·克虏伯（1787—1826年）创办克虏伯铸钢厂，开启了克虏伯家族企业兴起的大幕。经过几十年发展，克虏伯公司以钢铁生产为基础，将经营范围扩大到采矿、铸钢、军火生产等领域，其制造的铸钢火炮性能精良，在普法战争中"锋锐莫当"，行销40多个国家，为公司赢得了"帝国兵工厂"的美誉。

德国军火输入中国始于 19 世纪 60 年代，最早的途径是德商私运。同治九年（1870 年），克虏伯公司派员来华，供职于山东登荣水师，操演其所购置的克虏伯炮。这是克虏伯的产品和教官首次由官方途径进入中国。其后，淮军和湘军陆续装备克虏伯后膛炮，组建炮营，在收复新疆和抵抗日本侵台中发挥了重要作用。

## 军火商手里的克虏伯炮

19 世纪 70 年代以来，随着克虏伯产品在华销量的激增，大大小小的洋行、公司便纷纷争做克虏伯产品的中介代理，摇身一变成了军火商，成为清廷购置克虏伯炮的一种途径。而洋行一方面从双方赚取中介费，一方面还获取回扣。

德国军火商满德（Mandl·Hermann），最早任职泰来洋行，曾推销过克虏伯产品，与清廷官员有过接触，也曾代表英商怡和洋行做军火生意。光绪十三年（1887 年），满德在怡和洋行的支持下，倚仗更有利的付款条件，击败与之竞价的泰来洋行和斯米德公司，获得向李鸿章兜售 16 尊克虏伯炮的资格。克虏伯公司为促成这单生意，不惜额外给满德 3% 的回扣，来贿赂清廷官员。

此后，满德在德国驻华公使巴兰德等人的帮助下，获取了克虏伯高层的信任，成为克虏伯产品在华的全权代理。他自己组建的信义洋行，也在 19 世纪 80 年代成为克虏伯产品在华的独家经销商。光绪十五年（1889 年），满德促成了克虏伯公司 20 年来在华的最大一笔交易——货值 550 万马克，其中 43 万马克定金用在了贿赂中国官员上。这批装备构成了北洋舰队旅顺和威海卫炮台的基础。

## 公使玩起"海外代购"

较之从未走出国门的封疆大吏们，驻外公使的天然优势在于常驻各国，便于考察西欧各国情况。驻德公使对克虏伯炮的认识程度，显然更胜一筹。清廷也授权驻外使节"就近查访""采购外洋军火"。

李凤苞赴德担任公使之前，曾翻译过不少克虏伯炮学著作；赴德数载，经过多次考察，选定伏尔铿船厂订购"定远""镇远""济远"等主力舰，按照李鸿章"船坚还需炮利"的思想，配备大口径克虏伯舰炮，构成了北洋舰队的中坚。

任职驻德公使时间最长的许景澄，较早地提出海军舰炮一律使用克虏伯产品的主张，其理由是"克虏伯炮钢坚击猛，突出阿姆斯特朗之上"。这一提法对当时的舰炮购置产生了深远影响，购炮自克虏伯逐渐成为各省督抚的共识。洋务运动后期一些学堂和舰船所雇的德籍克虏伯厂技师，也多是出自许景澄的引荐。

此外，担任驻德公使四年（1887—1891年）的洪钧，将所有销往中国的克虏伯产品的验收权牢牢控制在自己手中。驻德公使在清廷军购中的权力实现最大化。

通常来说，洋行要与驻德公使相互配合，是所购克虏伯产品及时购运到位的保证。洋行签约后，驻德公使负责前往位于埃森的克虏伯厂，监督所购产品的制造，并负责验收和装船。货物抵华后，洋行可根据合同取得护照，在指定港口卸货交给有关部门。

当然，洋行与驻德公使的合作并非一帆风顺。光绪十五年（1889年），满德为威海卫购置的16尊克虏伯炮，洪钧就拒不验收，满德为此蒙受了不小的损失。

## 淮军武器克虏伯化

对于淮军和克虏伯炮之间的关系而言，有两个标志性事件值得一提。

——光绪三年（1877年）二月二十四日，李鸿章奏请将淮军114尊克虏伯炮分为炮队19营，形成独立的炮营编制。

——光绪六年（1880年）春，李鸿章对访华的克虏伯公司全权代表卡尔·曼斯豪森承诺，淮军今后将只采用克虏伯炮。

炮兵地位的提升和火炮装备品牌的统一，当然有助于提升战斗力。以李鸿章苦心经营的旅顺、大连、威海卫炮台和北洋舰队为例。至19世纪80年代末，旅顺口已建10座炮台，共63尊炮，其中克虏伯炮42尊；大连湾已建6座炮台，共38尊炮，其中克虏伯炮26尊；威海卫已建15座炮台，全部装备克虏伯炮。显然，克虏伯炮成为19世纪末清廷岸基防御的主战武器。

此外，北洋舰队所有主力舰都装备2—8尊克虏伯炮。

## 克虏伯改变晚清军事版图

克虏伯炮的引入和装备，对于提升中国国防实力的效用是毋庸置疑的。在进口大批火炮成品的同时，洋务派官员也积极聘请德国顾问，引进造炮技术，江南制造总局、湖北枪炮厂逐渐具备了仿制克虏伯炮的生产能力。克虏伯炮的国产化，是中国近代军事工业取得进步的里程碑之一。

近代中国陆海军的发展历程，离不开克虏伯的参与。这一现实推动了德国在华势力的渗透和膨胀。一个典型的例子是，德籍海关官员德璀琳深受李鸿章等高官信任，曾一度有取代赫德担任总税务司的势头。

大量德国教习进入中国的军事学堂，大批克虏伯炮学书籍被译介到中国，不少留学生前往德国学习深造，大批兵工人员前往克虏伯公司参观考察。这不仅对中国军事教育领域的近代化产生了积极影响，而且使晚清中国的军事改革，从军队编制，到指挥系统，由崇尚英法，到效法德日，发生了方向性的改变。

更为重要的是，引进克虏伯炮的过程，也是中国人对世界认识不断深化的过程。克虏伯炮成为中国人开眼看世界的重要媒介之一。至少，克虏伯炮大量装备海防炮台的事实证明，中国人正在改变内陆为主的传统国防观念，海权意识正在增强。

当然，克虏伯公司不能包治百病。洋务运动进程中，军事工业畸形发展，缺乏完整、自主的工业体系，严重制约了克虏伯炮国产化程度的提高。内忧外患的国内外环境，以及现代民主因素的缺失，使得靠军事采购装备起来的淮军貌似强大，却不堪一击；北洋舰队炮甲亚洲，却全军覆灭。显然，这些问题不是单靠军购就能解决的。

# 科举考试引发的清末广州赌局

同治十二年(1873年),《申报》刊登消息说,一直生意红火的广州西关老字号福兴店,突然人去楼空,令人愕然。原来,店主酷爱"闱姓",每逢科举考试,他都会一掷千金,赌上一把。结果屡战屡败,越输越赌,把本钱输光后,只好关门大吉。

福兴店店主绝非一个人在战斗。第二年,《申报》刊载,广州"上而学士文人官绅僚佐,下至农工商贾妇女孺童,数年来举城若狂"。对于"闱姓",无人不晓,无人不玩。

图3—15,仇英《观榜图》(局部),现藏于台北故宫博物院。此图描绘明代科举殿试后,众位举子在宫殿外观看发榜的情景。多数士子表情低落,疑似落榜者;也有一些士子喜形于色,疑似金榜题名者。科举考试总是几家欢乐几家愁,发愁的总比欢乐的多。于是,有些家庭就琢磨旁门左道,发科举财。

那么,"闱姓"究竟是一种怎样的赌局?它怎么会跟科举考试联系在一起呢?面对全城皆赌的局面,清政府是禁,是弛,该何去何从呢?

# 广东的"闱姓"与禁赌

古代把科举考试的考场称为"闱"。所以，"闱姓"，顾名思义，就是围绕科举考试和人们的姓名设的赌局。

道光年间，佛山城郊的山紫村，纺织作坊的工人闲来消遣，就拿乡试中举考生作为对象下注，看谁猜中的多。这个游戏跟其他类型的赌局相比，一是披上了科举考试的神圣外衣，显得高大上；二是以小博大，投资门槛低，赢者回报高。因而吸引了许多人参与，甚至设局开赌，赌注也越下越大。

那么，"闱姓"怎么来下注呢？最早是先把可能中举者的姓名作为"彩底"，分别印在几千张纸条上，卖给赌徒们。发榜时，只要购买的"闱姓"票上有一个名字与榜单上的姓名相符，那就是中奖。相符的越多，中奖的额度就越大。

看起来蛮公平，实际上陈辉祖在设定"彩底"时就做了手脚。他在许多纸条上不印名字或只印假名字，称为"白票"，一起卖给赌徒们。这样一来，许多人买到了"白票"，根本无法中奖。有人愿赌服输，有人赔光家产，怨气沸腾，甚至动手杀了设赌局的赌商。

血的代价，换来了"闱姓"玩法的改进。开考前，"彩底"不再圈定姓名，而是只规定中小姓氏。赌徒们出钱购买"闱姓"票，每张 1 银元。然后选择 20 个可能中举的姓氏，写在"闱姓"票上。

设局者每卖出 1000 张"闱姓"票，就构筑一个票池。所得 1000 银元赌资，拿 200 元上下打点，200 元作利润，剩下 600 元作分红。发榜之日，猜中中举姓氏最多的，就是头奖，可得 300 元；二奖和三奖分别可得 200 元和 100 元。

从形式上看，"闱姓"更像是早期的彩票。不过，它的负面影响也是显而易见的：一方面，全社会陷入赌徒般的癫狂。开赌场的老板"据为利薮"，以陋规结交豪绅，打通结交官员的渠道；作为赌场保护伞的地方官员，"纪纲法度废弛已久，悍无顾忌"，甚至为争蝇头小利，不惜聚众斗殴；无论是上流人士，还是升斗小民，"自旦及昏……无弗博者"。另一方面，把考试与赌局挂钩，成绩的公正性和考试的公信力就会大打折扣。

正因如此，清王朝对聚众赌博一向严禁和严惩。开局设赌者，轻则杖一百、徒三年，重则绞监候；参与赌博者，轻则杖八十、徒二年，重则枷号两月、鞭一百。官员违法参赌，从重处罚。这样的惩戒力度，比明朝重得多，但赌博之风依旧屡禁不止，就连地方官，在禁赌的态度上也游移不定。这又是为什么呢？

## 都是饷银惹的祸

同治二年（1863 年）九月，广州迎来了一位新的巡抚（省长），名叫郭嵩焘。

十几年后，作为中国首任驻英公使，他踏上了改变近代中国国际形象和命运的艰辛之路。而眼下，他面对的困难，一点都不比国外少。

广东是第二次鸦片战争的重灾区，英法联军在广州盘踞了三年，天地会起义也在广东境内烽烟四起。战争导致经济衰退，赋税收入锐减。曾经靠"一口通商"的垄断之利而赚得盆满钵满的粤海关，由于鸦片战争后的五口通商新格局，特别是上海外贸地位的崛起，而收入减少，黯然失色。

官府钱紧，首当其冲的是欠饷问题。省里的绿营兵已经 30 个月没开工资了，总数高达 300 多万两银子。天地会和太平军的余部，总计 20 多万人，接受官府招抚后需要安置，这些人没有田产，无家可归，无论放在哪儿，都要朝廷出钱。不然，任其流入社会，就是不稳定因素，甚至引发新一轮骚乱。

数字最能说明问题：就在郭嵩焘上任这年，广东全省财政收入 421 万两银子，但支出多达 791 万两，严重入不敷出。作为一省的父母官，手头缺钱，办不成事，如坐针毡。为了填充钱袋，不惜饮鸩止渴。他把增收的希望，寄托在了赌场上。

跟其他赌博形式相比，"闱姓"有两个特点，郭嵩焘特别看重：一是只在科举考试期间开赌。乡试三年一次，岁科一年一次，即便有"清流"言官弹劾，也可迅速控制，消弭影响。二是"闱姓"有 20% 的收益是用来打点官府的，专款专用，全省这么多人都来参赌，收入一定少不了。因此，他决心铤而走险，开始一场属于官府的"赌局"。

## 在摇摆中走向"弛禁"

同治三年（1864 年），广东举行甲子科乡试，郭嵩焘宣布，考前严禁"闱姓"。然而，天和号赌场顶风作案，在香港设立赌盘，派人到广州招揽赌资，被官府查获。

天和号的老板生怕人财两空，连忙表示认罪，请求比照纳赎条例，以助军饷为名，认缴 14 万两银子罚款。郭嵩焘跟两广总督毛鸿宾反复商议后决定笑纳。就这样，在"风气"和"财政"难以两全的情况下，广东官府选择优先解决财政困难，迈出了向赌场要钱的第一步。

其后，罚款助饷，成了"闱姓"赌商在禁赌的雷声里继续开赌局的许可证。赌商们有恃无恐，在省城设赌局，吸引各色人等下注。对此，继任的广东巡抚张树声曾指出：这么做"名曰罚款，实则抽分赌馆余利"。更糟糕的是，官府抽的只是小头，"文武衙门、地方绅董所婪索分肥者，闻不啻数倍之"。

同治十三年（1874 年），英翰调任两广总督，开始策动赌博公开"弛禁"。官府在广州设立公馆，向全城各大赌场按规模大小，每天分别收取 10—20 两银子的规费。尽管时任广东巡抚张树声并不支持，英翰仍旧继续强推"弛禁"政策。

翌年六月，有本地赌商表示，愿将此后三年的全省恩科童试"闱姓"所得，每两抽 7 分，以生息银的名义筹集 80 万两银子，交给海防军需总局修筑炮台。

海防军需总局随即接纳。如此一来，赌博在广东实现了合法化。

尽管朝廷反对，清流阻挠，广东的"闱姓"赌局时不时会被清剿，但越禁越多。直至光绪三十一年（1905 年）朝廷废除科举，"闱姓"才因标的物的消失而退出历史舞台。即便如此，其他类型的赌博项目依旧大行其道。

有官府开绿灯，清末广州的赌场数量骤增，到宣统年间已有 300 多家，雇佣员工多达 4000 多人，聚集赌徒超 8 万人。赌商资本少则几千两，多则十几万两。据估算，仅"闱姓"的投注额就高达 2400 万两白银，如果算上其他赌博项目，每年注入广东的赌资超过 2 亿两，相当于当时全国财政收入的两倍多。任何一届官府，对这样的经济规模，都不可小觑。

赌博泛滥又给官府带来了实实在在的经济收益。官府从赌场抽得的饷银、罚款，占全省财政收入的 10%，成为建设实业、巩固国防、维持治安和兴办教育的重要财源。在这场更大的"赌局"中，官府似乎赢了。然而，这么"赢"，社会代价高昂，吏治腐蚀、科场祸乱、治安败坏，如影随形，长期徘徊于广东社会，直至 1949 年。

# 捣毁电车：北平人力车夫的生存逻辑

图3—16，前门大街复原的铛铛车。

1929年10月22日下午，位于北平西单北大街的丰盛胡同东口。

像往常一样，有轨电车晃晃悠悠驶过这里，发出了叮叮当当的鸣笛声。突然，从胡同口冲出一伙人，有的拦路、有的登车，殴打司售人员，而后钻进车厢，砸坏电机，敲碎玻璃，摧毁座椅，搞得一片狼藉。

紧接着，西单北大街、西长安街，乃至前门、天桥，都发生了捣毁电车事件。天桥的电车工会也遭洗劫，存款被抢、桌椅被砸，就连孙中山先生的遗像也被丢弃在地上，面目全非。

对于这一事件，当时报刊一致认为，"确似有预定步骤"。而肇事者，竟是跟电车司售人员同为劳动者，身处社会底层的人力车夫。

同是阶级兄弟，为何非要大打出手呢？

## 瓷饭碗，苦差事

人力车，又叫黄包车，因其是舶来品，也称"洋车"。19世纪末引入京城，拓展了社交半径，改善了交通条件，提高了运输效率，价钱不算太贵，逐渐成为市民喜闻乐见的交通工具。

到1929年，北平的人力车超过4万辆，从业人口5.5万人，占城区人口的7%。考虑到多达20万人的车夫家属，意味着京城1/4的市民要靠人力车养活。说人力车是民国京城的支柱产业，恐怕并不为过。

出现这样的局面并不偶然。北京长期作为国家首都，工业发展滞后，缺乏大量吸纳就业的工厂，对于这些缺乏一技之长的剩余劳动力而言，只能靠出卖苦力度日。相对而言，拉洋车的简便易学，没有技术含量，比起搬运工，收入多些，劳累轻些，自然趋之若鹜。作为消费性城市，庞大的出行需求也给人力车提供了广阔市场。

行业地位不低，但车夫的日子不好过。他们大多要向车行租车，既"需要铺保或者人保，才能赁得车子"，又得备好每天30—80铜板的车租（即份子钱）。车夫们收入差异巨大。按照20年代的调查，每天少则40铜板，多则280铜板，一般为130铜板。一旦运气不好，拉不到活，扣除车费和饭钱，有可能颗粒无收，甚至倒贴。

在1927年对京城车夫的一项调查中显示，车夫年均收入94.45元，扣除车租24.79元和车夫本人开销33元外，能给家属提供36.66元。按照当时的物价水平，这部分钱只能勉强供养妻子和一个孩子。而车夫家庭户均超过4人，因此多数都处在收不抵支的状态。

除了奔波劳碌的痛苦，乘客辱骂、警察殴打更是家常便饭。老舍在《骆驼祥子》里就讲道："他们设尽了办法，用尽了力气，死曳活曳得把车拉到了地方，为几个铜子得破出一条命。"长期户外奔跑，使他们落下很多职业病。滑倒、摔倒甚至猝死的案例，经常见诸报端。

车夫虽然只是捧个瓷饭碗，收入微薄，也不稳定，但如果节衣缩食，至少有口饭吃，过着痛并凑合着的日子。然而，随着有轨电车的开行，车夫们遇上了劲敌，矛盾一触即发。

## 抢饭碗，边缘化

1924年12月，官商合办的北京电车股份有限公司正式开通了北京首条有轨电车线路。运价低，速度快，车厢整洁，运行准点，电车的这些优势让人力车望尘莫及。很快，城市主干道就成了电车的天下，车夫们只能到电车线路无法覆盖的背街小巷去接生意。一些乘客习惯了电车的风驰电掣，换乘人力车时总是嫌慢，一路紧催，车夫不堪其苦。

利益受损的，还有靠收租维持经营的车厂老板。他们成立了车业工会，在第一条电车线路铺轨之际就通过京师总商会出面阻挠，但没成功。电车公司出于无奈，曾给总商会送了万把块钱，名为"救济灾民"，实则破财免灾。可是这些钱全被截留，根本没到车夫手里。眼看自己收入每况愈下，而电车经常爆满，车夫们的不满情绪越来越重。

1928年6月，北伐军占领北京。此后，北京更名北平，不再作为首都，而只是"行政院辖"的北平特别市。两个新问题由此摆上了台面：

其一，迁都南京，消费能力强的达官贵人纷纷迁离。导致北平百业凋敝，人力车业自然无法幸免。

其二，国民党内部的派系斗争渗入北平工商业领域。1929年，CC系通过改组，控制了市党部和包括电车工会在内的大多数行业工会，遭排挤的市党部前任负责人只控制包括人力车夫等少数工会。双方势同水火。

人力车夫被当作向CC系夺权的急先锋，向电车工会发起攻势。

1929年6月，电车公司决定扩大业务，开通环行电车。消息一出，人力车夫和车厂老板一致反对，认为电车公司这么做，无异于"断绝全市人力车夫之生活"。于是，一面向市政府呈文抵制，一面致函电车公司发出警告。电车公司担心"激起公愤，发生重大风潮"，迫于压力，只好推迟通车时间。

## 分蛋糕，很烦恼

对于这场风波，市政府颇为无奈，既想发展电车事业，推进城市基础设施近代化，又不想得罪群情汹汹的车夫们，闹出大乱子。只好协调车厂和电车公司坐在一起谈判。

电车公司甩出了三项撒手锏：第一，开通环行电车，手续齐备，便利市民；第二，电车开行多年，车夫不减反增，说明两者发展并行不悖；第三，车夫困局，根在车厂，倘若真心"顾念车夫"，车厂应当先把"高且苛"的车租降下来。

连珠炮似的出招，使车厂代表哑口无言。经过市府调停，会议决定环行电车照常开通，但票价适当提高，"以期兼顾洋车营业"。

然而，这是一个双方都不满意的结果。电车公司向市府反映，环行电车线路只是对原有线路的优化调整，并非新开线路。24铜板的票价已经是公司在"兼筹并顾，委曲求全"了。至于车厂老板，干涉电车经营自由，作为资方无权代表车夫利益，属于胡来。车厂和车夫这对往日的冤家，竟然"捐弃前嫌"，结为联盟，共同抵制有轨电车。人力车夫工会甚至要求市府取缔环行电车。

尽管双方剑拔弩张，分歧严重，市府仍决定开通环行电车。8月6日，环行电车开通，但票价大幅提升。改24铜板的单一票制为12—36铜板的分段计价票制。

电车公司勉强接受，但车夫们依旧不满意。毕竟，电车票价还是便宜些。人力车夫工会一面向舆论渲染车夫困苦，以博取同情，一面向市党部、市府呈文，要求电车公司继续提价。

然而，这么做让官方和民间都很反感。《新晨报》曾评论："工人的自身生活为私益，社会的全民进步为公益，车夫工会，不能反对汽车和电车，犹之乎汽、电工人不能反对火车，火车工人不能反对航空。若单为一部分人利益着想，将社会一切进步抹杀……社会非退化到盘古时代不可。"至此，车夫们不仅经济生活日趋边缘化，道义上也不再占优势。

书面请愿的方式达不到目的，车夫们便开始了全武行。

捣毁电车事件，是一场夹杂着利益冲突，派系纷争的恶性事件。无论是人力车夫，还是电车工人，都成了这场内斗的牺牲品，其结果是两败俱伤。电车公司损失20多万元，车辆被毁60多台，受伤工人32名，全市电车停运18天。不少车夫锒铛入狱，军警对他们的管束更加严苛。事态平息后，他们不敢出门，怕被报复，少挣不少钱。

事态平息后，电车作为马路上的新事物继续运行，线路越来越多。车夫也有增无减，到1934年，全市人力车达5.4万辆，车夫近11万人。在车辆供大于求的情况下，乘客出行的选项更多了，也更便捷了。不过，对于如何分配好交通出行这块蛋糕，市府继续无所作为。车夫们的苦日子，直至新中国成立后人力车行业被淘汰出局，才告终结。

近年来，网约车大行其道，"野蛮生长"，大有打破出租车行业垄断坚冰之势。双方的利益冲突，让人们隐约看到了90年前电车与人力车交锋的影子。如何切分好市民交通出行这块蛋糕，兼顾各方利益，维护社会秩序，促进城市发展，对城市管理者而言是个新课题。

# 后　记

这些年，我们总在讨论改变命运。

有人说，知识改变命运。有人说，买房改变命运。有人说，炒股改变命运。有人说，嫁个土豪大叔，找个"白富美"倒插门，就能改变命运。

如果靠指望一件事、一个工具，甚至其他人，就能改变命运，走向完美人生，恐怕大清就不会亡了，恐怕猪都能上树了。

事实上，我们一直生活在变化的社会，最近一二百年，变化尤其剧烈。剧烈到每隔一二十年，都会有一次剧烈的财富洗牌。你站对了风口，走上嗨一阵子；站错了方向，轻则向隅而泣，重则挂在墙上。

有兴趣的话，去看看最近几十年的报纸杂志，去看看那些财经历史书刊，那些当年叱咤风云的大富豪，绝大多数已经灰飞烟灭。别说富不过三代，恐怕这一代都很难守得住财富。即便是万贯家财、豪宅千尺，站在中长时段来看，也仅仅是暂时管理一下，绝非永恒拥有。

为什么会这样？

思维跟不上了，押宝押错了。套用一句官方术语：没有做到"与时俱进"。

你不动，世界在动。富人不可能一辈子舒舒服服地、一成不变地富裕下去，甚至世世代代都很轻松地富裕下去。一不留神，就有可能"一夜回到解放前"。老套路、老黄历，终究会被快速变化的世界淘汰的。

个人如此，企业如此，国家也如此。

纵观上下五千年，中国追求国泰民安的目标，实现政通人和的梦想，靠洋人是靠不住的，还得靠我们自己。

时代在变，社会在变，人心在变，外部环境也在变，为了维持经济增长，满足民生需求，增强综合国力，国家层面也要及时分析形势，顺应变化，调整政策，应对挑战，做好准备。尽可能做出正确的决策，站在正确的位置，在合适的时机、合适的地点，押上合适的筹码。

所幸，中国历史上的大多数王朝，都不缺乏在经济领域推动变革、掌控变局的勇气和智慧，特别是清朝。尽管在人们的印象中，清王朝似乎是个闭关锁国、丧权辱国的朝代，但却从未真正关起大门，从未真正裹步不前。它所经历的变局，所推进的变革，在中国历史上都是空前的、全方位的。

历史对人们最大的功用，不光是记述过去的一切，留下难忘的回忆，也不光是传承民族文化，筑牢情感纽带，更重要的是，总结经验，反思教训。我们留给下一代的，不仅仅是财富，更重要的是获取财富的能力、眼界和格局，是稳步发展的根基、动力和韵律。

在中国历史上，这样的财富桥段太多了。仅仅是大时代、大潮流中的一丁点变化、一个小浪花、一个小人物的悲欢离合，就可以折射一个时代、一个王朝、一个社会的兴衰成败，改变一个国家、一个民族、一个群体的历史命运。

如果把这些桥段组合起来，就能够勾勒出中国经济风云的历史启示录。它是一部长篇正剧，它是一段永不磨灭的财富记忆，它是一处值得深挖的精神宝藏。

这就是我撰写《历史大变局：中国经济风云的50个桥段》的初衷。

这本小书，是我以在新华社《财经国家周刊》连载多年的"创富纪"专栏为主，再加上早年在《中国文化报》《北京日报》等报刊上发表的少量经济史文章，精心补充修订而成。有年代感，有代入感，更有现实感。

这本小书，案例细碎，文字浅近，却紧扣时代主题，紧贴时代热点，紧靠历史文献。每案惜墨如金，却围绕"变局"，勾勒出一幅幅改革桥段的工笔图景。如果组合起来，就是一部中国经济风云长卷。

这本小书，凝结了我多年读书和研习中国经济史的心得体会。选题有独立性，也有连续性，更有逻辑性。因此，它不是大拼盘，而是一道用料考究、制作精心的文史大餐。

历史学本就是默默无闻的学科，需要耐得住寂寞，坐得住冷板凳。同时，历史学也需要创新，回望过去，关注当下，展望未来，以史为鉴。这就需要把握时代脉搏，挖掘新课题，迎接新挑战，在当代寻找历史的影子，在历史中寻找对当下有益的启迪。对于历史学工作者来说，故纸堆里找出新灵感，这是一杯功夫茶，需要沉淀，更需要打磨。

查文献、磨文稿，耗费最多的是时间。在快节奏的都市职场生活里，最珍贵的也是时间。可是，只要乐意，时间再紧也总是能挤得出来。比如地铁里、公交上、双休日、出差期间，抓紧一切碎片时间看书和思考，总会有不一样的收获。每解决一点问题，开拓一点思路，都很有成就感。

嘴皮子和笔杆子，是职场两大看家本领。两者的长进都要靠练，而后者尤其常用。日常的公文写作当然枯燥，写作专栏便成了督促学习钻研、拓展研究视野、提升写作水平的舞台。在这里，我既可以展开隐形的翅膀，让所有历史人物和事件活起来，跳起来，跑起来，又能锻炼塑造严谨考证和求真务实的学风。笔耕不辍，既能带来丰满的写作成果，又让本职工作有提高，实现各方面的共赢。

写作，从来都不是一个人在战斗。

要感谢恩师戴逸先生，在清史纂修的繁忙工作之余，为这本小书欣然作序。毕业以后，我每年都去汇报工作和生活。年逾九旬的他，每次都会破例畅谈两三个小时，思维清晰，谈吐大方，屡有思想的火花，让我总能受益匪浅。

要感谢国台办的各级领导，提供了施展才智的空间；要感谢新华社瞭望传媒集团《财经国家周刊》，提供了锻炼写作的舞台；要感谢人民出版社的杨松岩先生和詹夺女士，让这本小书走上前台，焕发新生。

要感谢我的母亲李晋芝，妻子龚艳，她们的宽容和关照，让我能全身心投入写作，用更少的时间，做更多有意义的事。

要把这本小书献给父亲唐梅林。相信天上的他，见到这本书付梓，会很开心。

要把这本小书推荐给所有热爱历史、热爱这个伟大国家的读者们。书是作者与读者沟通心灵、交流思想的窗户和桥梁。让我们心手相连，教学相长，百尺竿头，再进一步。

唐　博

二〇一八年六月十日于北京

# 参考文献

## 一、官修正史

司马迁：《史记》，中华书局点校本 1982 年版。

班固：《汉书》，中华书局点校本 1962 年版。

范晔：《后汉书》，中华书局点校本 1965 年版。

魏收：《魏书》，中华书局点校本 1974 年版。

沈约：《宋书》，中华书局点校本 1974 年版。

薛居正等：《旧唐书》，中华书局点校本 1975 年版。

欧阳修等：《新唐书》，中华书局点校本 1975 年版。

司马光：《资治通鉴》，中华书局点校本 1956 年版。

毕沅：《续资治通鉴》，中华书局点校本 1957 年版。

李焘：《续资治通鉴长编》，中华书局点校本 2004 年版。

脱脱：《宋史》，中华书局点校本 1977 年版。

赵尔巽等：《清史稿》，中华书局点校本 1977 年版。

## 二、官方文献汇编

李林甫等：《唐六典》，中华书局点校本 1992 年版。

杜佑：《通典》，中华书局点校本 1988 年版。

宋敏求：《唐大诏令集》，中华书局影印本 2008 年版。

王溥：《唐会要》，中华书局影印本 1955 年版。

王钦若等：《册府元龟》，凤凰出版社校订本 2006 年版。

徐松辑：《宋会要辑稿》，中华书局影印本 1957 年版。

徐梦莘：《三朝北盟会编》，上海古籍出版社点校本 1987 年版。

赵汝愚：《宋名臣奏议》，文渊阁四库全书本，（台北）商务印书馆影印本 2008 年版。

《开州志》明嘉靖本。

《清圣祖实录》，中华书局影印本 1985 年版。

中国第一历史档案馆：《康熙起居注》，中华书局点校本 1984 年版。

中国第一历史档案馆：《康熙朝满文朱批奏折全译》，中国社会科学出版社 1996 年版。

中国第一历史档案馆：《康熙朝汉文朱批奏折汇编》，档案出版社 1985 年版。

《清世宗实录》，中华书局影印本 1985 年版。

《朱批谕旨》，全国图书馆文献微缩中心 2014 年版。

中国第一历史档案馆：《雍正朝起居注册》，中华书局影印本 1993 年版。

雍正《宁波府志》，（香港）蝠池书院出版有限公司影印本 2006 年版。

尹泰等：雍正《大清会典》，清雍正年间武英殿刻本。

《清高宗实录》，中华书局影印本 1985 年版。

《宫中档乾隆朝奏折》，（台北）"国立"故宫博物院影印本 1982 年版。

乾隆《潮州府志》，潮州市地方志办公室编印 2001 年版。

清高宗敕撰：《清朝文献通考》，（台北）新兴书局 1963 年版。

鄂尔泰等：《八旗通志初集》，乾隆年间武英殿刻本。

《清仁宗实录》，中华书局影印本 1985 年版。

贺长龄：《皇朝经世文编》，（台北）世界书局影印本 2011 年版。

托津等：《钦定大清会典事例》，（台北）文海出版社影印本 1990 年版。

《清文宗实录》，中华书局影印本 1985 年版。

中国第一历史档案馆：《咸丰同治两朝上谕档》，广西师范大学出版社 1998 年版。

昆冈纂：《钦定大清会典》，商务印书馆 1908 年版。

昆冈纂：光绪《大清会典事例》，清会典馆，光绪二十五年（1899 年）。

光绪《松江府续志》，（香港）蝠池书院出版有限公司影印本 2006 年版。

刘锦藻等：《清朝文献通考》，浙江古籍出版社 1988 年版。

故宫博物院文献馆编：《史料旬刊》，神武门外发售室 1930 年版。

故宫博物院编：《文献丛编》，故宫博物院出版物发行所1931年版。

马建石、杨育棠主编：《大清律例通考校注》，中国政法大学出版社1992年版。

杨继波：《明清时期澳门问题档案文献汇编》，人民出版社1999年版。

民国《崇明县志》，上海书店影印本1991年版。

武同举：《再续行水金鉴》，（台北）文海出版社影印本1970年版。

中国近代史资料丛刊《洋务运动》，上海人民出版社1961年版。

## 三、个人文献及科研成果

商鞅：《商君书》，中华书局点校本2009年版。

郦道元：《水经注》，（台北）中华书局影印本1971年版。

陆贽：《陆宣公奏议》，大达图书供应社1934年版。

真德秀：《西山先生真文忠公文集》，（台北）商务印书馆影印本2011年版。

高斯得：《耻堂存稿》，中华书局点校本1985年版。

无名氏：《宋季三朝政要笺证》，中华书局点校本2010年版。

钱士升：《南宋书》，南沙席氏扫叶山房刻本1797年版。

顾炎武：《天下郡国利病书》，（台北）商务印书馆影印本2013年版。

张玉书：《张文贞公集》，海南出版社影印本2000年版。

张伯行编：《正谊堂文集》，福建正谊书院同治五年藏版。

王鸣盛：《蛾术编》，上海书店出版社点校本2012年版。

赵翼：《廿二史札记》，中华书局点校本1984年版。

徐珂：《清稗类钞》，中华书局1986年版。

黄钧宰：《金壶浪墨》，江苏广陵古籍刻印社1984年版。

沈铭彝：《沈竹岑日记》，（台北）文海出版社影印本1975年版。

姜皋：《浦泖农咨》，上海古籍出版社影印本2002年版。

龚自珍：《定庵文集》，全国图书馆文献缩微中心1986年版。

徐润：《徐愚斋自叙年谱》，香山徐氏校印1927年版。

印光任、张汝霖：《澳门纪略》，江苏广陵古籍刻印社影印本1995年版。

钱仲联：《清诗纪事》，江苏古籍出版社1989年版。

许景澄：《许文肃公遗集》，（台北）文海出版社影印本1968年版。

"中央研究院"历史语言研究所：《史料丛刊》，（台北）文海出版社影印本1968年版。

周寿昌：《思益堂日札》，岳麓书社1985年版。

何嗣焜：《张靖达公（树声）奏议》，（台北）文海出版社影印本1968年版。

湖北省老河口市档案馆藏：《道光十三年（1833）九月十五日光化县正堂加十级记录十次陆炯为出示晓谕事》，木刻版。

中国人民银行参事室：《中国清代外债史资料》，中国金融出版社1981年版。

千家驹编：《旧中国公债史资料：1894—1949》，中华书局1984年版。

北京市地震会战办公室：《北京地区历史地震资料年表长编》，1977年内部刊行。

京都市政公所编纂：《京都市政汇览》，1914年版。

林传甲：《大中华京师地理志》，京师中华地学会1919年版。

王清彬等：《第一次中国劳动年鉴》，北平社会调查所1928年版。

陈光甫：《陈光甫先生言论集》，上海商业储蓄银行编印1949年版。

朱传誉编：《胡适传记资料》，（台北）天一出版社1979—1985年版。

陈宗蕃：《燕都丛考》，后门内米粮库仓一号陈宅（发行）1931年版。

北京市地方志编纂委员会编：《北京志·市政卷·房地产志》，北京出版社2000年版。

罗玉东：《中国厘金史》，商务印书馆1936年版。

杨宽：《战国史》，上海人民出版社1980年版。

陈华：《清代咸同年间山东地区的动乱》，（台北）台湾大学历史学研究所1981年版。

朱一新：《京师坊巷志稿》，北京古籍出版社1982年版。

刘昭民：《中国历史上气候之变迁》，（台北）商务印书馆1982年版。

中国人民大学清史研究所：《清代矿业》，中华书局1983年版。

彭泽益：《十九世纪后半期的中国财政与经济》，人民出版社1983年版。

张力、刘鉴唐：《中国教案史》，四川省社会科学院出版社1987年版。

李文海：《近代中国灾荒纪年》，湖南教育出版社1990年版。

张小林：《清代北京城区房契研究》，中国社会科学出版社2000年版。

## 四、外国文献

[美] 马士：《中华帝国对外关系史》（中译本），张汇文等合译，生活·读书·新知三联书店1957年版。

［美］马士：《东印度公司对华贸易编年史》（中译本），区宗华译，中山大学出版社 1991 年版。

Earl Pritchard，*the Crucial Years of Early Anglo-Chinese Relations*，*1750–1800*，New York: Octagon Books，1970.

### 五、期刊论文和资料

翟兑之：《记城南》，《天地》1944 年第 6 期。

房福安源：《中国的人力车业》，《社会月刊》第 2 卷第 7 期。

姚崧龄：《陈光甫的一生》，（台北）《传记文学》第 41 卷第 3 期。

赵之平：《记北京的一个满族聚居区——外火器营》，见中国人民政治协商会议北京市委员会文史资料委员会编：《文史资料选编》第 31 辑，北京出版社 1986 年版。

王朝中：《唐朝漕粮定量分析》，《中国史研究》1988 年第 3 期。

白淑兰选编：《北平市都市计划之研究》，《北京档案史料》1994 年第 2 期。

仲伟民：《清代北京的住房制度及房屋买卖——从房契看北京人生活水平的变迁之一》，2006 年清华大学历史系等主办"多元视野下的中国历史国际会议"会议论文。

策　　划：杨松岩

责任编辑：詹　夺

封面设计：胡欣欣

**图书在版编目（CIP）数据**

历史大变局：中国经济风云的 50 个桥段／唐博　著．—

　北京：人民出版社，2019.1

ISBN 978－7－01－018955－0

I.①历…　II.①唐…　III.①中国经济－经济史－研究　IV.①F129

中国版本图书馆 CIP 数据核字（2018）第 282985 号

**历史大变局：中国经济风云的 50 个桥段**

LISHI DABIANJU ZHONGGUO JINGJI FENGYUN DE 50 GE QIAODUAN

唐　博　著

人民出版社 出版发行

（100706　北京市东城区隆福寺街 99 号）

北京汇林印务有限公司印刷　新华书店经销

2019 年 1 月第 1 版　2019 年 1 月北京第 1 次印刷

开本：710 毫米 × 1000 毫米 1/16

字数：300 千字　印张：21

ISBN 978－7－01－018955－0　定价：58.00 元

邮购地址 100706　北京市东城区隆福寺街 99 号

人民东方图书销售中心　电话（010）65250042　65289539